Lições de estratégia

10 LEITURAS ESSENCIAIS
Harvard Business Review

Lições de estratégia

Os melhores artigos da Harvard Business Review para criar vantagens competitivas e se destacar da concorrência

Harvard Business Review Press

SEXTANTE

Título original: *HBR's 10 Must Reads: On Strategy*

Copyright © 2011 por Harvard Business School Publishing Corporation
Copyright da tradução © 2020 por GMT Editores Ltda.

Publicado mediante acordo com Harvard Business Review Press.
Todos os direitos reservados. Nenhuma parte deste livro pode ser utilizada ou reproduzida sob quaisquer meios existentes sem autorização por escrito dos editores.

tradução
Marcelo Schild

preparo de originais
Melissa Lopes Leite

revisão
Luis Américo Costa e Pedro Staite

adaptação de projeto gráfico e diagramação
DTPhoenix Editorial

capa
DuatDesign

impressão e acabamento
Lis Gráfica e Editora Ltda.

CIP-BRASIL. CATALOGAÇÃO NA PUBLICAÇÃO
SINDICATO NACIONAL DOS EDITORES DE LIVROS, RJ

L679 Lições de estratégia / Harvard Business Review Press; tradução Marcelo Schild. – Rio de Janeiro: Sextante, 2020.
272 p.; 16x23cm. (Harvard: 10 leituras essenciais)

Tradução de: HBR's 10 must reads: on strategy
ISBN 978-65-5564-036-6

1. Administração de empresas. 2. Planejamento estratégico. I. Harvard Business Review Press. II. Schild, Marcelo. III. Série.

20-65315
CDD: 658.4012
CDU: 005.51

Todos os direitos reservados, no Brasil, por
GMT Editores Ltda.
Rua Voluntários da Pátria, 45 – 14º andar – Botafogo
22270-000 – Rio de Janeiro – RJ
Tel.: (21) 2538-4100
E-mail: atendimento@sextante.com.br
www.sextante.com.br

Sumário

1. O que é estratégia?   7
   Michael E. Porter

2. As cinco forças competitivas que moldam a estratégia   47
   Michael E. Porter

3. Como construir a visão da sua empresa   87
   James C. Collins e Jerry I. Porras

4. Reinvente seu modelo de negócios   116
   Mark W. Johnson, Clayton M. Christensen e Henning Kagermann

5. A estratégia do oceano azul   139
   W. Chan Kim e Renée Mauborgne

6. Os segredos para a execução bem-sucedida de estratégias   160
   Gary L. Neilson, Karla L. Martin e Elizabeth Powers

7. Usando o balanced scorecard como um sistema de gestão estratégica   186
   Robert S. Kaplan e David P. Norton

8. Transforme estratégia de executivos em ação na linha de frente 211
Orit Gadiesh e James L. Gilbert

9. Como converter uma estratégia ótima em um ótimo desempenho 229
Michael C. Mankins e Richard Steele

10. Quem toma a decisão? – Como papéis de decisão claros melhoram o desempenho organizacional 250
Paul Rogers e Marcia Blenko

Autores 271

1
O que é estratégia?

Michael E. Porter

I. Eficácia operacional não é estratégia

Há décadas, os gestores vêm aprendendo a jogar de acordo com novas regras. As empresas de hoje precisam ser flexíveis para reagir rapidamente a mudanças competitivas e de mercado. Precisam estar sempre realizando benchmark (a prática de buscar referências de excelência na concorrência e incorporá-las) para atingir as melhores práticas. Precisam terceirizar agressivamente de modo a se tornarem mais eficazes. E precisam desenvolver determinadas competências centrais para se manterem à frente das rivais.

O posicionamento – antes visto como o coração da estratégia – agora é considerado estático demais para o dinamismo dos mercados atuais e das tecnologias que não param de evoluir. De acordo com o novo paradigma, a concorrência pode copiar rapidamente qualquer posição de mercado e a vantagem competitiva é, na melhor das hipóteses, algo temporário.

Essas crenças, porém, são perigosas meias verdades que cada vez mais conduzem as organizações a uma competição destrutiva. É fato que algumas barreiras que obstruem a competitividade estão sendo derrubadas à medida que a regulamentação é reduzida e os mercados se globalizam. E também é fato que as empresas apropriadamente investiram energia para se tornarem mais enxutas e mais ágeis. Em muitos setores, no entanto, o que alguns chamam de *hipercompetição* é um autoflagelo, não o resultado inevitável de uma mudança de paradigma da competitividade.

A raiz do problema está na impossibilidade de distinguir eficácia operacional de estratégia. A busca por produtividade, qualidade e velocidade produziu um número incrível de ferramentas e técnicas de gestão: qualidade total, benchmarking, competição baseada no tempo, terceirização, parcerias, reengenharia, gestão da mudança. Embora os aperfeiçoamentos operacionais resultantes frequentemente tenham sido profundos, muitas empresas se frustraram ao perceber que são incapazes de traduzir esses ganhos em lucratividade sustentável. E, aos poucos, de modo quase imperceptível, as ferramentas de gestão foram substituindo a estratégia. À medida que procuram evoluir em todas as frentes, os gestores se afastam cada vez mais de posições competitivas viáveis.

Eficácia operacional: necessária, mas não suficiente

A eficácia operacional e a estratégia são fundamentais para um desempenho de excelência, que, afinal, é a meta mais importante de qualquer negócio. Mas elas operam de formas bem distintas.

Uma empresa só superará a concorrência se estabelecer um diferencial que possa manter. Ela precisa oferecer mais valor aos clientes, gerar valor equivalente a um custo mais baixo ou fazer as duas coisas. A aritmética da lucratividade máxima, então, é a seguinte: oferecer mais valor permite à empresa aumentar o preço médio unitário; maior eficácia resulta em custo médio unitário mais baixo.

Em última análise, todas as diferenças de custo ou preço entre empresas decorrem das centenas de atividades necessárias para criar, produzir, vender e fornecer seus produtos ou serviços, como visitar clientes, montar o produto final e treinar funcionários. O custo é gerado pela execução das atividades, e nesse aspecto a vantagem surge quando uma empresa executa certas tarefas de maneira mais eficaz que a concorrência. De modo similar, a diferenciação deriva tanto da escolha das atividades quanto da maneira como elas são realizadas. As atividades são, portanto, as unidades básicas da vantagem competitiva. A vantagem ou desvantagem

> ## Em resumo
>
> A infinidade de atividades necessárias para criar, produzir, vender e fornecer produtos ou serviços constitui as unidades básicas da vantagem competitiva. Quem tem **eficácia operacional** realiza essas atividades melhor – isto é, mais rápido ou com menos insumos e menos falhas – que a concorrência. Ela pode gerar enormes benefícios para as empresas, como demonstraram nas décadas de 1970 e 1980 algumas companhias japonesas que adotaram práticas como gestão da qualidade total e da melhoria contínua. Mas, do ponto de vista competitivo, o problema da eficácia operacional é que as melhores práticas são facilmente copiadas. Quando todos os concorrentes de um setor as adotam, **a fronteira de produtividade** – valor máximo que uma empresa pode entregar a determinado custo, com as melhores tecnologias, habilidades e técnicas de gestão disponíveis – se expande, reduzindo custos e agregando valor ao mesmo tempo. Esse tipo de competição gera uma melhoria absoluta na eficácia operacional, mas não produz melhorias relativas para ninguém. E quanto mais benchmark as empresas fizerem, mais **convergência competitiva** terão – ou seja, mais difícil será se distinguirem umas das outras.
>
> O **posicionamento estratégico** busca alcançar uma vantagem competitiva sustentável para a empresa preservando o que ela tem de singular. Envolve desempenhar atividades diferentes da concorrência – ou atividades similares de formas diferentes.

geral de uma empresa resulta do conjunto de todas as suas atividades, não de apenas algumas.[1]

Eficácia operacional significa executar atividades equivalentes *melhor* que a concorrência. Inclui um aumento da eficiência, mas não se limita a isso. Refere-se a práticas que permitem à empresa utilizar seus recursos da melhor maneira possível – por exemplo, reduzindo defeitos de fabricação

---

[1] No livro *Vantagem competitiva*, descrevi pela primeira vez o conceito de atividades e sua importância para compreender a vantagem competitiva. As ideias neste artigo exploram e ampliam esse raciocínio.

Na prática

O posicionamento estratégico se baseia em três princípios fundamentais:

1. **A estratégia é a criação de uma posição singular e de valor que envolve um conjunto diferente de atividades.** A posição estratégica nasce de três fontes:
   - satisfazer algumas necessidades de muitos clientes (a Jiffy Lube produz somente lubrificantes automotivos);
   - satisfazer necessidades gerais de poucos clientes (a Bessemer Trust tem como público-alvo somente clientes com grandes fortunas);
   - satisfazer necessidades gerais de muitos clientes num mercado reduzido (a Carmike Cinemas opera somente em cidades com população inferior a 200 mil habitantes).

2. **A estratégia requer trade-offs na hora de competir – escolher o que não fazer.** Algumas atividades competitivas são incompatíveis. Por isso, ganhos em determinada área só podem ser obtidos às custas de perdas em outra. O sabonete da Neutrogena, por exemplo, está posicionado mais como um produto medicinal que como um artigo de higiene. Ao não incluir desodorizantes no produto, a empresa abdica de grande volume de vendas e sacrifica eficiências na fabricação. Por outro lado, a decisão da Maytag de estender sua linha de produtos e adquirir outras marcas representou uma falha em realizar trade-offs ou compensações difíceis: o aumento da receita ocorreu às custas do retorno sobre as vendas.

3. **A estratégia envolve criar compatibilidade entre as atividades da empresa.** Compatibilidade tem a ver com a forma como as atividades de uma empresa interagem e reforçam umas às outras. O Vanguard Group, por exemplo, alinha todas as suas atividades a uma estratégia de baixo custo. Distribui os fundos direto aos

clientes e minimiza a rotatividade do portfólio. A compatibilidade proporciona tanto vantagem competitiva quanto sustentabilidade: quando as atividades se reforçam mutuamente, a concorrência tem dificuldade em imitá-las. Quando a Continental Lite tentou copiar algumas das atividades da Southwest Airlines, mas não todo o sistema interligado da concorrente, os resultados foram desastrosos.

Os funcionários precisam de orientação para aprender a aprofundar uma posição estratégica em vez de ampliá-la ou comprometê-la e para estender a singularidade da empresa enquanto esta fortalece a compatibilidade entre suas atividades. O trabalho de determinar o grupo-alvo de clientes e as necessidades a serem supridas requer disciplina, capacidade de estabelecer limites e comunicação direta. Fica óbvio, portanto, que estratégia e liderança estão inextricavelmente unidas.

ou desenvolvendo produtos superiores em menos tempo. Por outro lado, posicionamento estratégico significa executar *atividades diferentes* das dos concorrentes ou executar atividades similares *de formas diferentes*.

As diferenças na eficácia operacional entre as empresas são difusas. Algumas organizações são capazes de extrair mais de seus recursos que outras porque eliminam esforços inúteis, empregam tecnologias mais avançadas, motivam mais seus funcionários ou têm ideias melhores sobre como gerir atividades ou conjuntos de atividades. Essas distinções são uma fonte importante da discrepância na lucratividade entre os concorrentes porque afetam diretamente custos relativos e níveis de diferenciação.

As diferenças em eficácia operacional estavam no centro do desafio japonês às organizações ocidentais na década de 1980. Os japoneses estavam tão à frente da concorrência em termos de eficácia operacional que podiam oferecer, ao mesmo tempo, preços mais baixos e qualidade superior. Vale a pena insistir nesse ponto, porque boa parte das ideias recentes sobre competição resulta dele.

Imagine uma *fronteira de produtividade* formada pela soma de todas as melhores práticas existentes. Pense nela como o valor máximo que uma empresa pode criar a determinado custo, usando as melhores tecnologias, habilidades e técnicas de gestão e os melhores recursos disponíveis. A fronteira de produtividade pode ser aplicada a atividades individuais, a grupos de atividades relacionadas (como expedição e manufatura) e a todas as atividades de uma empresa. Ao aumentar a eficácia operacional, a organização se aproxima da fronteira. Mas, para isso, podem ser necessários investimento de capital, uma equipe diferente ou simplesmente novas formas de administrar.

A fronteira de produtividade está constantemente se expandindo à medida que novas abordagens tecnológicas e de gestão são desenvolvidas e novos recursos são disponibilizados. Computadores portáteis, telefonia móvel, internet e softwares, por exemplo, redefiniram a fronteira de produtividade para as operações das equipes de vendas e criaram possibilidades enriquecedoras para conectar vendas a atividades como expedição e suporte pós-venda. Da mesma forma, a produção enxuta, que envolve uma série de atividades, permitiu aprimoramentos substanciais na produtividade manufatureira e na utilização de ativos.

Há pelo menos uma década os gestores vêm se preocupando em aprimorar a eficácia operacional. Por meio de programas como gestão da qualidade total, competição baseada no tempo e benchmarking, eles mudaram a forma de desempenhar atividades com o objetivo de eliminar ineficiências, aumentar a satisfação do cliente e adotar as melhores práticas. Na intenção de acompanhar as mudanças na fronteira de produtividade, os gestores adotaram práticas como melhoria contínua (*kaizen*), empoderamento (delegação de poder a todos os níveis da empresa), gestão da mudança e a chamada *learning organization* (organização que aprende). A popularidade da terceirização e da corporação virtual reflete a percepção, cada vez maior, de que é difícil executar todas as atividades com a mesma produtividade dos especialistas em suas respectivas áreas.

Conforme se aproximam da fronteira, as empresas muitas vezes conseguem aperfeiçoar várias dimensões de desempenho ao mesmo tempo. Por exemplo, fabricantes que adotaram a prática japonesa de *rapid changeovers* (sistema de produção flexível com transições rápidas entre as máquinas) na década de 1980 conseguiram reduzir custos e, ao mesmo tempo, aumentar sua diferenciação. Situações que muitos acreditavam ser um trade-off

Eficácia operacional versus posicionamento estratégico

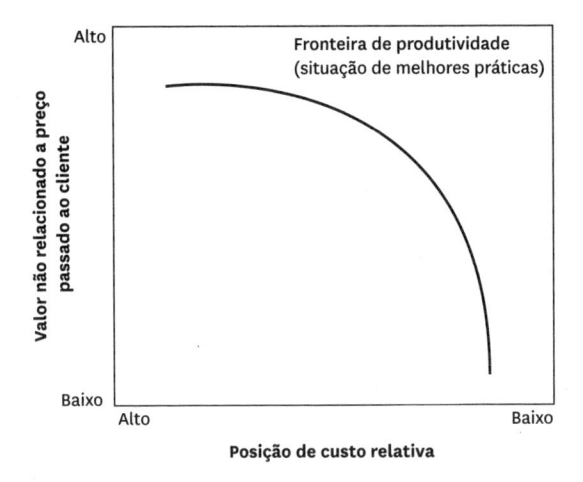

[Gráfico: eixo vertical "Valor não relacionado a preço passado ao cliente" (Baixo a Alto); eixo horizontal "Posição de custo relativa" (Alto a Baixo); curva representando a "Fronteira de produtividade (situação de melhores práticas)".]

(escolha em que ter menos de um implica ter mais de outro) – entre defeitos de fabricação e custos, por exemplo – revelaram-se ilusões criadas por uma baixa eficácia operacional.

Para atingir a lucratividade máxima, é necessário aprimorar constantemente a eficácia operacional. No entanto, isso em geral não basta. Poucas empresas competiram com sucesso baseando-se na eficácia operacional durante um longo período, e a cada dia é mais difícil se manter à frente da concorrência. A razão mais óbvia para isso é a rápida difusão das melhores práticas. Os concorrentes podem copiar rapidamente técnicas de gestão, novas tecnologias, insumos melhores e formas diferenciadas de atender às necessidades dos clientes. As soluções mais genéricas – aquelas passíveis de serem usadas em diversas situações – são as que se difundem mais rápido, como é o caso da proliferação de técnicas de eficácia operacional aceleradas pelo trabalho dos consultores.

A competição baseada na eficácia operacional expande a fronteira de produtividade, elevando o nível para todos. Mas, embora essa competição produza uma melhoria absoluta na eficácia operacional, ela não resulta em melhoria relativa para ninguém. Veja o caso do setor de impressão comercial americano, um negócio de mais de 5 bilhões de dólares. Os maiores protagonistas – R. R. Donnelley, Quebecor, World Color Press e

Big Flower Press – competem lado a lado, atendendo a todos os tipos de cliente, oferecendo as mesmas tecnologias de impressão, investindo pesado nos mesmos novos equipamentos, rodando sistemas de impressão mais rápidos e reduzindo o tamanho das equipes. Mas os maiores ganhos de produtividade estão sendo captados pelos clientes e fornecedores de equipamentos, e não retidos na forma de uma lucratividade maior. Mesmo a margem de lucro da empresa líder, a Donnelley, consistentemente acima de 7% na década de 1980, caiu para menos de 4,6% em 1995. Esse padrão está se manifestando em todos os setores. Até os japoneses, pioneiros da nova competição, sofrem com lucros persistentemente baixos. (Veja o quadro "As empresas japonesas raramente têm uma estratégia", na página 15).

A segunda razão para a melhoria da eficácia operacional ser insuficiente é mais sutil e traiçoeira. Quanto mais benchmark as empresas fazem, mais elas se parecem – convergência competitiva. Quanto mais os concorrentes terceirizam atividades para parceiros eficientes, em geral os mesmos, mais genéricas essas atividades se tornam. Conforme os concorrentes copiam uns dos outros os aperfeiçoamentos em qualidade, ciclos de produção ou parcerias com fornecedores, as estratégias convergem e a competição se torna uma sucessão de corridas por percursos idênticos em que não há vencedor. A competição baseada apenas em eficácia operacional é destrutiva e leva a guerras desgastantes, que só serão evitadas quando a competição for limitada.

A recente onda de consolidação dos negócios por meio de fusões faz sentido no contexto da competição baseada em eficácia operacional. Impulsionadas por pressões de desempenho, mas sem visão estratégica, as empresas não tiveram ideia melhor que adquirir as rivais. Os concorrentes que permaneceram de pé costumam ser aqueles que simplesmente sobreviveram, não empresas com vantagem competitiva real.

Após uma década de ganhos expressivos em eficácia operacional, muitas empresas estão enfrentando rendimentos decrescentes. O conceito de melhoria contínua ficou gravado na mente dos gestores, mas, sem eles perceberem, essas ferramentas de gestão conduziram as empresas na direção da imitação e da homogeneidade. Aos poucos, deixaram a eficácia operacional substituir a estratégia. O resultado é uma competição de

As empresas japonesas raramente têm uma estratégia

Os japoneses deflagraram uma revolução global em eficácia operacional nas décadas de 1970 e 1980 e foram pioneiros em práticas como gestão da qualidade total e melhoria contínua. Como resultado, suas fábricas desfrutaram de vantagens substanciais em custos e qualidade durante muitos anos.

Apesar disso, as empresas japonesas raramente desenvolveram posições estratégicas diferenciadas do tipo discutido neste artigo. As que desenvolveram – Sony e Canon, por exemplo – são exceções. A maioria imitava e tentava se igualar às outras. Todas as concorrentes ofereciam quase todas (se não todas) as mesmas variedades de produtos, características e serviços. Elas utilizavam todos os canais e suas configurações de fábrica eram equivalentes.

Hoje é mais fácil reconhecer os perigos da competição ao estilo japonês. Na década de 1980, com as empresas concorrentes operando longe da fronteira de produtividade, tudo levava a crer que era possível evoluir indefinidamente em custo e qualidade. Todas as companhias japonesas eram capazes de crescer na economia local em expansão e de penetrar mercados globais. Pareciam imbatíveis. Mas, à medida que a lacuna na eficácia operacional se reduziu, elas começaram a se tornar cada vez mais prisioneiras da armadilha que criaram para si. Para escapar das batalhas destrutivas que agora arruínam seu desempenho, terão que aprender estratégia.

Para isso, precisarão superar fortes barreiras culturais. O Japão tem uma cultura notoriamente orientada para o consenso e suas companhias tendem a mediar diferenças entre indivíduos em vez de acentuá-las. Por outro lado, estratégia implica fazer escolhas difíceis. Os japoneses também possuem uma tradição profundamente enraizada de presteza que os predispõe a não medir esforços para satisfazer quaisquer necessidades expressadas pelos clientes. Tentando agradar a gregos e troianos, as companhias que competem dessa forma acabam enterrando seu posicionamento diferencial.

(Esta análise sobre o Japão foi extraída da pesquisa do autor com Hirotaka Takeuchi, com a assessoria de Mariko Sakakibara.)

soma zero (para um ganhar, outro precisa perder), preços estagnados ou em queda e pressões sobre custos que comprometem a capacidade das organizações de investir a longo prazo no negócio.

II. A estratégia se apoia em atividades singulares

Uma estratégia competitiva deve estimular a diferenciação. Implica escolher deliberadamente um conjunto diferente de atividades para oferecer uma combinação ímpar de valores.

A Southwest Airlines, por exemplo, oferece voos de baixo custo e curta distância entre cidades de médio porte e aeroportos secundários de grandes cidades. Ela evita grandes aeroportos e não opera longas distâncias. Entre seus clientes estão viajantes a negócios, famílias e estudantes. Suas partidas frequentes e tarifas baixas atraem tanto clientes que buscam bons preços e que, se não fosse pela Southwest, viajariam de ônibus ou de carro, quanto usuários que valorizam a praticidade e escolheriam uma grande companhia aérea em outras rotas.

A maioria dos gestores descreve o posicionamento estratégico em termos de clientes: "A Southwest Airlines atende usuários que desejam preço justo e praticidade", por exemplo. Mas a essência da estratégia está nas atividades – escolher atividades diferentes da concorrência ou executar as mesmas atividades de outra forma. Caso contrário, a estratégia não passa de um slogan de marketing que não resistirá à competição.

As companhias aéreas de serviço completo são configuradas para transportar um passageiro praticamente de qualquer ponto A a qualquer ponto B. Para atender a uma grande variedade de destinos e a passageiros com voos de conexão, empregam um sistema de rotas *hub-and-spoke*, com voos distribuídos a partir de grandes aeroportos. Para atrair passageiros que desejam mais conforto, oferecem serviços de primeira classe ou de classe executiva. Para acomodar passageiros que precisam trocar de aeronave, coordenam horários e transferem bagagens. Como alguns voos demoram muitas horas, também servem refeições.

A Southwest, por outro lado, configura todas as suas atividades para oferecer conveniência a preço baixo em seu tipo específico de rotas ponto a ponto. Por meio de operações ágeis de embarque e desembarque (as aeronaves passam somente 15 minutos em solo), a empresa consegue manter os aviões no ar por mais tempo que as concorrentes e oferece voos frequentes mesmo tendo menos aeronaves. Ela não serve refeições, não reserva assentos nem conta com transferência de bagagem entre linhas ou serviços de classe especial. A compra automatizada de passagens nos próprios aeroportos estimula o cliente a evitar agências de viagens, isentando a Southwest de pagar comissões. Sua frota padronizada de aeronaves Boeing 737 aumenta a eficiência da manutenção.

A Southwest sempre se preocupou em manter uma posição estratégica de valor singular baseada num conjunto de atividades específico. Nas rotas atendidas por ela, uma companhia aérea de serviço completo jamais conseguiria ser tão conveniente nem ter um custo tão baixo.

A Ikea, varejista global do ramo de móveis e decoração sediada na Suécia, também tem um posicionamento estratégico claro. O público-alvo da Ikea é formado por jovens compradores de móveis que desejam estilo e preço baixo. O que transforma esse conceito de marketing em posicionamento estratégico é o conjunto especialmente customizado de atividades que faz a empresa funcionar. Assim como a Southwest, a Ikea preferiu executar atividades de forma diferente da concorrência.

Pense numa loja típica de móveis. No showroom há amostras das mercadorias. Uma área pode conter 25 sofás e outra, exibir cinco mesas de jantar, mas esses itens representam apenas uma fração das opções disponíveis para os clientes. Dezenas de catálogos apresentam padrões de tecido, amostras de madeira ou estilos diferentes – ou seja, os clientes podem escolher entre milhares de variedades de produtos. Os vendedores geralmente os acompanham pela loja, respondendo a perguntas e ajudando-os a navegar por esse labirinto de opções. Quando o cliente decide o que quer, o pedido é repassado para um fabricante terceirizado. Com sorte, os móveis serão entregues na casa do cliente em seis a oito semanas. Essa é uma cadeia de valor que maximiza customização e serviços, mas cobra caro por isso.

A Ikea, por sua vez, atende a clientes que preferem trocar serviço por preço baixo. Em vez de ter um batalhão de vendedores espalhado pela loja, ela usa um modelo de autoatendimento baseado em explicações claras exibidas no local. Para se adequar ao seu posicionamento, em vez de se fiar somente em fabricantes terceirizados, a Ikea projeta seus móveis modulares, de baixo custo e prontos para montar. Nas megalojas, a empresa exibe todos os produtos que comercializa em ambientes completamente mobiliados, de modo que o cliente não precise da ajuda de um decorador para imaginar como as peças se harmonizariam. Adjacentes aos showrooms mobiliados,

Descobrindo novos posicionamentos: a vantagem dos recém-chegados

A competição estratégica pode ser interpretada como um processo de percepção de novas posições que cortejam clientes já atendidos por posições estabelecidas ou que atraem novos clientes. Por exemplo, megalojas que oferecem várias opções para uma categoria de produto roubam a fatia de mercado de lojas de departamentos que disponibilizam uma seleção mais limitada em muitas categorias. Vendas por catálogo seduzem clientes que privilegiam a conveniência. Na teoria, empresas estabelecidas e empreendedores recém-chegados enfrentam os mesmos desafios para descobrir novas posições estratégicas. Na prática, os novos concorrentes em potencial levam vantagem.

Posicionamentos estratégicos geralmente não são óbvios e para descobri-los é preciso ter criatividade e perspicácia. Novos concorrentes muitas vezes descobrem posições originais que estavam disponíveis mas eram desprezadas por concorrentes já estabelecidos. A Ikea, por exemplo, identificou um grupo de clientes que vinha sendo ignorado ou mal servido. A entrada da Circuit City no ramo de carros usados com a CarMax baseou-se numa nova forma de desempenhar atividades (reforma completa dos automóveis, garantias, preços sem descontos, financiamento próprio) que havia muito tempo eram oferecidas pelas empresas que já atuavam no mercado.

Os novatos podem prosperar ocupando uma posição que um rival já ocupou mas acabou abandonando após anos de imitação e inércia. E aqueles que provêm de outros setores podem criar novas posições graças às atividades diferentes aproveitadas de seu negócio original. A CarMax beneficiou-se da expertise da Circuit City em logística, crédito e outras atividades no varejo de eletrônicos.

O mais comum, porém, é que novas posições se abram graças a mudanças. Surgem novos grupos de clientes ou oportunidades de compra; novas necessidades emergem à medida que a sociedade evolui; aparecem novos canais de distribuição; novas tecnologias são desenvolvidas; novas máquinas ou novos sistemas de informação são disponibilizados. Quando essas mudanças ocorrem, os novos concorrentes, que não têm o peso de uma longa tradição no setor, geralmente percebem com mais facilidade o potencial de uma nova forma de concorrência. Ao contrário das empresas estabelecidas, os recém-chegados podem ser mais flexíveis, pois não precisam fazer compensações em suas atividades atuais.

encontram-se depósitos com os produtos encaixotados guardados sobre paletes. Os clientes simplesmente pegam os itens comprados e os levam para casa. Para ajudar nesse transporte, a Ikea até vende um rack para o teto do carro, que pode ser devolvido na visita seguinte.

Embora boa parte de seu posicionamento como loja de baixo custo venha do conceito "Faça você mesmo", a Ikea oferece vários serviços extras que a concorrência não oferece. Um deles é um espaço *kids* em cada loja. Outro é o horário de funcionamento estendido. Esses serviços estão alinhados de maneira personalizada às necessidades de seus clientes, em geral jovens que ainda não alcançaram a estabilidade financeira, provavelmente com filhos (mas sem babá) e que trabalham em tempo integral e por isso precisam fazer compras em horários alternativos.

As origens dos posicionamentos estratégicos

As posições estratégicas se originam de três fontes distintas, que não são mutuamente excludentes, mas geralmente superpostas. Primeiro, o posicionamento pode ser baseado na produção de um subconjunto de produtos ou serviços de um setor. Chamo isso de *posicionamento baseado em variedade*, porque se fundamenta na variedade de produtos ou serviços, não em segmentos de clientes. O posicionamento baseado em variedade faz sentido economicamente quando a empresa consegue produzir com mais qualidade determinados produtos ou serviços usando diferentes conjuntos de atividades.

A Jiffy Lube International, por exemplo, especializou-se em lubrificantes automotivos e não oferece outros serviços, como reparos ou manutenção. Sua cadeia de valor produz serviços mais rápidos a custos menores que oficinas de linha mais ampla. Essa combinação se mostrou tão atraente que muitos clientes subdividem seus gastos, optando por trocar o óleo com a Jiffy Lube e procurando a concorrência para outros serviços.

O Vanguard Group, líder no setor de fundos mútuos, é outro exemplo de posicionamento baseado em variedade. Ele fornece um conjunto de ações ordinárias, títulos e fundos do mercado financeiro com desempenho previsível e encargos irrisórios. A abordagem de investimento da empresa sacrifica deliberadamente a possibilidade de um desempenho excepcional em determinado ano em troca de um desempenho relativamente bom todos os anos. O Vanguard é conhecido, por exemplo, por seus fundos de índices. Evita apostar em taxas de juros e procura se afastar de carteiras limitadas de ações. Os gestores de fundos mantêm níveis baixos de negociações ou *trading*, o que garante despesas menores. Além disso, a empresa desencoraja os clientes a comprar e vender rápido, pois isso aumenta os custos e pode forçar o gestor a negociar títulos para disponibilizar o novo capital e aumentar o caixa para resgates. Ela também adota uma abordagem consistente de baixo custo para administrar distribuição, atendimento ao cliente e marketing. Muitos investidores têm um ou mais fundos do Vanguard em seu portfólio e, ao mesmo tempo, compram fundos agressivamente administrados ou especializados da concorrência.

As pessoas que usam o Vanguard ou a Jiffy Lube estão buscando uma cadeia de valor mais elevada para determinado tipo de serviço. Um posicionamento baseado em variedade pode atender a uma ampla gama de clientes, mas, para a maioria deles, suprirá somente um subconjunto de necessidades.

A segunda fonte de posicionamento atenderá à maior parte ou a todas as necessidades de determinado grupo de clientes. Chamo-a de *posicionamento baseado em necessidades*, que se aproxima do pensamento tradicional de focar um segmento de clientes. Ela surge quando há grupos de clientes com necessidades diferentes e quando um conjunto de atividades customizado pode supri-las com mais eficiência. Alguns grupos de clientes são mais sensíveis a preço que outros, demandam características diferentes de produtos e precisam de quantidades variadas de informação, suporte e serviços. Os clientes da Ikea são um bom exemplo. A empresa busca satisfazer todas as necessidades de móveis e decoração para o lar de seu público-alvo, não apenas um subconjunto delas.

Quando o mesmo cliente tem diferentes necessidades em diferentes ocasiões, ou para diferentes tipos de transação, existe uma variante do posicionamento baseado em necessidades. A mesma pessoa pode ter diferentes necessidades quando viaja a negócios e quando viaja de férias com a família, por exemplo. Compradores de latas – como as empresas de bebidas – provavelmente terão demandas diferentes de seu fornecedor principal e de sua fonte secundária.

A conexão com estratégias genéricas

No livro *Estratégia competitiva*, apresentei o conceito de estratégias genéricas – liderança no custo total, diferenciação e foco – para representar as posições estratégicas alternativas de um setor. As estratégias genéricas continuam sendo úteis para caracterizar posições estratégicas no nível mais simples e mais amplo. O Vanguard é um exemplo de estratégia de liderança em custo, ao passo que a Ikea, com seu grupo de clientes reduzido, é um exemplo de foco baseado em custo. A Neutrogena é um diferenciador focado. As bases do posicionamento – variedade, necessidades e acesso – levam a compreensão dessas estratégias genéricas a um nível mais alto de especificidade. A Ikea e a Southwest, por exemplo, são duas empresas com foco baseado em custos, mas o foco da Ikea se apoia nas necessidades de um grupo de clientes, enquanto o da Southwest se baseia na oferta de uma determinada variedade de serviços.

O modelo de estratégias genéricas gerou a necessidade de fazer escolhas para evitar ser apanhado no que descrevi como as contradições inerentes de estratégias diferentes. Os trade-offs entre atividades de posições incompatíveis explicam essas contradições. Uma prova disso é a Continental Lite, que fracassou ao tentar competir em duas frentes ao mesmo tempo.

Para a maioria dos gestores, é intuitivo conceber seus negócios com base nas necessidades dos clientes, mas um elemento crucial do posicionamento baseado em necessidades não é nada intuitivo e quase sempre é negligenciado. Isso porque diferenças de necessidades não se traduzem em posicionamentos significativos a menos que o conjunto ideal de atividades para satisfazê-las *também* seja diferente. Se não fosse assim, todos os concorrentes atenderiam a essas mesmas necessidades e não haveria nada de singular nem de valor no posicionamento.

No setor de bancos privados, por exemplo, a Bessemer Trust Company tem como clientes-alvo famílias com um valor mínimo de 5 milhões de dólares em ativos disponíveis para investimento e que desejem ao mesmo tempo preservar o capital e acumular riqueza. Ao estabelecer que cada gerente de conta atenda a no máximo 14 famílias, a Bessemer configurou suas atividades para oferecer serviços personalizados. É mais provável que as reuniões, por exemplo, sejam feitas na fazenda ou no iate do cliente do que no banco. A Bessemer oferece um amplo leque de serviços personalizados, incluindo gestão de investimentos, administração de imóveis, supervisão de investimentos em petróleo e gás e administração de cavalos de corrida e aeronaves. Empréstimos – um ponto forte para a maioria dos bancos privados – raramente são solicitados pelos clientes da Bessemer e formam uma fração mínima da receita da empresa. Apesar das gratificações generosas dos gerentes de conta e do alto custo com pessoal especializado incluídos nas despesas de operação, o diferencial que a Bessemer proporciona às famílias que atende produz um retorno sobre o patrimônio líquido estimado como o mais alto do sistema bancário privado.

Por outro lado, o banco privado do grupo Citibank atende clientes com um mínimo de 250 mil dólares em ativos que, ao contrário dos clientes da Bessemer, desejam acesso conveniente a empréstimos – de grandes hipotecas a pequenos financiamentos. Os gerentes de conta do Citibank são basicamente operadores de empréstimos. Quando um cliente precisa de outros serviços, o gerente o encaminha para outros especialistas da instituição, que lhe oferecerão produtos predefinidos. O sistema do Citibank é menos personalizado que o da Bessemer e permite que ele tenha uma razão gerente-cliente muito menor: 1 para 125. Só os maiores clientes são chamados para reuniões no banco, e são apenas duas por ano. Tanto a Bessemer quanto o Citibank customizaram suas atividades para atender às necessidades de um grupo distinto de clientes do setor de bancos privados. A mesma cadeia de valor não pode suprir as necessidades dos dois grupos de forma lucrativa para as empresas.

A terceira fonte de posicionamento é a segmentação de clientes que são acessíveis por diferentes caminhos. Embora suas necessidades sejam semelhantes às de outros clientes, a configuração mais eficaz de atividades para atendê-los é diferente. Eu a chamo de *posicionamento baseado em acesso*. Esse acesso pode ser considerado em função da geografia ou da escala do cliente – ou do que quer que exija um conjunto específico de atividades para lhe atender da melhor forma.

A segmentação por acesso é menos comum e mais difícil de entender que as outras duas fontes. A Carmike Cinemas, por exemplo, opera salas apenas em cidades com menos de 200 mil habitantes. Como a Carmike obtém lucros em mercados que não só são pequenos como também não suportam os preços dos ingressos das grandes cidades? Ela consegue isso baseando-se num conjunto de atividades que resulta numa estrutura de custos enxuta.

Os clientes da Carmike são atendidos em complexos cinematográficos padronizados e de baixo custo que exigem menos telas e tecnologia de projeção menos sofisticada que os cinemas das grandes cidades. O sistema de tecnologia da informação e os processos de gestão eliminam a necessidade de uma equipe administrativa local, bastando um gerente por cinema. A Carmike também se beneficia de um sistema de compras centralizado, baixos custos de aluguel e de folha de pagamento (por causa das localizações) e despesas fixas corporativas baixas – de 2%, bem abaixo da média do setor, 5%. Operar em comunidades pequenas também permite à empresa praticar uma forma de marketing altamente personalizada: como o gerente do cinema conhece a clientela, ele convoca o público por meio de contatos pessoais. Por ser o cinema mais importante, se não o único, em seus mercados – o principal concorrente muitas vezes são os jogos do time local de futebol americano –, a Carmike consegue negociar uma seleção melhor de filmes e condições mais atrativas com os distribuidores.

Clientes de zonas urbanas versus clientes de zonas rurais são um exemplo de como o acesso leva a diferenças nas atividades. Atender a poucos clientes em vez de muitos ou clientes densamente aglomerados em vez de esparsamente situados são outros exemplos que comprovam que, mesmo que seja para suprir necessidades semelhantes, a forma de configurar as atividades de marketing, expedição, logística e pós-venda desses grupos distintos muitas vezes será diferente.

Posicionamento não se resume a descobrir um nicho. Uma posição que decorra de qualquer uma das fontes pode ser mais ampla ou mais restrita. Um concorrente com a estratégia de foco, como a Ikea, tem como alvo as necessidades específicas de um subconjunto de clientes e configura as próprias atividades de acordo com elas. Rivais com a mesma estratégia prosperam com grupos de clientes que ou são exaustivamente atendidos (e assim pagam mais por isso) por concorrentes com um alvo mais amplo de clientes, ou mal atendidos (e assim pagam menos por isso). Um concorrente com público amplo – por exemplo, o Vanguard ou a Delta Airlines – atende a um leque de clientes para os quais executa um conjunto de atividades destinadas a satisfazer suas necessidades compartilhadas. Ele ignora ou contempla apenas parcialmente as necessidades mais idiossincráticas de clientes ou grupos de clientes específicos.

Qualquer que seja a base – variedade, necessidades, acesso ou alguma combinação desses três elementos –, o posicionamento requer um conjunto de atividades customizado, pois ocorre sempre em função das diferenças do lado do fornecedor, isto é, das diferenças nas atividades. Por outro lado, o posicionamento não ocorre sempre em função das diferenças no lado da demanda ou do cliente. Mais especificamente, posicionamentos em variedade e acesso não dependem de quaisquer diferenças do cliente. Na prática, no entanto, diferenças de variedade ou acesso geralmente acompanham diferenças de necessidades. Os gostos – isto é, as necessidades – dos clientes de pequenas cidades atendidas pela Carmike, por exemplo, pendem mais para comédias, faroestes, filmes de ação e entretenimento para a família. A Carmike não exibe nenhum filme proibido para menores de 18 anos.

Definido o que é posicionamento, podemos começar a responder a "O que é estratégia?". Estratégia é a criação de uma posição singular e de valor envolvendo um conjunto particular de atividades. Se houvesse apenas uma posição ideal, não existiria necessidade de estratégia e as empresas enfrentariam uma única imposição – vencer a corrida para descobrir essa posição e ser a primeira a alcançá-la. A essência do posicionamento estratégico é escolher atividades diferentes das dos concorrentes. Se o mesmo conjunto de atividades fosse o mais eficaz para produzir todas as variedades, satisfazer todas as necessidades e acessar todos os clientes, as empresas poderiam facilmente navegar entre elas e a eficácia operacional determinaria o desempenho.

III. Uma posição estratégica sustentável exige trade-offs

Escolher uma posição singular, no entanto, não garante uma vantagem sustentável. Uma posição de valor atrai concorrentes estabelecidos que tentarão copiá-la de alguma forma.

A primeira é um concorrente se reposicionar para igualar o desempenho do concorrente superior. A J. C. Penney, por exemplo, reposicionou-se para deixar de ser um clone da Sears e se transformar numa varejista mais sofisticada de itens de vestuário e de cama, mesa e banho. A segunda forma de imitação – e também a mais comum – é a que fica em cima do muro, também chamada de *straddling*: a empresa busca equiparar os benefícios de uma posição bem-sucedida e, ao mesmo tempo, manter a posição atual. Para isso, incorpora novos aspectos, serviços ou tecnologias às atividades que já executa.

Para quem defende que a concorrência pode copiar qualquer posição de mercado, o setor de companhias aéreas é um bom caso-teste. A princípio, um concorrente pode imitar quaisquer atividades de outra companhia aérea. É possível comprar os mesmos modelos de aeronave, reservar portões de embarque e copiar os cardápios, a tarifação e o sistema de manipulação de bagagem oferecidos por outras linhas.

A Continental Airlines viu o sucesso da Southwest e decidiu imitá-la por meio do *straddling*. Mantendo sua posição de companhia aérea de serviço completo, resolveu equiparar-se à Southwest ao passar a operar em várias rotas ponto a ponto. Batizou o novo serviço de Continental Lite; ele eliminava refeições e serviços de primeira classe, aumentava a frequência de partidas, reduzia o preço das passagens e o tempo da aeronave em solo. Como a Continental permaneceu como companhia de serviço completo em outras rotas, continuou a usar agências de viagens e a frota mista de aeronaves e a fornecer serviços de controle e transferência de bagagem e reserva de assentos.

No entanto, uma posição estratégica não é sustentável sem trade-offs ou compensações. Os trade-offs ocorrem quando há atividades incompatíveis – ou seja, quanto mais temos de uma coisa, necessariamente menos temos de outra. Uma companhia aérea pode decidir servir refeições – aumentando custos e atrasando o tempo da aeronave em solo – ou não servir nada, mas não conseguirá fazer ambas as coisas sem grande perda de eficiência.

Os trade-offs criam a necessidade de se fazerem escolhas e desestimulam reposicionamentos e *straddling*. Veja o caso do sabonete da Neutrogena. O posicionamento baseado em variedade da Neutrogena Corporation foi construído sobre a ideia de um sabonete "suave", que não deixa resíduos e ajuda a equilibrar o pH da pele. A estratégia de marketing da empresa parecia mais a de um laboratório farmacêutico que a de uma fabricante de sabonetes. A Neutrogena colocava anúncios em revistas de saúde especializadas, enviava mala direta a médicos, participava de congressos de medicina e realizava pesquisas no próprio Skincare Institute. Para reforçar o posicionamento, originalmente focou a distribuição em drogarias e evitou a prática de preços promocionais. Para produzir esse delicado sabonete, a empresa utiliza um processo de fabricação mais lento e oneroso.

Ao escolher essa posição, a Neutrogena disse "não" aos desodorizantes e hidratantes que muitos clientes esperavam encontrar em seu sabonete. Abdicou de um provável grande volume de vendas em supermercados e de aplicar preços promocionais. Sacrificou eficiências de fabricação para obter a qualidade desejada. Em seu posicionamento original, vários trade-offs como esses protegeram a empresa de imitadores.

Os trade-offs surgem por três motivos: o primeiro são inconsistências na imagem ou na reputação. Uma empresa conhecida por oferecer um tipo de valor pode perder credibilidade e confundir os clientes – ou até desgastar sua reputação – se entregar outro tipo de valor ou se tentar entregar duas coisas incompatíveis ao mesmo tempo. Por exemplo, o sabonete Ivory tem o posicionamento de um sabonete comum e barato de uso diário, por isso teria enorme dificuldade para reformular sua imagem e se equiparar à reputação "médica" superior do Neutrogena. Esforços para criar uma nova imagem normalmente custam dezenas ou até centenas de milhões de dólares em um setor importante – uma barreira poderosa à imitação.

O segundo e mais importante modo como surgem os trade-offs decorre das próprias atividades. Diferentes posições (com suas atividades especificamente moldadas) requerem diferentes equipamentos e configurações de produto, mudanças de comportamento dos funcionários, novas habilidades e novos sistemas de gestão. Um grande número de trade-offs reflete uma inflexibilidade de máquinas, pessoas ou sistemas. Quanto mais a Ikea configura suas atividades para baixar custos – fazendo os próprios clientes transportar os móveis e montá-los em casa –, menos é capaz de satisfazer clientes que preferem serviços de alto padrão.

Mas os trade-offs podem ser ainda mais básicos. Em geral, há destruição de valor quando uma atividade é superprojetada ou subprojetada para ele. Se um vendedor fornece, por exemplo, atendimento de alto nível a um cliente e nenhum atendimento a outro, seu talento (e parte do custo que ele gera para a empresa) seria desperdiçado com o segundo cliente. Além disso, a produtividade pode aumentar quando uma atividade tem uma variação limitada. Ao fornecer continuamente um alto padrão de atendimento, o vendedor e todo o setor de vendas podem atingir eficiências de aprendizado e de escala.

Por fim, os trade-offs nascem de limites na coordenação e no controle internos. Ao escolher competir explicitamente de uma maneira e não de outra, a direção executiva deixa claro quais são suas prioridades organizacionais. Empresas que tentam ser tudo para todos os clientes, por sua vez, correm o risco de criar confusão nas trincheiras, pois falta um modelo claro que os funcionários possam usar de base para suas decisões operacionais cotidianas.

Trade-offs de posicionamento são comuns na competição e essenciais para a estratégia. Eles criam a necessidade de escolha e limitam intencionalmente o que uma empresa oferece. Desestimulam o *straddling* ou o reposicionamento, pois os concorrentes que se envolvem nessas abordagens desgastam suas estratégias e degradam o valor de suas atividades.

No fim, os trade-offs afundaram a Continental Lite. A companhia aérea perdeu centenas de milhões de dólares e o CEO foi demitido. Os voos atrasavam porque saíam de aeroportos congestionados ou porque havia demora na transferência de bagagem. Voos atrasados e cancelados geravam milhares de reclamações diárias. A Continental Lite não tinha condições de suportar a concorrência de preço e ainda pagar comissões para agências de viagens, mas também não podia dispensá-los por causa de sua linha de serviços completos. Procurou um meio-termo cortando comissões para todos os seus voos, sem distinção. Da mesma forma, não tinha condições de continuar oferecendo os mesmos benefícios antigos dos programas de milhagem aos usuários que pagavam passagens muito mais baratas pelos serviços Lite. Fez uma nova compensação reduzindo os benefícios de todo o programa de milhagem. Resultado: descontentamento das agências de viagens e dos clientes de serviço completo.

A Continental tentou competir em duas frentes simultaneamente. Ao querer ser uma companhia aérea de baixo custo em algumas rotas e fornecer serviço completo em outras, arcou com um enorme ônus por seu *straddling*. Se não houvesse trade-offs entre as posições, a empresa poderia ter sido bem-sucedida, mas a ausência de trade-offs é uma perigosa meia verdade que os gestores precisam evitar. Qualidade nem sempre é de graça. A conveniência da Southwest, um tipo de alta qualidade, é consistente com baixos custos porque seu grande número de voos é facilitado por várias práticas de baixo custo – operações de embarque e desembarque mais rápidas e compra automatizada de passagens, por exemplo. No entanto, o custo para fornecer outras dimensões de qualidade de uma companhia aérea – reserva de assentos, refeições ou transferência de bagagem – é alto.

Em geral, os trade-offs falsos entre custo e qualidade surgem quando há esforço redundante ou desperdiçado, falta de controle ou precisão ou coordenação fraca. Melhorias simultâneas de custo e diferenciação só são possíveis quando a empresa começa bem atrás da fronteira de produtividade ou quando a fronteira avança. Na fronteira, onde as empresas alcançaram as boas práticas, o trade-off entre custo e diferenciação é muito real.

Após se beneficiarem por mais de uma década das vantagens em produtividade, a Honda Motor Company e a Toyota Motor Corporation chegaram à fronteira. Em 1995, enfrentando uma resistência cada vez maior dos clientes aos altos preços dos automóveis, a Honda concluiu que o único jeito de produzir carros mais baratos era abrir mão de alguns itens. Nos Estados Unidos, substituiu os discos de freio traseiros do Civic por freios a tambor, de custo mais baixo, e usou tecido mais barato nos assentos traseiros, acreditando que os clientes não perceberiam. No Japão, a Toyota tentou vender uma versão de seu carro-chefe, o *Corolla*, com para-choques sem pintura e assentos mais básicos. Os clientes se revoltaram e a companhia rapidamente desistiu do novo modelo.

Nas últimas décadas do século XX, à medida que se esmeravam em aperfeiçoar a eficácia operacional, os gestores internalizavam a ideia de que eliminar trade-offs é algo bom. A verdade, porém, é que sem os trade-offs as empresas nunca atingirão uma vantagem sustentável. Terão que operar cada vez mais rápido para simplesmente permanecer no mesmo lugar.

Então, quando voltamos à questão "O que é estratégia?", percebemos que os trade-offs acrescentam uma nova dimensão à resposta. Estratégia é fazer compensações na hora de competir; é escolher o que *não* fazer. Se não houvesse trade-offs, não seria necessário fazer escolhas, portanto não haveria necessidade de montar uma estratégia. Qualquer boa ideia poderia ser rapidamente copiada. E, mais uma vez, o desempenho voltaria a depender cem por cento da eficácia operacional.

IV. A compatibilidade estimula a vantagem competitiva e a sustentabilidade

Escolhas de posicionamento determinam não só quais atividades a empresa desempenhará e como configurará as atividades individuais, mas também como essas atividades estarão relacionadas. Enquanto a eficácia operacional busca atingir a excelência em atividades ou funções individuais, a estratégia trata de *combiná-las*.

A agilidade dos procedimentos de embarque e desembarque da Southwest, viabilizando partidas frequentes e maior operacionalidade das aeronaves, é fundamental para seu posicionamento de alta conveniência e baixo custo. Mas como ela consegue isso? Uma parte da resposta está em suas bem remuneradas equipes de apoio em solo, cuja produtividade no embarque e no desembarque é facilitada por regras sindicais flexíveis. Mas a maior parte está na forma como a Southwest desempenha suas atividades. Sem refeições a bordo, sem reserva de assentos e sem transferência de bagagem, a empresa evita atividades que provocam lentidão em outras companhias. Ela seleciona aeroportos e rotas para evitar congestionamentos, que geram atrasos. As restrições da Southwest quanto à extensão e ao tipo das rotas permitem o uso de aeronaves padronizadas: todos os aviões são Boeing 737.

Qual é a competência central da Southwest? Quais são seus principais fatores de sucesso? A resposta correta é que tudo é importante. A estratégia da empresa envolve um sistema completo de atividades, não um conjunto de partes. Sua vantagem competitiva vem da forma como suas atividades se entrosam e se reforçam mutuamente.

Essa compatibilidade cria uma corrente tão forte quanto seu elo mais forte, impedindo imitações. Como na maioria das empresas com boas estratégias, as atividades da Southwest se complementam para criar valor econômico real. O custo de uma atividade, por exemplo, é reduzido por causa da forma como outras atividades são executadas. Do mesmo modo, o valor de uma atividade para os clientes pode ser aumentado por outras atividades da empresa. É assim que a compatibilidade estratégica cria vantagem competitiva e produz alta lucratividade.

Tipos de compatibilidade

A importância da compatibilidade entre políticas funcionais é uma das ideias mais antigas em estratégia. Aos poucos, no entanto, ela vem sendo substituída nos interesses da gestão. Em vez de visualizar a empresa como um todo, os gestores focam em competências "principais", recursos "críticos" e fatores de sucesso "essenciais". A verdade, porém, é que essa compatibilidade é um componente muito mais central de vantagem competitiva do que se imagina.

A compatibilidade é importante porque atividades diferentes geralmente afetam umas às outras. Uma sofisticada equipe de vendas, por exemplo, confere mais vantagem à empresa quando o produto incorpora tecnologia de primeira linha e sua abordagem de marketing enfatiza assistência e suporte ao cliente. Uma linha de produção com alta variedade de modelos agrega mais valor quando combinada a sistemas de estoque e expedição que minimizem a necessidade de estocar mercadorias prontas, a um processo de vendas equipado para explicar e incentivar a personalização e a um tema de publicidade que reforce as vantagens das variações de um produto para satisfazer as necessidades específicas do cliente.

Essas complementaridades são comuns na estratégia. Embora certo nível de compatibilidade entre atividades seja genérico e se aplique a muitas empresas, a compatibilidade de maior valor é específica da estratégia porque ressalta a singularidade da posição e amplifica os trade-offs.[2]

Existem três tipos de compatibilidade, e eles não são mutuamente excludentes. A compatibilidade de primeira ordem é a *consistência simples* entre cada atividade (função) e a estratégia geral da empresa. O Vanguard, por exemplo, alinha todas as atividades a sua estratégia de baixo custo. Ela

---

[2] Paul Milgrom e John Roberts começaram a explorar a economia de sistemas de funções, atividades e funções complementares. Seu foco está na emergência da "manufatura moderna" como um novo conjunto de atividades complementares, na tendência das empresas a reagir a mudanças externas com um pacote coerente de respostas internas e na necessidade de uma coordenação centralizadora – uma estratégia – para alinhar gestores operacionais. No último caso, eles reconfiguram o que há muito tempo tem sido um princípio fundamental da estratégia.

minimiza o giro da carteira de investimentos e não precisa de assessores financeiros altamente especializados e bem remunerados. Distribui os fundos diretamente, evitando taxas de corretagem, e faz pouca publicidade, mas conta com fortes relações públicas e propaganda boca a boca. Por fim, vincula o bônus dos funcionários à economia de custos.

A consistência nas políticas garante que as vantagens competitivas das atividades se acumulem e se somem em vez de se desgastarem ou se anularem. Com isso, torna-se mais fácil comunicar a estratégia a clientes, funcionários e acionistas, e um foco firme estimula sua implementação.

A compatibilidade de segunda ordem ocorre quando as *atividades se reforçam*. A Neutrogena, por exemplo, negocia com hotéis luxuosos que desejam oferecer aos hóspedes um sabonete recomendado por dermatologistas. Os hotéis concedem à Neutrogena o privilégio de manter sua embalagem-padrão, enquanto exigem que sabonetes de outras marcas tenham embalagem com o nome do hotel. Uma vez que os hóspedes experimentam o sabonete da Neutrogena num hotel de luxo, aumenta a probabilidade de adquirirem o sabonete em drogarias ou de pedir a opinião de dermatologistas sobre o produto. Assim, as atividades de marketing da Neutrogena via médicos e hotéis são reforçadas nas duas frentes, reduzindo o custo total do marketing.

Outro exemplo é o das canetas Bic. A Bic Corporation oferece uma linha limitada de canetas-padrão de baixo preço para quase todos os principais mercados consumidores (varejo, comercial, promocional e brindes) utilizando praticamente todos os canais disponíveis. Como acontece com qualquer posicionamento baseado em variedade que atende a um grande grupo de consumidores, a Bic enfatiza uma necessidade comum (preço baixo para uma caneta satisfatória) e usa abordagens de marketing de amplo alcance (grandes equipes de vendas e campanhas comerciais pesadas na TV). A Bic recebe os benefícios da consistência em praticamente todas as atividades, incluindo um projeto de produto que enfatiza a facilidade de fabricação, fábricas configuradas para operar com baixo custo, compra de matéria-prima em grandes quantidades para minimizar custos e produção parcial local sempre que a economia exigir.

A Bic vai além da consistência simples porque suas atividades reforçam umas às outras. Ela utiliza, por exemplo, expositores em pontos de

Mapeando sistemas de atividades

Mapas de sistemas de atividades, como o da Ikea (abaixo), mostram como a posição estratégica da empresa está contida num conjunto específico de atividades configurado para que tudo funcione. Em companhias com uma posição estratégica clara, alguns temas estratégicos de ordem superior (em cinza-escuro) podem ser identificados e implementados por grupos de atividades estreitamente relacionadas (em cinza-claro).

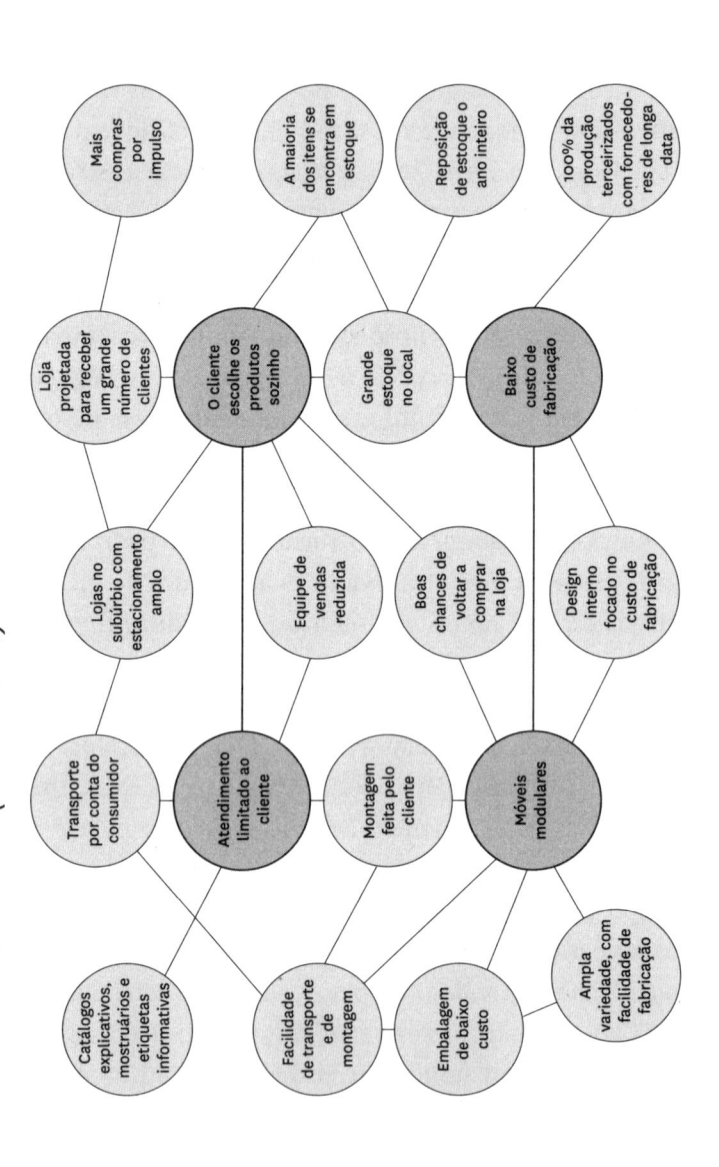

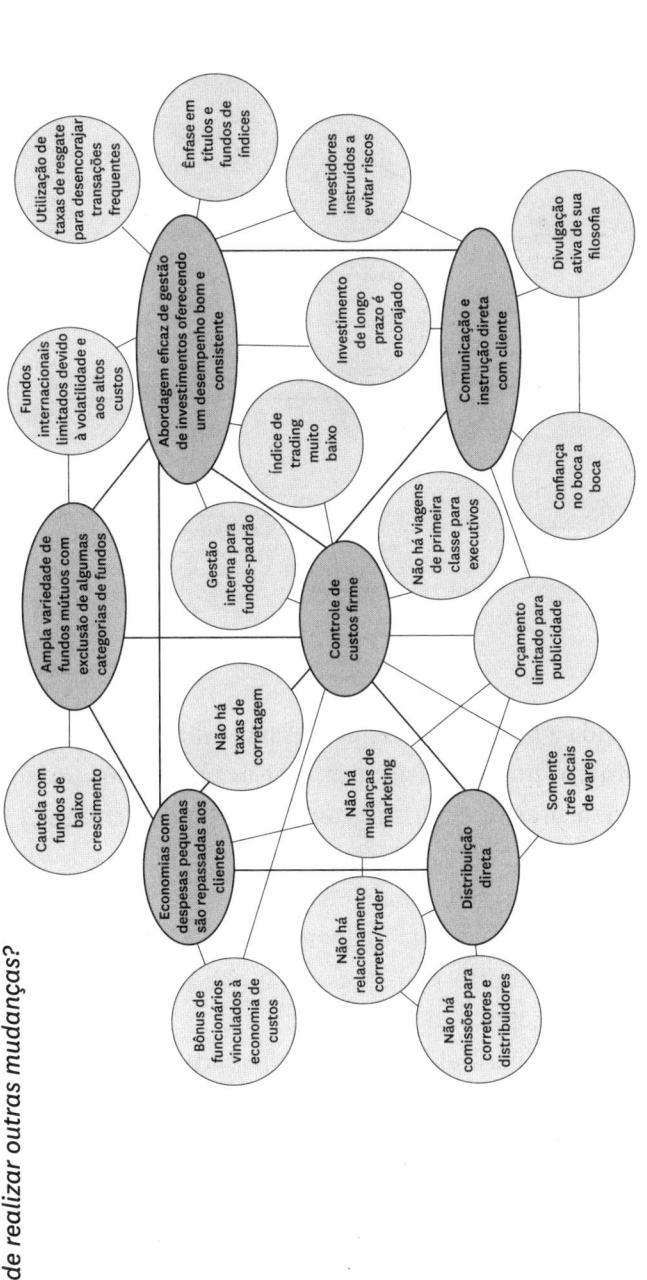

Sistema de atividades do Vanguard

Mapas de sistemas de atividades podem servir para examinar e fortalecer uma compatibilidade estratégica. Um conjunto de questões básicas deve guiar o processo: cada atividade é consistente com o posicionamento geral – variedades produzidas, necessidades atendidas e tipos de cliente acessados? (Peça aos responsáveis por cada atividade que identifiquem como outras atividades dentro da empresa melhoram ou prejudicam seu desempenho.) Existem maneiras de fortalecer o modo como atividades ou grupos de atividades se reforçam mutuamente? Mudanças numa atividade podem eliminar a necessidade de realizar outras mudanças?

Atividades estratégicas de alto nível (em destaque):
- Abordagem eficaz de gestão de investimentos oferecendo um desempenho bom e consistente
- Comunicação e instrução direta com cliente
- Controle de custos firme
- Distribuição direta
- Economias com despesas pequenas são repassadas aos clientes
- Ampla variedade de fundos mútuos com exclusão de algumas categorias de fundos

Atividades de apoio:
- Utilização de taxas de resgate para desencorajar transações frequentes
- Ênfase em títulos e fundos de índices
- Investidores instruídos a evitar riscos
- Divulgação ativa de sua filosofia
- Fundos internacionais limitados devido à volatilidade e aos altos custos
- Investimento de longo prazo é encorajado
- Índice de trading muito baixo
- Confiança no boca a boca
- Não há viagens de primeira classe para executivos
- Gestão interna para fundos-padrão
- Orçamento limitado para publicidade
- Não há taxas de corretagem
- Somente três locais de varejo
- Cautela com fundos de baixo crescimento
- Não há mudanças de marketing
- Não há relacionamento corretor/trader
- Bônus de funcionários vinculados à economia de custos
- Não há comissões para corretores e distribuidores

Sistema de atividades da Southwest Airlines

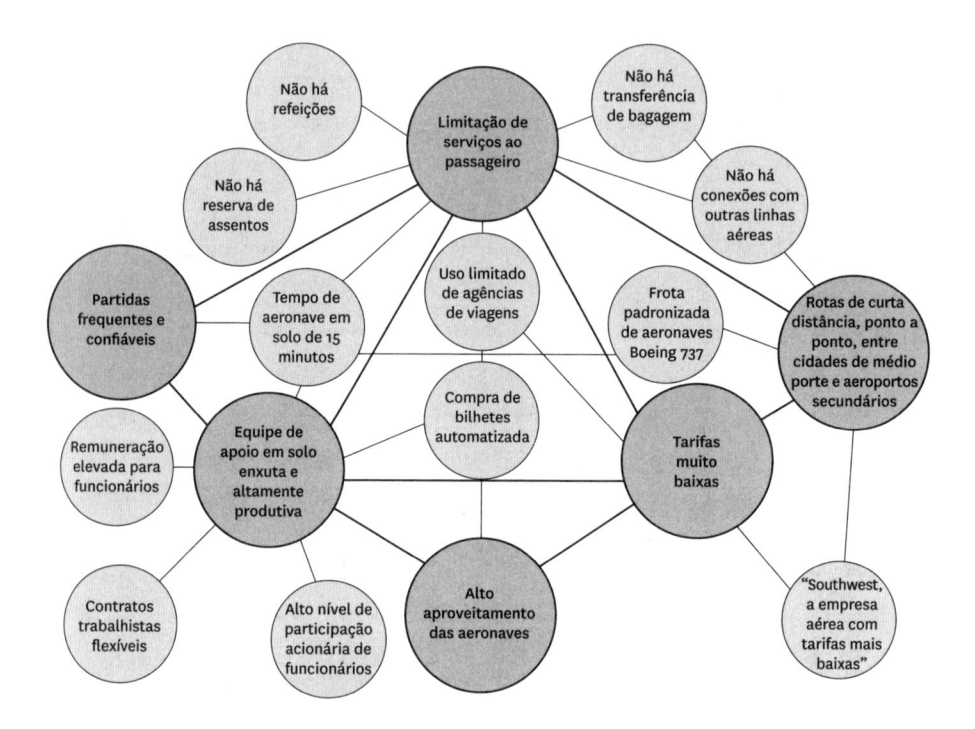

- Não há refeições
- Limitação de serviços ao passageiro
- Não há transferência de bagagem
- Não há reserva de assentos
- Não há conexões com outras linhas aéreas
- Partidas frequentes e confiáveis
- Tempo de aeronave em solo de 15 minutos
- Uso limitado de agências de viagens
- Frota padronizada de aeronaves Boeing 737
- Rotas de curta distância, ponto a ponto, entre cidades de médio porte e aeroportos secundários
- Remuneração elevada para funcionários
- Equipe de apoio em solo enxuta e altamente produtiva
- Compra de bilhetes automatizada
- Tarifas muito baixas
- Contratos trabalhistas flexíveis
- Alto nível de participação acionária de funcionários
- Alto aproveitamento das aeronaves
- "Southwest, a empresa aérea com tarifas mais baixas"

venda e mudanças frequentes na embalagem de modo a estimular a compra por impulso. Para executar as tarefas nos pontos de venda, uma empresa precisa de uma grande equipe de vendas. A da Bic é a maior do segmento, controlando a atividade de pontos de venda com mais eficiência que as concorrentes. Além disso, a combinação de atividade de pontos de venda, publicidade maciça na televisão e mudanças de embalagem estimula muito mais a compra por impulso do que qualquer atividade isoladamente.

A compatibilidade de terceira ordem vai além da atividade de reforço, chegando ao que chamo de *otimização de esforços*. A GAP, rede varejista de moda casual, considera a disponibilidade de produtos na loja um elemento crucial de sua estratégia. A empresa poderia oferecer os produtos aumentando o estoque nas lojas ou armazenando-os em grandes depósitos. Ela otimiza os esforços para essas atividades reabastecendo sua seleção de peças básicas quase diariamente a partir de três depósitos, o que minimiza a necessidade de manter grandes estoques nas lojas. A ênfase está na reposição porque a estratégia de comercialização da GAP se baseia em itens básicos em um número relativamente pequeno de cores. Enquanto outros varejistas de mesmo porte giram os estoques três ou quatro vezes ao ano, a GAP repõe, em média, 7,5 vezes. Além disso, a rápida reposição de estoque reduz o custo de implementação do modelo de ciclo curto da GAP, que dura de seis a oito semanas.[3]

Os tipos mais básicos de otimização de esforços são a coordenação e a troca de informações entre atividades, buscando eliminar redundâncias e minimizar desperdício de esforços. No entanto, existem tipos mais sofisticados. Decisões sobre o design de produtos, por exemplo, podem eliminar a necessidade de serviços de pós-venda ou permitir que os próprios clientes realizem o serviço. Da mesma forma, uma boa coordenação com fornecedores ou canais de distribuição pode eliminar a necessidade de certas atividades na empresa, como o treinamento do usuário final.

Nos três tipos de compatibilidade, o todo é sempre mais importante que qualquer parte isolada. A vantagem competitiva cresce a partir do *sistema inteiro* de atividades. A compatibilidade entre atividades reduz substancialmente os custos ou aumenta a diferenciação. Além disso, o valor competitivo de atividades individuais – ou as habilidades, as competências e os recursos associados às atividades – não pode ser desvinculado do sistema ou da estratégia. Assim, em empresas competitivas talvez seja enganoso tentar explicar o sucesso apontando forças individuais, competências centrais ou recursos fundamentais. A lista de pontos fortes passa por várias funções e cada um se funde aos outros. É mais útil pensar em termos de temas que permeiam muitas atividades, como baixo custo, uma noção específica do serviço ao cliente ou uma concepção particular do valor fornecido. Esses temas são incorporados a grupos de atividades fortemente conectados.

---

[3] O material sobre estratégias de varejo foi retirado, em parte, de "The Rise of Retail Category Killers", de Jan Rivkin, trabalho não publicado, janeiro de 1995. Nicolaj Siggelkow preparou o estudo de caso sobre a GAP.

Compatibilidade e sustentabilidade

A compatibilidade estratégica entre várias atividades é fundamental não só para se obter a vantagem competitiva como para mantê-la. A concorrência tem mais dificuldade em copiar um conjunto de atividades interligadas do que em simplesmente replicar uma abordagem específica de vendas, um processo tecnológico ou as características de um produto. Posições construídas sobre sistemas de atividades são muito mais sustentáveis que as construídas sobre atividades individuais.

Considere este exercício simples: em geral, a probabilidade de a concorrência copiar uma atividade qualquer de determinada empresa não chega a 1 (100%). Neste exemplo, vamos supor que seja de 90% – para efeito de cálculo, 0,9. Quanto mais atividades a concorrência precisar copiar, menor será a chance de ser bem-sucedida em tudo. Se forem duas, a conta será 0,9 × 0,9 = 0,81 (81% de chance); se forem quatro, 0,9 × 0,9 × 0,9 × 0,9 = 0,66 (66% de chance). Empresas já existentes que tentam se reposicionar ou fazer *straddling* serão forçadas a reconfigurar muitas atividades. E até os novos concorrentes, embora não enfrentem os trade-offs encarados por empresas tradicionais, terão enormes dificuldades para imitar a empresa original.

Quanto mais o posicionamento de uma empresa se baseia em sistemas de atividades com compatibilidades de segunda e terceira ordem, mais sustentável é sua vantagem. Esses sistemas, por natureza, geralmente são difíceis de destrinchar fora da empresa – por isso, difíceis de copiar. E, mesmo que os concorrentes identifiquem interligações essenciais, terão dificuldade em replicá-las. É complexo chegar à compatibilidade porque ela exige a integração de decisões e ações de várias subunidades independentes.

Um concorrente que procura copiar um sistema de atividades não obtém muita vantagem imitando apenas parte dele. Em vez de melhorar, o desempenho pode até diminuir, como foi o caso da desastrosa tentativa da Continental Lite de imitar a Southwest.

Por fim, a compatibilidade entre as atividades de uma empresa cria pressões e incentivos para o aumento da eficácia operacional, o que dificulta ainda mais a imitação. Com a compatibilidade, o mau desempenho de uma atividade implicará a piora no desempenho de outras; portanto, as fragilidades são mais expostas e têm mais chance de chamar a atenção.

Por outro lado, melhorias em uma atividade rendem dividendos em outras. Empresas com forte compatibilidade entre atividades raramente são alvos convidativos. Sua excelência em estratégia e execução só faz aumentar suas vantagens e os obstáculos para os imitadores.

Quando as atividades se complementam, a concorrência só se beneficia da imitação se conseguir copiar todo o sistema com sucesso. Situações como essas costumam promover competições do tipo "o vencedor leva tudo". A empresa que constrói o melhor sistema de atividades – Toys "R" Us, por exemplo – vence, enquanto as concorrentes com estratégias semelhantes – Child World e Lionel Leisure – ficam para trás. Assim, muitas vezes é preferível encontrar uma nova posição estratégica a ser o segundo ou terceiro imitador de uma posição já ocupada.

As posições mais viáveis são aquelas cujos sistemas de atividades são incompatíveis por causa dos trade-offs. O posicionamento estratégico define as regras dos trade-offs que estabelecem como as atividades individuais serão configuradas e integradas. Analisar a estratégia em termos de sistemas de atividades mostra por que sistemas, estruturas e processos organizacionais precisam ser específicos da estratégia. Customizar a organização para seguir uma estratégia, por sua vez, torna as complementaridades mais viáveis e contribui para sua sustentabilidade.

Posições estratégicas devem ter um horizonte de pelo menos uma década, e não um único ciclo de planejamento. A continuidade impulsiona melhorias em atividades individuais e a compatibilidade entre atividades, permitindo que a organização construa capacidades e habilidades únicas moldadas para sua estratégia. Além disso, a continuidade reforça a identidade da empresa.

Por outro lado, mudanças frequentes de posicionamento são onerosas. A empresa precisa não só reconfigurar atividades individuais, mas realinhar sistemas inteiros. Algumas atividades nunca se recuperam dessa estratégia inconstante. Os resultados inevitáveis de frequentes mudanças de estratégia ou de falta de uma posição distinta desde o começo são o plágio, as restrições nas configurações das atividades, as inconsistências entre as funções e a desarmonia organizacional.

O que é estratégia? Agora estamos em condições de completar a resposta. Estratégia é criar compatibilidade entre as atividades de uma empresa.

O sucesso de uma estratégia depende de a empresa realizar bem várias atividades – não somente algumas – de forma integrada. Sem isso, não há estratégia diferenciada e a sustentabilidade será baixa. A gestão volta à simples condição de fiscalizar funções independentes, e a eficácia operacional determina o desempenho relativo da organização.

V. Redescobrindo a estratégia

A incapacidade de escolher

Por que tantas empresas falham em criar uma estratégia? Por que os gestores evitam fazer escolhas estratégicas – ou, após fazê-las, permitem que se deteriorem e percam força?

Muitas vezes, parece que as ameaças à estratégia vêm de fora da empresa por causa de mudanças tecnológicas ou comportamentais da concorrência. No entanto, embora mudanças externas possam ser um problema, a maior ameaça à estratégia normalmente tem origem dentro da empresa. Uma estratégia sólida pode ser minada por uma visão equivocada de competição, por falhas organizacionais e, acima de tudo, pela vontade de crescer.

Os gestores têm se mostrado confusos quanto à necessidade de fazer escolhas. Quando muitas empresas operam longe da fronteira de produtividade, os trade-offs parecem desnecessários. A impressão é de que uma companhia bem gerida tem condições de vencer concorrentes ineficientes em todas as dimensões simultaneamente. Os gestores que aprenderam, com conhecidos pensadores da gestão, que não precisam fazer trade-offs adquiriram a visão machista de que compensações seriam sinal de fraqueza.

Desanimados diante das previsões de hipercompetição, os gestores imitam a concorrência em tudo e acabam aumentando a probabilidade de ela acontecer. Estimulados a pensar em como fazer uma verdadeira revolução, eles saem à caça de novas tecnologias.

A busca pela eficácia operacional é atraente por ser concreta e praticável. Na última década, os gestores sofreram pressões cada vez maiores para produzir melhorias de desempenho tangíveis e mensuráveis. Programas de eficácia operacional produzem um progresso tranquilizador, embora talvez isso não signifique alta lucratividade. Publicações e consultorias inundam o mercado com informações sobre o que outras companhias estão fazendo,

Visões alternativas da estratégia

O modelo de estratégia implícita da última década
- Uma posição competitiva ideal no setor
- Benchmarking de todas as atividades e incorporação das melhores práticas
- Terceirização agressiva e parcerias para aumentar a eficiência
- Vantagens assentadas em alguns fatores-chave de sucesso, recursos críticos, competências centrais
- Flexibilidade e respostas rápidas a todas as mudanças competitivas e de mercado

Vantagem competitiva sustentável
- Posição competitiva exclusiva para a empresa
- Atividades configuradas de acordo com a estratégia
- Trade-offs e escolhas claros em relação à concorrência
- A vantagem competitiva surge da *compatibilidade* entre as atividades
- A sustentabilidade nasce do sistema de atividades, não de suas partes
- A eficácia operacional é um pressuposto

e isso reforça a mentalidade das melhores práticas. Enquanto correm atrás da eficácia operacional, muitos gestores simplesmente não entendem a necessidade de se ter uma estratégia.

As empresas também evitam ou distorcem escolhas estratégicas por outras razões. Em geral, cada setor possui muitas ideias enraizadas, o que homogeneiza a competição. Erroneamente, alguns gestores acham que "foco no cliente" é satisfazer todas as necessidades do cliente ou atender a todas as exigências dos canais de distribuição. Outros afirmam que têm o desejo de preservar a flexibilidade.

A realidade dentro da organização também trabalha contra a estratégia. Trade-offs são assustadores, e é preferível não fazer escolhas a levar a culpa por uma decisão errada. As empresas imitam umas às outras como em um comportamento de manada, cada uma pressupondo que a rival saiba de algo a mais. Funcionários que passam a ter poder de decisão são encorajados a buscar todas as fontes de melhoria possíveis, mas geralmente não

Reconectando-se com a estratégia

Muitas empresas devem seu sucesso inicial a uma posição estratégica ímpar envolvendo trade-offs claros. As atividades costumavam se alinhar com essa posição. No entanto, com o passar do tempo as pressões por crescimento levaram a concessões que, de início, eram quase imperceptíveis. Por meio de uma sucessão de mudanças graduais, muitas empresas sólidas foram se sabotando até alcançarem a homogeneidade com as rivais.

A questão aqui não tem a ver com a posição histórica das empresas que deixou de ser viável. Seu desafio é recomeçar, exatamente como faria um novo concorrente. O que está em jogo é um fenômeno muito mais comum: a empresa tradicional que vem obtendo lucros medíocres e não tem uma estratégia clara. Aumentando aos poucos a variedade de seus produtos, se esforçando cada vez mais para atender a novos grupos de clientes e imitando as atividades da concorrência, a empresa existente perde sua clara posição competitiva, se iguala às outras em vários produtos e práticas e tenta vendê-los para a maioria dos grupos de clientes.

Várias abordagens podem ajudar a empresa a se reconectar com sua estratégia. A primeira é uma análise cuidadosa do que ela já faz. Dentro de muitas empresas tradicionais existe um núcleo de singularidade. Ele é identificado a partir das respostas a perguntas como:

- Quais produtos ou serviços são os mais diferenciados?
- Quais produtos ou serviços são os mais lucrativos?

têm uma visão do todo nem perspectiva para identificar trade-offs. Às vezes, deixam de escolher porque não querem decepcionar chefes ou colegas estimados.

A armadilha do crescimento

Entre todas as outras influências, o desejo de crescer talvez provoque o efeito mais perverso na estratégia. Trade-offs e limites parecem restringir o crescimento. Atender a um grupo de clientes e excluir outros, por exemplo, impõe um limite real ou imaginário ao crescimento da receita. Estratégias com metas muito amplas enfatizando o preço baixo resultam em perda de vendas para clientes sensíveis a especificidades ou serviços. Os que se diferenciam perdem vendas para clientes sensíveis a preços.

- Quais clientes estão mais satisfeitos?
- Quais clientes, canais ou ocasiões de compra são os mais lucrativos?
- Quais atividades de nossa cadeia de valor são as mais diferenciadas e eficazes?

Em torno do núcleo de singularidade há uma crosta que vai se acumulando ao longo do tempo, mas que precisa ser removida para revelar o posicionamento estratégico subjacente. Talvez uma pequena porcentagem de variedades ou clientes seja responsável pela maior parte das vendas da companhia e, sobretudo, de seus lucros. O desafio, então, é reposicionar o foco no núcleo singular e realinhar as atividades da empresa de acordo com ele. Clientes e variedades de produtos secundários podem ser descartados por meio do aumento de preços ou da falta de atenção.

A história de uma empresa também pode ser valiosa. Qual era a visão do fundador? Quais produtos e clientes formaram a empresa? Olhando para trás, é possível reexaminar a estratégia original para descobrir se ela ainda é válida. O posicionamento histórico pode ser implementado de forma moderna e consistente com as tecnologias e práticas atuais? Esse tipo de reflexão pode gerar o comprometimento para renovar a estratégia e desafiar a organização a recuperar sua individualidade. O desafio tende a ser inspirador e a injetar confiança para realizar os trade-offs necessários.

Os gestores são constantemente tentados a dar passos que ultrapassam esses limites mas distorcem a posição estratégica da empresa. Em certo momento, a pressão para crescer ou a saturação aparente do mercado-alvo os leva a ampliar o posicionamento, aumentando linhas de produtos, adicionando atributos, copiando os serviços populares da concorrência, imitando processos e até fazendo aquisições.

Durante anos a Maytag Corporation foi bem-sucedida graças a seu foco em lavadoras e secadoras confiáveis e duráveis, que posteriormente foi ampliado e passou a incluir lava-louças. No entanto, ideias enraizadas no setor apoiavam a ideia de vender uma linha completa de produtos. Preocupada com o crescimento lento do setor e com a concorrência de fabricantes de linhas abrangentes de eletrodomésticos, a Maytag foi pressionada pelos revendedores e encorajada pelos clientes a ampliar a linha. Entrou no mercado de refrigeradores e fogões com a marca Maytag e adquiriu outras – Jenn-Air, Hardwick Stove, Hoover, Admiral e Magic Chef – com posições muito distintas. A Maytag cresceu substancialmente, passando de uma receita de 684 milhões de dólares em 1985 para um pico de 3,4 bilhões de dólares em 1994, mas o retorno sobre as vendas diminuiu de 8% a 12% nas décadas de 1970 e 1980 para uma média abaixo de 1% entre 1989 e 1995. Um corte de custos poderá melhorar o desempenho, mas produtos de lavanderia e lava-louças ainda são o que sustenta a lucratividade da Maytag.

A Neutrogena pode ter sido vítima da mesma armadilha. No início da década de 1990, ampliou a distribuição nos Estados Unidos e passou a incluir grandes varejistas, como a Walmart. Usando a marca Neutrogena, a empresa diversificou amplamente seus produtos, incluindo vários – como xampus e removedores de maquiagem para os olhos, por exemplo – para os quais não tinha uma posição diferenciada no mercado. Resultado: sua imagem foi enfraquecida. O passo seguinte foi começar a praticar preços promocionais.

Concessões e inconsistências na busca de crescimento corroem a vantagem competitiva de uma empresa com sua variedade ou público-alvo originais. Tentativas de competir em diversas frentes ao mesmo tempo podem criar confusão e minar a motivação e o foco organizacional. Os lucros caem, mas o aumento de receita é visto como a solução. Os gestores são incapazes de fazer escolhas, por isso a empresa embarca num novo ciclo de ampliação e concessões. Com frequência, as empresas concorrentes continuam se igualando umas às outras, até que o desespero rompe o ciclo, resultando numa fusão ou no retorno ao posicionamento original.

Crescimento lucrativo

Muitas empresas, após uma década de reestruturação e corte de gastos, estão começando a focar o crescimento. Muitas vezes, esforços de crescimento diluem a singularidade, criam concessões, reduzem a compatibilidade e acabam minando a vantagem competitiva. O imperativo do crescimento é perigoso para a estratégia.

Que abordagens de crescimento preservam e reforçam a estratégia? De forma geral, a orientação é se concentrar no aprofundamento de uma

Setores e tecnologias emergentes

Desenvolver uma estratégia num setor emergente ou num negócio que está sofrendo mudanças tecnológicas revolucionárias é um desafio intimidador. Nessas situações, o gestor enfrenta um alto nível de incerteza sobre quais são as necessidades dos clientes, quais produtos e serviços serão os mais desejados e qual é a melhor configuração de atividades e tecnologias para oferecê-los. Por causa de toda essa incerteza, as empresas começam a recorrer a imitações e subterfúgios: incapazes de admitir que estão erradas ou para não serem deixadas para trás, as concorrentes imitam todas as características, oferecem todos os novos serviços e exploram todas as tecnologias possíveis.

Durante esses períodos no desenvolvimento de um setor, a fronteira básica de produtividade está sendo estabelecida ou restabelecida. O crescimento explosivo pode gerar lucro para muitas empresas, mas ele será provisório, pois com o tempo a imitação e a convergência estratégica destruirão a lucratividade. As empresas sobreviventes serão as que começaram desde cedo a definir uma posição competitiva singular e a incorporá-la a suas atividades. Em setores emergentes, é inevitável que haja um período de imitação, mas ele reflete o nível de incerteza, não o estado de coisas almejado.

Em setores de alta tecnologia, essa fase de imitação geralmente dura muito mais do que deveria. Encantadas pelo próprio avanço tecnológico, as empresas acrescentam mais e mais características – das quais a maioria nunca será usada – a seus produtos, enquanto cortam preços em todos os níveis. Raramente consideram a possibilidade de fazer trade-offs. A busca por crescimento para satisfazer pressões do mercado as leva a atuar em todas as áreas de produtos. Embora algumas empresas que possuem vantagens básicas prosperem, a maioria está destinada a uma disputa exaustiva que ninguém consegue vencer.

O irônico é que, focadas nos setores emergentes e naquilo que está na moda, as publicações da área de negócios apresentam os casos especiais como prova de que entramos numa nova era de competição em que todas as antigas regras deixaram de valer. Na verdade, é exatamente o contrário.

---

posição estratégica em vez de ampliá-la e abrir concessões. Uma abordagem é buscar extensões na estratégia que alavanquem o sistema de atividades existente, oferecendo atributos ou serviços que, para os concorrentes, seja impossível ou caro demais imitar. Em outras palavras, os gestores podem se perguntar que atividades, aspectos ou formas de competição são mais viáveis ou menos onerosos, tendo em vista as atividades complementares que a empresa desempenha.

Para aprofundar uma posição é preciso tornar as atividades mais exclusivas, fortalecendo a compatibilidade e comunicando com mais eficácia a estratégia a clientes que a valorizam. Muitas empresas, porém, se entregam à tentação de correr atrás do crescimento fácil simplesmente acrescentando itens, produtos ou serviços que estão na moda, sem examiná-los a fundo ou adaptá-los à estratégia, ou visando novos clientes ou mercados para os quais o diferencial da empresa é insignificante. Uma empresa pode crescer depressa e com muito mais lucratividade considerando necessidades e variedades pelas quais se diferencia do que progredindo lentamente em arenas de crescimento potencialmente mais alto porém nas quais não se destaca. A cadeia de salas de cinema Carmike deve seu rápido crescimento ao foco disciplinado em mercados pequenos. A empresa vende imediatamente qualquer cinema de grande cidade que obtenha como parte de uma aquisição.

A globalização muitas vezes permite um crescimento consistente com a estratégia, abrindo grandes mercados para uma estratégia focada. Ao contrário da expansão nacional, a expansão global alavanca e reforça a posição e a identidade singulares de uma companhia.

Empresas que tentam crescer expandindo-se dentro de seu setor são mais capazes de reduzir os riscos que ameaçam a estratégia criando unidades independentes, cada uma com marca própria e atividades específicas. A Maytag claramente lutou com isso. Por um lado, organizou suas marcas de alto padrão e valor em unidades separadas com diferentes posições estratégicas. Por outro, criou uma empresa "guarda-chuva" de eletrodomésticos para que todas as suas marcas ganhassem massa crítica. Quando os projetos, a produção, a distribuição e o atendimento ao cliente são compartilhados, fica difícil evitar homogeneização. Se determinada unidade de negócios tenta competir com diferentes posições por diferentes produtos ou clientes, é praticamente impossível evitar compensações.

O papel da liderança

Geralmente o desafio de desenvolver ou restabelecer uma estratégia clara é organizacional e depende da liderança. Com tantas forças agindo contra a realização de escolhas e trade-offs nas organizações, um modelo intelectual claro para orientar a estratégia se faz um contrapeso necessário. Além do mais, é fundamental ter na empresa líderes fortes dispostos a fazer escolhas.

Em muitas empresas, a liderança se resume em orquestrar melhorias operacionais e fazer negócios. O papel do líder, porém, é mais amplo e muito mais importante. Liderar é mais que gerenciar funções individuais. Seu núcleo é a estratégia: definir e comunicar a posição singular da empresa, propor trade-offs e formar compatibilidade entre as atividades. O líder precisa fornecer a disciplina para decidir a que mudanças do setor a empresa responderá e a que necessidades do cliente atenderá, evitando, ao mesmo tempo, distrações organizacionais e mantendo o diferencial da empresa. Gestores de nível mais baixo carecem de perspectiva e de confiança para manter a estratégia. Haverá pressões constantes para que ele faça concessões, flexibilize trade-offs e imite a concorrência. Uma das tarefas do líder é ensinar à organização o que é estratégia – e dizer *não*.

No que diz respeito à estratégia, escolher o que não fazer é tão importante quanto escolher o que fazer. Estabelecer limites é outra função da liderança. Decidir que grupo-alvo de clientes, variedades e necessidades a empresa deve atender é fundamental para o desenvolvimento de uma estratégia. Mas é igualmente importante decidir não atender a outros clientes ou necessidades e não oferecer certos produtos e serviços. Portanto, estratégia requer disciplina constante e comunicação clara. De fato, uma das funções mais importantes de uma estratégia explicitamente comunicada é orientar os funcionários a fazer escolhas decorrentes de trade-offs em suas atividades individuais e nas decisões cotidianas.

Melhorar a eficácia operacional é parte essencial da gestão, mas não é estratégia. Ao confundir os conceitos, sem querer os gestores fizeram a ideia de competição regredir para uma forma que tem levado muitos setores na direção da convergência competitiva, que não atende aos interesses de ninguém e que pode ser evitada.

Os gestores precisam distinguir claramente eficácia operacional de estratégia. As duas são essenciais, mas suas agendas são diferentes.

Sempre que não houver trade-off, a agenda operacional deve ser a melhoria contínua. Sem ela, mesmo empresas com boas estratégias tornam-se vulneráveis. A agenda operacional é o local adequado para se obter mudanças constantes, flexibilidade e esforços incansáveis para atingir as melhores práticas. Por outro lado, a agenda estratégica é o local correto para definir uma posição singular, fazer trade-offs claros e ajustar a compatibilidade. Para isso é preciso uma busca contínua por meios de fortalecer e estender a posição da empresa. A agenda estratégica exige disciplina e continuidade; seus inimigos são a falta de atenção e as concessões.

Continuidade estratégica não implica uma visão estática da competição. Toda empresa precisa aprimorar continuamente sua eficácia operacional e buscar expandir a fronteira de produtividade. Ao mesmo tempo, é necessário haver um esforço permanente para aumentar a singularidade enquanto se fortalece a compatibilidade entre suas atividades. Na verdade, a continuidade estratégica deve fazer com que a melhoria contínua de uma organização se torne mais efetiva.

Uma empresa talvez precise mudar de estratégia diante de grandes mudanças estruturais no setor. De fato, novas posições estratégicas costumam surgir a partir de mudanças no ramo, e novos concorrentes, sem compromisso com a história do setor, geralmente exploram as novas posições com mais facilidade. No entanto, a decisão de uma empresa de adotar uma nova posição estratégica precisa ser motivada pela capacidade de encontrar novos trade-offs e transformar um novo sistema de atividades complementares numa vantagem sustentável.

Publicado originalmente em novembro de 1996.

2

As cinco forças competitivas que moldam a estratégia

Michael E. Porter

ESSENCIALMENTE, O TRABALHO DO ESTRATEGISTA é compreender a concorrência e enfrentá-la. Com frequência, no entanto, os gestores definem concorrência de uma maneira muito limitada, como se ela ocorresse somente entre os concorrentes diretos de hoje. Na verdade, a concorrência por lucros vai além dos rivais estabelecidos no setor para incluir também outras quatro forças competitivas: clientes, fornecedores, novos concorrentes em potencial e produtos substitutos. A rivalidade mais abrangente que resulta de todas as cinco forças molda a estrutura de um setor e a natureza da interação competitiva dentro dele.

Por mais que os setores pareçam diferentes entre si na superfície, os motivadores por trás da lucratividade são os mesmos. A indústria automobilística global, por exemplo, parece não ter nada em comum com o mercado mundial de grandes obras de arte ou com o altamente regulamentado setor de provedores de serviços de saúde na Europa. Mas, para compreender a concorrência e a lucratividade setorial em cada um desses três casos, deve-se analisar a estrutura subjacente do setor em termos das cinco forças. (Veja a ilustração "As cinco forças que moldam a concorrência em cada setor", na página 55.)

Se as forças forem intensas, como acontece em setores como o das companhias aéreas, o têxtil e o de hotelaria, quase nenhuma empresa obtém retornos atraentes sobre seus investimentos. Se as forças forem benignas, como é o caso dos setores de softwares, de refrigerantes e de artigos de higiene pessoal, muitas empresas são lucrativas. É a estrutura do setor que define a concorrência e a lucratividade, e não se um setor produz um produto ou um serviço, é emergente ou maduro, de alta ou baixa tecnologia, regulamentado ou não regulamentado. Embora uma variedade de fatores possa afetar a lucratividade da empresa no curto prazo – incluindo o clima e o ciclo econômico –, a estrutura do setor, manifestada nas forças competitivas, estabelece a lucratividade a médio e longo prazos. (Veja o quadro "Diferenças na lucratividade setorial", na página 58.)

Compreender as forças competitivas e suas causas subjacentes leva o estrategista a conhecer as raízes da lucratividade atual de um setor ao mesmo tempo que lhe propicia um esquema para prever e influenciar a concorrência (e a lucratividade) ao longo do tempo. Uma estrutura setorial saudável deveria ser uma preocupação competitiva tão central para os estrategistas quanto a posição de sua empresa. Entender a estrutura de um setor também é essencial para um posicionamento estratégico eficaz. Como veremos, defender-se contra as forças competitivas e moldá-las a favor de uma empresa é crucial para a estratégia.

Forças que moldam a concorrência

A configuração das cinco forças difere de um setor para outro. No mercado de aviões comerciais, a rivalidade entre as fabricantes dominantes Airbus e Boeing e o poder de barganha das companhias aéreas que fazem pedidos enormes são fortes, embora a ameaça de novos concorrentes, a ameaça de substitutos e o poder dos fornecedores sejam mais benignos.

Em resumo

Você sabe que, para sustentar a lucratividade no longo prazo, é preciso reagir estrategicamente à concorrência. Assim, é claro, você fica de olho nos rivais **estabelecidos**. Mas, ao examinar a arena competitiva, está olhando também para *além* dos seus concorrentes diretos? Como Porter explica nesta atualização de seu artigo revolucionário de 1979 na *HBR*, quatro forças competitivas adicionais podem prejudicar seus lucros em potencial:

- **Clientes** esclarecidos podem forçar uma redução de preços jogando você contra seus concorrentes.
- **Fornecedores** poderosos podem restringir seus lucros se cobrarem preços mais altos.
- **Novos concorrentes** em potencial, munidos de novas capacidades e famintos por uma fatia do mercado, podem elevar o investimento necessário para que você permaneça no jogo.
- **Ofertas substitutas** podem atrair os clientes para longe de seu negócio.

Considere a aviação comercial: trata-se de um dos setores econômicos menos lucrativos, pois todas as cinco forças são poderosas. **Rivais estabelecidos** competem intensamente nos preços. Os **clientes** são volúveis, buscando a melhor oferta independentemente da companhia aérea. Os **fornecedores** – fabricantes de aviões e de motores, somados à mão de obra sindicalizada – barganham pela maior parte dos lucros das companhias aéreas. **Novos concorrentes** entram no setor em um fluxo constante. E **substitutos** estão prontamente disponíveis – como viajar de trem ou de carro.

Ao analisar todas as cinco forças competitivas, você obtém um quadro completo do que está influenciando a lucratividade no seu setor. Também identifica com antecedência as tendências capazes de mudar o jogo, podendo explorá-las rapidamente. E detecta maneiras de contornar restrições à lucratividade – ou até de remodelar as forças em seu favor.

Na prática

Ao entender como as cinco forças competitivas influenciam a lucratividade no seu setor, você pode desenvolver uma estratégia para ampliar os lucros de sua empresa no longo prazo. Eis o que Porter sugere:

Posicione sua empresa onde as forças competitivas são as mais fracas

Exemplo: No setor de caminhões pesados, muitos compradores operam frotas grandes e são altamente motivados a tentar reduzir o custo dos caminhões. Esses veículos são construídos de acordo com padrões regulamentados e oferecem características parecidas, de modo que a concorrência nos preços é dura; os sindicatos exercem um poder considerável aos fornecedores; e os compradores enfrentam substitutos, como o transporte de cargas por trem.

Para criar e sustentar a lucratividade dentro desse setor no longo prazo, a fabricante de caminhões pesados Paccar escolheu focar em um grupo de clientes no qual as forças competitivas são as mais fracas: motoristas donos dos próprios caminhões que são contratados diretamente pelos fornecedores. Esses operadores possuem uma influência limitada como compradores e são menos sensíveis a preços por causa de seus laços emocionais com o caminhão próprio e da dependência econômica dele.

Para esses consumidores, a Paccar desenvolveu características como cabines para dormir luxuosas, assentos de couro confortáveis e um design exterior arrojado. Os compradores podem escolher entre milhares de opções para colocar seu toque pessoal nesses caminhões feitos por encomenda.

Os clientes pagam por isso um adicional de 10% à Paccar, e a montadora tem sido lucrativa há 68 anos ininterruptos, obtendo um retorno de mais de 20% sobre o patrimônio líquido.

Explore mudanças nas forças

Exemplo: Com o advento da internet e da distribuição digital de música, downloads não autorizados criaram um substituto ilegal mas poderoso para os serviços prestados pelas gravadoras. Algumas delas tentaram desenvolver plataformas para que elas próprias fizessem a distribuição, mas as grandes não quiseram vender sua música através da plataforma de uma rival.

A Apple entrou nesse vácuo, com a loja de música iTunes servindo de apoio ao reprodutor de música iPod. O nascimento desse novo agente reduziu o número de grandes gravadoras de seis em 1997 para quatro em 2008.

Remodele as forças a seu favor

Use táticas projetadas especificamente para reduzir a parcela de lucros que está vazando para os concorrentes. Por exemplo:

- Para neutralizar o **poder do fornecedor**, padronize especificações dos componentes a fim de que sua empresa possa trocar de fornecedores com mais facilidade.

- Para se contrapor ao **poder do cliente**, expanda seus serviços de modo que seja mais difícil para seus clientes trocarem você por um concorrente.

- Para enfraquecer guerras de preços iniciadas por **rivais estabelecidos**, invista mais pesadamente em produtos que se diferenciem de forma significativa dos que são ofertados pelos concorrentes.

- Para espantar **novos concorrentes**, eleve os custos fixos da concorrência; por exemplo, aumentando suas despesas em pesquisa e desenvolvimento.

- Para limitar a ameaça de **substitutos**, ofereça um valor melhor por meio de um acesso mais fácil aos produtos. Os fabricantes de refrigerantes fizeram isso introduzindo máquinas de venda e canais de distribuição em lojas de conveniência, o que aumentou drasticamente a disponibilidade de refrigerantes em relação a outras bebidas.

No setor de salas de cinema, a proliferação de formas substitutas de entretenimento e o poder dos produtores cinematográficos e de distribuidores que fornecem os filmes, o insumo essencial, são importantes.

A força ou as forças competitivas mais poderosas determinam a lucratividade de um setor e são vitais para a formulação de uma estratégia. A força mais relevante, no entanto, nem sempre é óbvia.

Por exemplo, embora seja com frequência feroz em setores de commodities, a rivalidade pode não ser o fator que limita a lucratividade. Lucros baixos no ramo de filmes fotográficos, por exemplo, são resultado de um produto substituto superior – como aprenderam a Kodak e a Fuji, os maiores produtores de filme fotográfico do mundo, com o advento da fotografia digital. Nesse caso, superar o produto substituto torna-se a prioridade estratégica número um.

A estrutura setorial cresce a partir de um conjunto de características econômicas e técnicas que determinam o poder de cada força competitiva. Examinaremos esses motivadores nas páginas a seguir, assumindo a perspectiva de uma empresa estabelecida ou já presente no setor em questão. A análise pode ser prontamente estendida para compreender os desafios ao se enfrentar um novo concorrente em potencial.

Ameaça de novos concorrentes

Novos concorrentes em potencial em um setor trazem novas capacidades e o ímpeto de conquistar uma fatia do mercado que impõe uma pressão sobre preços, custos e a taxa de investimento necessária para competir. Sobretudo quando novos concorrentes estão se diversificando para entrar em outros mercados, eles podem alavancar competências existentes e fluxos de caixa a fim de abalar a concorrência, como a Pepsi fez quando entrou na indústria de água engarrafada, como a Microsoft fez quando começou a oferecer navegadores de internet e como a Apple fez quando entrou no negócio de distribuição de música.

A ameaça de novos concorrentes, portanto, estabelece um limite ao potencial de lucro de um setor. Quando a ameaça é alta, participantes já estabelecidos devem manter seus preços baixos ou aumentar o investimento para conter novos concorrentes. No varejo de cafés especiais, por exemplo, barreiras de entrada relativamente baixas sinalizam que a Starbucks deve investir agressivamente na modernização de lojas e cardápios.

A ameaça de novos participantes depende da altura das barreiras de entrada existentes no setor e da reação que os novos concorrentes podem esperar das empresas estabelecidas. Se as barreiras de entrada são baixas e os recém-chegados esperam pouca retaliação dos concorrentes, a ameaça de entrada é alta e a lucratividade do setor é moderada. É a *ameaça* de entrada, e não se a entrada realmente ocorre, que detém a lucratividade.

Barreiras para a entrada. As barreiras de entrada são vantagens que as empresas estabelecidas possuem em relação aos novos concorrentes. Existem sete fontes principais:

1. *Economias de escala ao nível da oferta.* Essas economias surgem quando empresas que produzem volumes maiores desfrutam de preços menores por unidade porque podem distribuir custos fixos por mais unidades, empregar tecnologia mais eficiente ou impor termos melhores aos fornecedores. Elas detêm a entrada forçando o aspirante a novo concorrente ou a entrar no setor em uma escala grande, o que exige remover participantes consolidados, ou a aceitar uma desvantagem nos custos.

Economias de escala podem ser encontradas em praticamente qualquer atividade na cadeia de valor; e as mais importantes variam de um setor para outro.[1] No de microprocessadores, empresas estabelecidas, como a Intel, são protegidas por economias de escala em pesquisa, na fabricação de chips e no marketing para o consumidor. Para empresas de jardinagem como a Scotts Miracle-Gro, as economias de escala mais importantes são encontradas na cadeia de fornecimento e em propagandas na mídia. Em entregas de pacotes pequenos, economias de escala surgem em sistemas nacionais de logística e em tecnologia da informação.

2. *Benefícios de escala ao nível da demanda.* Esses benefícios, também conhecidos como efeitos de rede, surgem em setores nos quais a disposição de um cliente a pagar por um produto aumenta com o número de clientes regulares da empresa. Compradores podem confiar mais em companhias

---

[1] Para uma discussão sobre a estrutura da cadeia de valor, veja Michael E. Porter, *Vantagem competitiva: Criando e sustentando um desempenho superior* (Campus, 1993).

maiores para um produto crucial: lembre-se do velho provérbio que dizia que ninguém jamais foi demitido por comprar da IBM (quando ela era a fabricante dominante de computadores). Os compradores também valorizam estar em uma "rede" com um número maior de outros consumidores. Por exemplo, participantes de leilões on-line são atraídos pelo eBay porque ele oferece o maior número de potenciais parceiros de transações. Benefícios de escala pelo lado da demanda desencorajam a entrada no setor limitando a disposição de clientes de comprar de uma empresa novata e reduzindo o preço que o recém-chegado pode impor até que construa uma base de clientes grande.

3. *Custos da troca para os clientes.* Os custos da troca são os custos fixos que os compradores enfrentam quando mudam de fornecedor. Esses custos podem surgir porque um comprador que troca de fornecedor deve, por exemplo, alterar especificações do produto, retreinar funcionários para usarem um novo produto ou modificar processos ou sistemas de informação. Quanto mais altos forem os custos da troca, mais difícil será para um novo concorrente conquistar clientes. Os softwares de sistema integrado de gestão empresarial (*enterprise resource planning*, ERP) são um exemplo de produto com altos custos de troca. Depois que uma empresa instalou o sistema ERP da SAP, por exemplo, os custos de trocar para outro vendedor são astronômicos por causa dos dados inseridos, do fato de que processos internos foram adaptados para o SAP ERP, da necessidade de novos treinamentos e da natureza indispensável dos aplicativos.

4. *Exigências de capital.* A necessidade de investir vultosos recursos financeiros para competir pode deter aspirantes a concorrentes. O capital pode ser necessário não apenas para instalações, mas também para ampliar o crédito ao consumidor, compor estoques e financiar as perdas do início das operações. A barreira é particularmente alta se o capital é exigido para despesas irrecuperáveis e, portanto, mais difíceis de financiar, tais como propaganda inicial ou pesquisa e desenvolvimento. Embora grandes corporações tenham os recursos financeiros para invadir quase qualquer setor, as exigências gigantescas de capital em certos campos limitam o conjunto de prováveis novos concorrentes. Por outro lado, em áreas como serviços de contabilidade ou fretes de curta distância, as exigências de capital são mínimas e o número de novos concorrentes em potencial é abundante.

É importante não superestimar o grau em que os requisitos de capital são capazes de impedir sozinhos a entrada de um novato. Se os retornos do setor são atraentes e espera-se que continuem assim, e se os mercados de capitais forem eficientes, haverá investidores dispostos a conceder aos novos concorrentes os fundos necessários. Para companhias aéreas aspirantes, por exemplo, há financiamento disponível para comprar aeronaves por conta de seu alto valor de revenda, uma das razões pelas quais têm surgido empresas aéreas novas em quase todas as regiões.

5. *Vantagens de ser uma empresa estabelecida independentemente do tamanho.* Negócios já estabelecidos, seja do tamanho que forem, podem ter vantagens de custo ou de qualidade não disponíveis para potenciais rivais. Essas vantagens podem vir de fontes como tecnologia exclusiva, acesso preferencial às melhores fontes de matéria-prima, direitos de preferência nas melhores localizações geográficas, identidade de marca forte ou a experiência cumulativa que permitiu às empresas estabelecidas aprenderem a produzir com mais eficiência. Cabe aos novos concorrentes tentar contornar essas vantagens. Quando surgiram, varejistas que oferecem descontos

As cinco forças que moldam a concorrência em cada setor

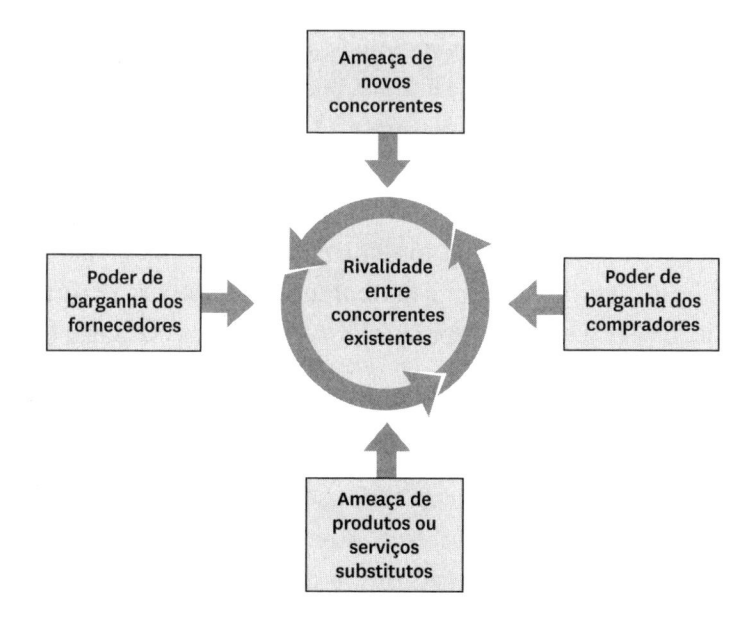

```
                    ┌──────────────┐
                    │  Ameaça de   │
                    │    novos     │
                    │ concorrentes │
                    └──────┬───────┘
                           │
                           ▼
┌──────────────┐     ┌──────────────┐     ┌──────────────┐
│   Poder de   │     │  Rivalidade  │     │   Poder de   │
│ barganha dos │────▶│    entre     │◀────│ barganha dos │
│ fornecedores │     │ concorrentes │     │  compradores │
│              │     │  existentes  │     │              │
└──────────────┘     └──────┬───────┘     └──────────────┘
                           ▲
                           │
                    ┌──────┴───────┐
                    │  Ameaça de   │
                    │ produtos ou  │
                    │   serviços   │
                    │  substitutos │
                    └──────────────┘
```

maiores, como Target e Walmart, por exemplo, localizaram suas lojas em locais independentes em vez de em shoppings regionais, onde lojas de departamentos estabelecidas já estavam bem consolidadas.

6. *Acesso desigual a canais de distribuição.* O novo concorrente deve, é claro, assegurar a distribuição de seu produto ou serviço. Um novo item alimentício, por exemplo, deve remover outros da prateleira do supermercado lançando mão de cortes nos preços, promoções, esforços intensos de venda ou outros meios. Quanto mais limitados forem os canais de venda no atacado ou no varejo e quanto mais os concorrentes existentes os tiverem amarrado, mais difícil será a entrada em um setor. Às vezes, o acesso à distribuição é uma barreira tão alta que novos concorrentes devem contornar totalmente os canais de distribuição ou criar canais próprios. Por isso companhias aéreas de baixo custo novatas têm evitado a distribuição por meio de agências de viagens (que tendem a favorecer companhias mais caras) e estimulado os clientes a reservarem os próprios voos pela internet.

7. *Política governamental restritiva.* Políticas governamentais podem prejudicar ou ajudar diretamente novos concorrentes, assim como amplificar (ou anular) as outras barreiras de entrada. O governo limita diretamente ou até impede a entrada em setores por meio de, por exemplo, exigências de licenciamento e restrições a investimentos estrangeiros. Setores regulamentados, como venda no varejo de bebidas alcoólicas, serviços de táxi e companhias aéreas, são exemplos notórios. Políticas governamentais podem ampliar outras barreiras de entrada por meio de recursos como regras de patenteamento extensivas, que protegem da imitação tecnologias próprias, ou regulamentações ambientais ou de segurança, que elevam as economias de escala enfrentadas pelos recém-chegados. Obviamente, políticas governamentais também podem tornar a entrada mais fácil – diretamente, através de subsídios, por exemplo, ou indiretamente, ao financiar pesquisas básicas e torná-las disponíveis para todas as empresas, velhas e novas, reduzindo as economias de escala.

Barreiras de entrada devem ser avaliadas em relação às competências dos novos concorrentes em potencial, que podem ser startups, empresas estrangeiras ou companhias em setores relacionados. E, como alguns dos nossos exemplos ilustram, o estrategista deve estar consciente das maneiras criativas que recém-chegados podem encontrar para driblar barreiras aparentes.

Retaliação esperada. A forma como novos concorrentes acreditam que as empresas estabelecidas podem reagir também influencia sua decisão de entrar ou não em um setor. Se a reação for suficientemente vigorosa e prolongada demais, o lucro potencial de participar do setor pode cair abaixo do custo de capital. Com frequência, empresas estabelecidas usam declarações e reações públicas a um novo concorrente para enviar uma mensagem a outros potenciais novatos sobre o comprometimento delas em defender sua fatia de mercado.

Novos concorrentes devem esperar retaliações nos seguintes casos:

- As empresas estabelecidas responderam energicamente antes a novos concorrentes.
- As empresas estabelecidas possuem recursos substanciais para revidar, incluindo excesso de caixa e capacidade de endividamento não utilizada, capacidade produtiva disponível ou influência sobre canais de distribuição e clientes.
- As empresas estabelecidas parecem propensas a reduzir preços ou por estarem comprometidas a reter sua fatia de mercado a qualquer preço, ou porque o setor possui custos fixos altos, o que gera uma motivação forte para reduzir preços a fim de preencher a capacidade excedente.
- O crescimento do setor é tão lento que os recém-chegados só podem ganhar volume retirando-o de empresas estabelecidas.

Uma análise das barreiras de entrada e da retaliação esperada é obviamente essencial para qualquer negócio que deseja entrar em um novo setor. O desafio é encontrar maneiras de superar as barreiras de entrada sem anular, por meio de investimentos pesados, a lucratividade decorrente de participar do setor.

O poder dos fornecedores

Fornecedores poderosos conseguem abocanhar uma fatia maior para si mesmos cobrando preços mais altos, limitando a qualidade ou os serviços, ou transferindo custos para participantes do setor. Esses fornecedores, incluindo os de mão de obra, podem comprometer a lucratividade de um setor que é incapaz de repassar aumentos de custos para os próprios preços.

Diferenças na lucratividade setorial

O retorno médio sobre o capital investido varia acentuadamente entre os setores. Entre 1992 e 2006, por exemplo, o retorno médio sobre o capital investido nos Estados Unidos variou de zero ou mesmo um valor negativo até mais de 50%. Na extremidade superior estão setores como os de refrigerantes e softwares pré-configurados, que foram quase seis vezes mais lucrativos do que o setor de aviação comercial ao longo do mesmo período.

Retorno médio sobre o capital investido em setores da economia americana, 1992-2006

O retorno sobre o capital investido (return on invested capital, ROIC) é a medida apropriada de lucratividade para a formulação de estratégias e para possíveis investidores. O retorno sobre vendas ou o índice de crescimento dos lucros deixam a desejar por não justificar o capital exigido para competir no setor. Aqui, utilizamos lucros antes de juros e impostos (EBIT, ou LAJIR no Brasil) divididos pela média de capital investido menos o excesso de caixa como a medida de ROIC. Essa medida ignora as diferenças peculiares na estrutura de capital e nas taxas de impostos em diversas empresas e setores.

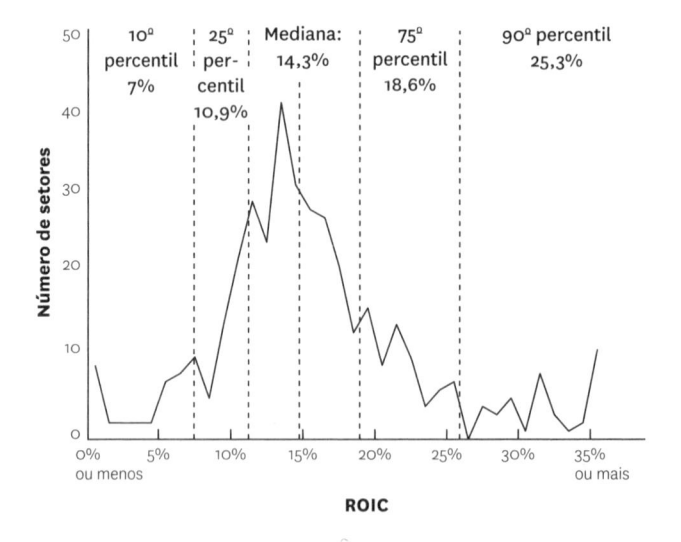

Fonte: Standard & Poor's, Compustat e cálculos do autor

AS CINCO FORÇAS COMPETITIVAS QUE MOLDAM A ESTRATÉGIA   **59**

Lucratividade de setores selecionados dos Estados Unidos

ROIC médio, 1992-2006

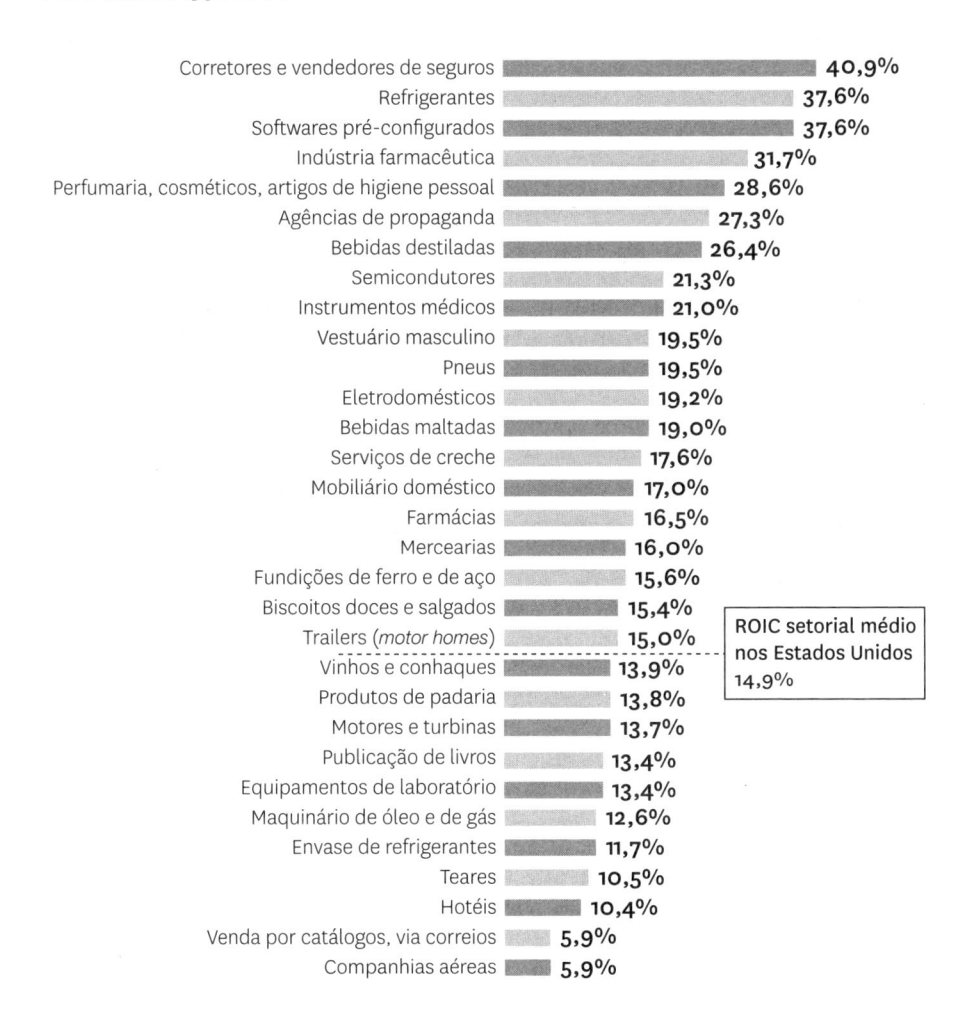

Corretores e vendedores de seguros	40,9%
Refrigerantes	37,6%
Softwares pré-configurados	37,6%
Indústria farmacêutica	31,7%
Perfumaria, cosméticos, artigos de higiene pessoal	28,6%
Agências de propaganda	27,3%
Bebidas destiladas	26,4%
Semicondutores	21,3%
Instrumentos médicos	21,0%
Vestuário masculino	19,5%
Pneus	19,5%
Eletrodomésticos	19,2%
Bebidas maltadas	19,0%
Serviços de creche	17,6%
Mobiliário doméstico	17,0%
Farmácias	16,5%
Mercearias	16,0%
Fundições de ferro e de aço	15,6%
Biscoitos doces e salgados	15,4%
Trailers (*motor homes*)	15,0%
Vinhos e conhaques	13,9%
Produtos de padaria	13,8%
Motores e turbinas	13,7%
Publicação de livros	13,4%
Equipamentos de laboratório	13,4%
Maquinário de óleo e de gás	12,6%
Envase de refrigerantes	11,7%
Teares	10,5%
Hotéis	10,4%
Venda por catálogos, via correios	5,9%
Companhias aéreas	5,9%

ROIC setorial médio nos Estados Unidos 14,9%

> ## Análise de setores na prática
>
> Para realizar uma boa análise de um setor deve-se examinar com rigor os alicerces da lucratividade. **O primeiro passo é compreender o horizonte de tempo apropriado.** Uma das tarefas essenciais em análise de setores é distinguir mudanças temporárias ou cíclicas de mudanças estruturais. Uma boa orientação para o horizonte de tempo apropriado é o ciclo de negócios completo específico do setor. Para a maioria deles, um horizonte de três a cinco anos é apropriado, embora em alguns setores com prazos de produção longos, como o da mineração, o horizonte apropriado possa ser uma década ou mais. É a lucratividade média ao longo desse período, e não a lucratividade em qualquer ano específico, que deve ser o foco da análise.
>
> **O objetivo da análise do setor não é declarar se ele é atrativo ou não, mas compreender os alicerces da concorrência e as causas primárias da lucratividade.** Os analistas devem olhar de modo mais quantitativo para a estrutura do setor em vez de ficarem satisfeitos com listas de fatores qualitativos. Muitos elementos das cinco forças podem ser quantificados: a porcentagem do custo total do cliente justificada pelo produto do setor (para compreender a sensibilidade do comprador aos preços); a porcentagem de vendas do setor exigida para ocupar uma fábrica ou operar uma rede logística de escala eficiente (para ajudar a avaliar barreiras de entrada no setor); custos da troca para o cliente (determinando o incentivo que um novo concorrente ou um rival deve oferecer aos clientes).

A Microsoft, por exemplo, contribuiu para a erosão da lucratividade entre fabricantes de computadores pessoais elevando os preços dos sistemas operacionais. Os fabricantes de PCs, competindo ferozmente por consumidores que podem trocar de um para outro com facilidade, têm liberdade limitada para ajustar seus preços de acordo com a necessidade.

Quase sempre as empresas dependem de uma vasta gama de grupos de fornecedores diferentes de insumos. Um grupo de fornecedores é poderoso nos seguintes casos:

- É mais concentrado do que o setor para o qual ele vende. O quase monopólio da Microsoft sobre os sistemas operacionais, associado à fragmentação de montadores de computadores pessoais, é um exemplo dessa situação.

O poder das forças competitivas afeta preços, custos e o investimento necessário para competir; portanto, as forças estão diretamente vinculadas às demonstrações do resultado e aos balanços dos participantes do setor. A estrutura do setor define a lacuna entre receitas e custos. Por exemplo, uma rivalidade intensa reduz os preços ou eleva os custos de marketing, pesquisa e desenvolvimento ou de serviços ao cliente, reduzindo as margens. Em quanto? Fornecedores fortes elevam os custos de insumos. Em quanto? O poder do comprador reduz os preços ou eleva os custos de atender às demandas dos clientes, tais como a exigência de manter um estoque maior ou de fornecer financiamento. Em quanto? Barreiras de entrada baixas ou substitutos próximos limitam o nível de preços sustentável. Em quanto? São essas relações econômicas que aguçam a compreensão do estrategista em relação à concorrência no setor.

Finalmente, uma boa análise do setor não somente lista prós e contras, mas o vê em termos gerais, sistêmicos. Quais forças estão alicerçando (ou restringindo) a lucratividade hoje? De que forma mudanças em uma força competitiva podem disparar reações em outras? Responder a essas perguntas é, com frequência, o caminho para verdadeiros insights estratégicos.

- Não depende fortemente do setor para suas receitas. Fornecedores que atendem a muitos setores não hesitarão em extrair o máximo de lucros de cada um. Se um setor específico responde por uma grande parte do volume ou do lucro de um grupo de fornecedores, no entanto, estes desejarão proteger o setor por meio de uma política de preços razoável e de assistência em atividades tais como pesquisa e desenvolvimento e lobby.
- Os participantes do setor sofrem com custos da troca ao mudar de fornecedores. Por exemplo, mudar de fornecedores é difícil se as empresas investiram pesadamente em equipamento especializado ou em capacitação para operar o equipamento de um fornecedor (como acontece com os terminais da Bloomberg usados por profissionais de finanças). Ou as companhias podem ter posicionado suas linhas

de produção perto das fábricas dos fornecedores (como no caso de algumas companhias de bebidas e fabricantes de contêineres). Quando os custos da troca são altos, os participantes do setor acham difícil barganhar com os fornecedores. (Lembre-se de que os fornecedores também podem ter custos da troca altos. Isso limita seu poder.)
- Os fornecedores proporcionam produtos diferenciados. Companhias farmacêuticas que oferecem medicamentos patenteados com benefícios médicos singulares têm mais poder sobre hospitais, clínicas de saúde e outros compradores de medicamentos, por exemplo, do que companhias farmacêuticas que oferecem produtos similares ou genéricos.
- Não há substituto para o que o grupo de fornecedores oferece. Sindicatos de pilotos, por exemplo, exercitam um poder de fornecedor considerável sobre as companhias aéreas em parte porque não há uma boa alternativa para um piloto bem treinado na cabine de comando.
- O grupo de fornecedores pode ameaçar integrar-se mais ao setor. Nesse caso, se os participantes do setor ganham dinheiro demais em relação aos fornecedores, eles induzirão os fornecedores a entrar no mercado.

O poder dos compradores

Clientes poderosos podem abocanhar uma fatia maior do valor forçando a redução de preços, exigindo melhor qualidade ou mais serviços (aumentando assim os custos) e, de modo geral, colocando participantes do setor uns contra os outros, tudo às custas da lucratividade setorial. Os compradores têm força se possuírem alavancagem de negociação em relação aos participantes do setor, especialmente se estes forem sensíveis a preços, usando sua influência sobretudo para pressionar reduções nos valores cobrados.

Como acontece com fornecedores, pode haver grupos distintos de clientes que diferem em termos de seu poder de barganha. Um grupo de clientes possui alavancagem de negociação nos seguintes casos:

- Existem poucos compradores ou cada um compra em volumes grandes em relação ao tamanho de um único vendedor. Compradores de grandes volumes são particularmente poderosos em setores com

custos fixos altos, como os de equipamentos de telecomunicação, extração de petróleo em alto-mar e produtos químicos no atacado. Custos fixos altos e custos marginais baixos amplificam a pressão sobre os rivais para manter plena capacidade por meio de descontos.
- Os produtos do setor são padronizados ou pouco diferenciados. Se acreditam que podem sempre encontrar um produto equivalente, os compradores tendem a barganhar e jogar os vendedores uns contra os outros.
- Os compradores enfrentam custos da troca baixos ao mudarem de vendedores.
- Os compradores podem ameaçar uma integração para trás e fabricar por conta própria aquele produto do setor se os vendedores estiverem tendo lucro excessivo. Produtores de refrigerantes e de cerveja têm controlado há muito tempo o poder de fabricantes de embalagens, ameaçando fazer, e às vezes realmente fazendo, materiais de envasamento por conta própria.

Um grupo de compradores é sensível a preços nos seguintes casos:

- O produto que eles compram do setor representa uma fração significativa de sua estrutura de custos ou de seu orçamento para compras. Nesse caso, os compradores costumam fazer pesquisas e barganhar intensamente. Nas situações em que o produto vendido por um setor é uma pequena fração dos custos ou das despesas dos compradores, estes tendem a ser menos sensíveis a preços.
- O grupo de compradores obtém lucros baixos, tem problemas de caixa ou está de alguma outra maneira sob pressão para reduzir seus custos de aquisição. Clientes altamente lucrativos ou clientes com muito dinheiro, em contraste, são em geral menos sensíveis a preços (isso, é claro, se o item não representar uma grande parcela de seus custos).
- A qualidade dos produtos ou serviços dos compradores é pouco afetada pelo produto do setor. Nos casos em que a qualidade é muito afetada, os compradores costumam ser menos sensíveis a preços. Ao comprar ou alugar câmeras de alta qualidade, por exemplo, produtores de filmes de grandes estúdios optam por equipamentos altamente

confiáveis com os recursos mais modernos. Eles prestam uma atenção limitada no preço.
- O produto do setor tem pouco efeito sobre os outros custos do comprador. Aqui, compradores focam nos preços. Inversamente, nos casos em que o produto ou serviço de um setor pode pagar seu custo várias vezes melhorando o desempenho ou reduzindo mão de obra, matéria-prima ou outros custos, os compradores costumam estar mais interessados em qualidade do que em preços. Exemplos incluem produtos e serviços como contabilidade tributária ou perfilagem de poços (que mede as condições subterrâneas de poços de petróleo), que podem economizar ou até gerar dinheiro para o comprador. De forma similar, compradores tendem a não ser sensíveis a preços em serviços prestados, por exemplo, por bancos de investimento, já que um desempenho ruim pode ser custoso e constrangedor.

A maioria das fontes de poder dos compradores se aplica igualmente a consumidores finais e a clientes B2B (*business-to-business*, quando o cliente de uma empresa é outra empresa). Como acontece com os compradores do setor, os consumidores finais tendem a ser mais sensíveis a preços se estão comprando produtos pouco diferenciados, caros em relação às suas receitas e se o desempenho desses produtos tem consequências limitadas para eles. A principal diferença com consumidores finais é que as necessidades deles podem ser mais intangíveis e mais difíceis de quantificar.

Clientes intermediários, ou seja, clientes que compram o produto mas não são seus usuários finais (como montadoras ou canais de distribuição), podem ser analisados da mesma maneira que outros compradores, com um adendo importante. Clientes intermediários ganham um poder de barganha significativo quando podem influenciar as decisões de compras de clientes finais. Vendedores de produtos eletrônicos de uso pessoal, varejistas de joias e distribuidores de equipamentos agrícolas são bons exemplos de canais de distribuição influentes.

Com frequência, produtores tentam reduzir a influência dos canais de vendas fazendo acordos exclusivos com distribuidores ou varejistas ou vendendo diretamente para usuários finais. Os fabricantes de componentes buscam desenvolver poder sobre as montadoras gerando uma preferência por seus componentes entre os clientes finais. É o caso das peças de bicicletas e dos adoçantes. A DuPont criou uma influência enorme anunciando sua marca de fibras de tapete Stainmaster não apenas para os fabricantes de tapetes que efetivamente as compram, mas também para os clientes finais. Muitos consumidores pedem tapetes Stainmaster, ainda que a DuPont não seja uma fabricante de tapetes.

A ameaça dos substitutos

Um substituto desempenha uma função igual ou similar à de um produto de um setor por outros meios. Videoconferências são um substituto para viagens. Plástico é um substituto para alumínio. E-mail é um substituto para correio expresso. Às vezes, a ameaça de substituição é derivada ou indireta, quando um substituto toma o lugar do produto do setor comprador. Por exemplo, produtos e serviços de jardinagem são ameaçados quando prédios com várias famílias em áreas urbanas substituem casas unifamiliares nos subúrbios. Softwares vendidos para agências de viagens são ameaçados quando sites de companhias aéreas e de viagens substituem as agências.

Os substitutos estão sempre presentes, mas é fácil negligenciá-los, porque podem aparentar ser muito diferentes do produto do setor. Por exemplo, para alguém em busca de um presente de Dia dos Pais, gravatas e ferramentas elétricas podem ser substitutos. Mas também é um substituto comprar um produto usado em vez de um novo ou fazê-lo por conta própria (produzir o serviço ou produto em casa).

Quando a ameaça de substitutos é alta, a lucratividade setorial cai. Produtos ou serviços substitutos limitam o potencial de lucro de um setor ao colocar um teto nos preços. Se um setor não se distancia dos substitutos por meio do desempenho de seus produtos, do marketing ou de outros meios, sofrerá em termos de lucratividade – e muitas vezes em termos de potencial de crescimento.

Os substitutos não apenas limitam os lucros em tempos normais como também reduzem a prosperidade que um setor pode colher em tempos de vacas gordas. Em economias emergentes, por exemplo, o aumento repentino na demanda por linhas telefônicas fixas foi limitado à medida que vários consumidores optaram por tornar um telefone móvel sua única linha telefônica.

A ameaça de um substituto é alta nos seguintes casos:

- Ele oferece um atraente trade-off de preço e desempenho em relação ao produto do setor. Quanto melhor for o valor relativo do substituto, mais baixo será o teto para o potencial de lucro de um setor. Por exemplo, fornecedores convencionais de serviços telefônicos de longa distância sofreram com o advento de serviços telefônicos baratos baseados na internet como o Skype. De maneira similar, locadoras de vídeo acabaram por causa da emergência de serviços a cabo e de vídeo por demanda via satélite, dos serviços de *streaming* como Netflix e da ascensão de sites de vídeos como o YouTube.
- Os custos da troca para o comprador pelo substituto são baixos. Trocar um medicamento de marca por um genérico, por exemplo, costuma envolver custos mínimos, motivo pelo qual a mudança para genéricos (e a queda nos preços) é tão substancial e rápida.

Os estrategistas devem estar particularmente alertas para mudanças em outros setores que podem tornar atraentes certos produtos ou serviços substitutos que não o eram antes. Melhorias em materiais plásticos, por exemplo, possibilitaram que eles substituíssem o aço em muitos componentes automobilísticos. Dessa maneira, mudanças tecnológicas ou descontinuidades competitivas em negócios aparentemente não relacionados podem ter impactos enormes na lucratividade de um setor. É claro que a ameaça de substituição também pode oferecer uma mudança que beneficie um setor, o que é um bom presságio para sua futura lucratividade e seu potencial de crescimento.

Rivalidade entre concorrentes existentes

A rivalidade entre concorrentes existentes assume muitas formas já conhecidas, incluindo descontos de preços, apresentações de novos produtos, campanhas publicitárias e melhorias de serviços. Uma rivalidade alta limita a lucratividade de um setor. O grau em que a rivalidade reduz o potencial de lucro setorial depende, primeiro, da *intensidade* com que as empresas competem e, segundo, da *base* sobre a qual competem.

A intensidade da rivalidade é a mais alta nos seguintes casos:

- Os concorrentes são numerosos ou são mais ou menos equivalentes em tamanho e poder. Em tais situações, os rivais acham difícil evitar roubar negócios. Sem um líder no ramo, as práticas desejáveis para o setor como um todo acabam não sendo aplicadas.
- O crescimento do setor é lento. Esse fator gera brigas por fatias de mercado.
- As barreiras de saída são altas. Barreiras de saída surgem por causa de fatores como ativos altamente especializados ou a dedicação da gestão a um negócio específico. Essas barreiras mantêm empresas no mercado ainda que elas possam estar obtendo resultados baixos ou negativos. A capacidade excedente permanece em uso e a lucratividade de concorrentes saudáveis sofre enquanto os enfermos persistem.
- Os rivais são altamente comprometidos com o negócio e aspiram à liderança, especialmente se possuem objetivos que vão além do desempenho econômico no setor específico. O alto comprometimento com um negócio surge por uma variedade de razões. Por exemplo, concorrentes estatais podem ter objetivos que incluem geração de empregos ou prestígio. Unidades de empresas maiores podem participar de um setor por questões de imagem ou para oferecer uma linha completa. Às vezes, conflitos de personalidade e ego exageram a rivalidade em detrimento da lucratividade em áreas como mídia e alta tecnologia.
- As empresas não conseguem ler bem os sinais umas das outras por causa da falta de familiaridade entre elas, de abordagens diferentes em relação à competição ou de objetivos distintos.

O poder da rivalidade reflete não apenas a intensidade da concorrência, mas também a base dela. As *dimensões* em que a concorrência ocorre e se as rivais convergem para concorrer nas *mesmas dimensões* são fatores que possuem grande influência na lucratividade.

A rivalidade é especialmente destrutiva para a lucratividade se ela gravita apenas em torno de preços, pois a concorrência de preços transfere os lucros diretamente de um setor para seus clientes. Em geral é fácil os concorrentes igualarem cortes de preço, podendo provocar rodadas sucessivas de retaliação. Uma concorrência de preços sustentada também leva os clientes a prestarem menos atenção nas características de produtos e serviços.

A concorrência de preços é mais provável de ocorrer nos seguintes casos:

- Os produtos ou serviços de rivais são quase idênticos e os custos da troca para os compradores são baixos. Isso estimula os concorrentes a cortar preços para conquistar novos clientes. Anos de guerras de preços entre companhias aéreas refletem tais circunstâncias nesse setor.
- Os custos fixos são altos e os custos marginais, baixos. Isso gera uma pressão intensa para que concorrentes reduzam os preços abaixo de seus custos médios, até se aproximarem de seus custos marginais, para roubar um número maior de clientes enquanto ainda fazem alguma contribuição para cobrir custos fixos. Muitos negócios de matérias-primas básicas, como papel e alumínio, sofrem desse problema, especialmente se a demanda não está crescendo. O mesmo acontece com companhias de entregas com redes fixas de rotas que devem ser atendidas independentemente do volume.
- A capacidade deve ser expandida em grandes incrementos para ser eficiente. A necessidade de grandes expansões na capacidade, como no mercado de PVC, perturba o equilíbrio entre oferta e demanda do setor e muitas vezes leva a períodos longos e recorrentes de capacidade excedente e cortes de preços.
- O produto é perecível. A perecibilidade gera uma forte tentação de cortar preços e vender um produto enquanto ele ainda tem valor. Mais produtos e serviços são perecíveis do que se costuma pensar. Assim como tomates são perecíveis porque apodrecem, modelos de computadores são perecíveis pois logo se tornam obsoletos, e a informação pode ser perecível se ela se difunde rapidamente ou fica datada, perdendo assim seu valor. Serviços como acomodações em hotéis são perecíveis porque a capacidade não utilizada nunca pode ser recuperada.

É menos provável que a concorrência em dimensões que não a dos preços – em características de produtos, serviços de suporte, tempo de entrega ou imagem da marca, por exemplo – prejudique a lucratividade porque ela melhora o valor para o cliente e pode sustentar preços mais altos. Além disso, a rivalidade focada nessas outras dimensões pode melhorar o valor em relação aos substitutos ou elevar as barreiras de entrada enfrentadas por novos concorrentes. Embora a rivalidade não baseada em preços às vezes aumente a níveis que minam a lucratividade do setor, isso é menos provável de ocorrer do que com a rivalidade de preços.

Tão importante quanto as dimensões da rivalidade é se os rivais competem nas *mesmas dimensões*. Quando todos ou muitos concorrentes visam atender às mesmas necessidades ou concorrem nos mesmos atributos, o resultado é concorrência de soma zero. Aqui, para uma empresa ganhar muitas vezes, outra tem que perder, empurrando a lucratividade para baixo. Embora a competição de preços apresente um risco maior de se tornar de soma zero do que a competição em outros aspectos, isso pode não acontecer se as companhias tomarem cuidado para segmentar seus mercados, mirando suas ofertas de preços baixos em clientes diferentes.

A rivalidade pode ser de soma positiva (ganha-ganha), ou seja, pode efetivamente aumentar a lucratividade média de um setor, quando cada concorrente visa atender às necessidades de diferentes segmentos de consumidores, com combinações diferentes de preços, produtos, serviços, características e identidades de marca. Essa competição pode não só sustentar uma lucratividade média maior, mas também expandir o setor, conforme as necessidades de mais grupos de clientes são mais bem atendidas. A oportunidade para a concorrência de soma positiva será maior em setores que atendem a diversos grupos. Com um entendimento claro dos alicerces da rivalidade, os estrategistas podem tomar medidas para fazer com que a natureza da competição tome uma direção mais lucrativa.

Fatores, não forças

A estrutura do setor, da maneira manifestada pelas cinco forças competitivas, determina o potencial de lucro setorial no longo prazo porque estabelece como o valor econômico criado pelo setor é dividido – quanto é retido por empresas no setor versus quanto é removido por meio de barganha por parte de clientes e fornecedores, limitado por substitutos ou restringido por novos concorrentes. Ao considerar todas as cinco forças, um estrategista mantém em mente a estrutura geral em vez de gravitar para um único elemento. Além disso, sua atenção permanece focada em condições estruturais em vez de em fatores transitórios.

É especialmente importante evitar a armadilha comum de confundir certos atributos visíveis de um setor com sua estrutura subjacente. Considere o seguinte:

Taxa de crescimento do setor

Um erro comum é presumir que setores em rápido crescimento sempre são atraentes. O crescimento de fato tende a silenciar a rivalidade, porque um mercado maior oferece oportunidades para todos os concorrentes. Mas um crescimento rápido pode colocar fornecedores em uma posição poderosa, e crescimento elevado com barreiras de entrada baixas atrairá novos participantes. Mesmo sem novos concorrentes, uma taxa de crescimento alta não assegurará lucratividade se os clientes forem poderosos ou se os substitutos forem atraentes. De fato, alguns negócios de crescimento rápido, como o de computadores pessoais, têm estado entre os setores menos lucrativos nos últimos anos. O foco estreito no crescimento é uma das maiores causas de más decisões estratégicas.

Tecnologia e inovação

Tecnologia avançada ou inovações não são por si sós suficientes para tornar um setor estruturalmente atraente. Setores triviais de baixa tecnologia e com clientes pouco sensíveis a preços, custos da troca elevados ou barreiras de entrada altas derivadas de economias de escala são com frequência muito mais lucrativos do que setores empolgantes, como os de software e de tecnologias para internet, que atraem concorrentes.[2]

Governo

O governo não é compreendido como uma sexta força porque seu envolvimento não é inerentemente bom nem ruim para a lucratividade de um setor. A melhor maneira de compreender a influência do governo sobre a

---

[2] Para uma discussão sobre como a tecnologia para a internet melhora a atratividade de alguns setores enquanto corrói a lucratividade de outros, veja Michael E. Porter, "Strategy and the Internet" (*Harvard Business Review*, março de 2001).

concorrência é analisar como políticas específicas afetam as cinco forças competitivas. Por exemplo, patentes elevam as barreiras de entrada, aumentando o potencial de lucro do setor. Inversamente, políticas do governo que favorecem sindicatos podem aumentar o poder dos fornecedores e diminuir o potencial de lucro. Regras relativas a falências que permitem que companhias em dificuldade se reorganizem em vez de saírem de cena podem levar a uma capacidade excedente e a uma rivalidade intensa. O governo opera em múltiplos níveis e por meio de muitas políticas diferentes, cada uma afetando a estrutura de maneiras diferentes.

Produtos e serviços complementares

Produtos ou serviços são complementares quando utilizados em conjunto com o produto de um setor. Eles surgem quando o benefício para o cliente de dois produtos combinados é maior do que a soma do valor de cada produto isolado. Hardware e software de computadores, por exemplo, podem ser valiosos juntos e não possuir valor quando separados.

Nos últimos anos, pesquisadores de estratégia têm destacado o papel dos complementos, especialmente em setores de alta tecnologia, nos quais eles são mais óbvios.[3] No entanto, de forma alguma os complementos só aparecem ali. O valor de um carro, por exemplo, é maior quando o motorista também tem acesso a garantias melhores, condições especiais em postos de gasolina e seguros automotivos.

Complementos podem ser importantes quando afetam a demanda geral por um produto do setor. Porém, assim como as políticas de governo, os complementos não são uma sexta força que determina a lucratividade setorial, já que a presença de complementos fortes não é necessariamente boa ou ruim para esse indicador. Eles afetam a lucratividade na forma como repercutem nas cinco forças.

O estrategista deve identificar a influência positiva ou negativa de complementos em todas as cinco forças para investigar seu impacto na lucratividade. A presença de complementos pode elevar ou diminuir barreiras de entrada. No setor de aplicativos, por exemplo, as barreiras de entrada foram diminuídas quando produtores de software complementar de siste-

---

[3] Veja, por exemplo, Adam M. Brandenburger e Barry J. Nalebuff, *Co-opetição* (Rocco, 1996).

mas operacionais, mais notavelmente a Microsoft, forneceram conjuntos de ferramentas tornando mais fácil criar aplicativos. Inversamente, a necessidade de atrair produtores de complementos pode levantar barreiras de entrada, como acontece com hardware de videogames.

A presença de complementos também pode afetar a ameaça de substitutos. Por exemplo, a necessidade de postos de atendimento apropriados dificulta que carros que usam fontes de energia alternativas substituam carros convencionais. Mas complementos também podem tornar substituições mais fáceis. Por exemplo, o iTunes, da Apple, acelerou a substituição dos CDs pela música digital.

Complementos podem influenciar a rivalidade em um setor tanto positivamente (como quando elevam os custos da troca) quanto negativamente (como quando neutralizam a diferenciação de produtos). Análises similares podem ser feitas para o poder dos compradores e dos fornecedores. Às vezes, empresas competem alterando condições em setores complementares a seu favor, como quando a fabricante de aparelhos de videocassete JVC convenceu os estúdios de cinema a favorecer seu padrão ao lançar fitas pré-gravadas, ainda que o padrão da rival Sony fosse provavelmente superior do ponto de vista técnico.

Identificar complementos é parte do trabalho do analista. Como acontece com políticas de governo ou tecnologias importantes, a relevância estratégica dos complementos será mais bem compreendida através da lente das cinco forças.

Mudanças na estrutura do setor

Até agora, discutimos as forças competitivas em um único ponto no tempo. A estrutura setorial se mostra relativamente estável e, na prática, diferenças de lucratividade costumam ser persistentes ao longo dos anos. No entanto, ela está constantemente passando por pequenos ajustes – e, ocasionalmente, pode mudar de modo abrupto.

Transformações na estrutura podem ter origem fora ou dentro de um setor, aumentar ou diminuir o potencial de lucro e ser causadas por mudanças na tecnologia, mudanças nas necessidades dos clientes ou por outros acontecimentos. As cinco forças competitivas fornecem um esquema para identificar os desenvolvimentos mais importantes no setor e para antecipar seu impacto na atratividade que ele exerce.

Mudanças na ameaça de novos concorrentes

Mudanças em qualquer uma das sete barreiras descritas anteriormente podem elevar ou diminuir a ameaça do surgimento de novos concorrentes. A expiração de uma patente, por exemplo, talvez leve a uma onda de novos concorrentes. No dia que as patentes para o redutor de colesterol Zocor, da Merck, expiraram, três fabricantes de medicamentos entraram no mercado. Inversamente, a proliferação de produtos no setor de sorvetes ocupou gradualmente o espaço limitado nos freezers dos mercados, tornando mais difícil para novos fabricantes obter acesso a distribuição na América do Norte e na Europa.

Com frequência, decisões estratégicas de concorrentes líderes de mercado têm grande impacto na ameaça de novos concorrentes. Por exemplo, desde a década de 1970, varejistas como Walmart, Kmart e Toys "R" Us começaram a adotar novas tecnologias de controle de compras, de distribuição e de controle de estoque com custos fixos altos, incluindo centros de distribuição automatizados, código de barras e terminais de pontos de venda. Esses investimentos aumentaram as economias de escala e tornaram mais difícil a entrada de pequenos varejistas no negócio (e a sobrevivência de concorrentes menores).

Mudanças no poder do fornecedor ou do comprador

Conforme os fatores subjacentes ao poder dos fornecedores e compradores mudam com o tempo, a influência deles aumenta ou diminui. No setor global de eletrodomésticos, por exemplo, concorrentes como Electrolux, General Electric e Whirlpool têm sido espremidos pela consolidação de canais de varejo (o declínio de lojas especializadas em eletrodomésticos, por exemplo, e o crescimento de varejistas gigantes como a Best Buy e a Home Depot nos Estados Unidos). Outro exemplo são as agências de viagens, que dependem de companhias aéreas como um fornecedor crucial. Quando a internet permitiu que as companhias aéreas vendessem passagens diretamente aos clientes, isso aumentou de forma significativa o poder delas de barganhar para reduzir as comissões das agências.

Mudanças na ameaça de substituição

A razão mais comum pela qual substitutos se tornam mais ou menos ameaçadores com o tempo é que avanços na tecnologia criam novos substitutos ou mudam comparações de preço com desempenho em uma direção ou em outra. Os primeiros fornos de micro-ondas, por exemplo, eram grandes e custavam mais de 2 mil dólares, tornando-os substitutos fracos para fornos convencionais. Com avanços tecnológicos, eles se tornaram substitutos sérios. A memória flash de computadores melhorou muito recentemente, a ponto de se tornar um substituto significativo para discos rígidos de baixa capacidade. Tendências na disponibilidade ou no desempenho de produtos complementares também mudam a ameaça de substitutos.

Novas bases de rivalidade

A rivalidade com frequência se intensifica naturalmente com o passar do tempo. Conforme um setor amadurece, seu crescimento desacelera. Concorrentes tornam-se mais parecidos à medida que convenções do setor emergem, a tecnologia se difunde e os gostos dos clientes convergem. A lucratividade setorial cai e concorrentes mais fracos são expulsos do ramo. Essa história se desenrolou em diversos setores; televisões e equipamentos de telecomunicação são apenas alguns exemplos.

Uma tendência no sentido de intensificar a competição de preços e outras formas de rivalidade, porém, não é de forma alguma inevitável. Por exemplo, tem havido uma atividade competitiva gigantesca no ramo de cassinos nos Estados Unidos nas últimas décadas, mas a maior parte dela tem sido competição de soma positiva voltada para novos nichos e segmentos geográficos (tais como barcos fluviais, propriedades de primeira linha, reservas indígenas, expansão internacional e novos grupos de clientes, como famílias). A rivalidade páreo a páreo que reduz preços ou aumenta os prêmios aos ganhadores tem sido limitada.

A natureza da rivalidade em um setor é alterada por fusões e aquisições, que introduzem novas competências e maneiras de competir. Ou, então, inovações tecnológicas podem remodelar a rivalidade. No setor de corretagem de ativos financeiros no varejo, o advento da internet reduziu os custos marginais e diminuiu a diferenciação, disparando uma competição muito mais intensa em comissões e honorários do que no passado.

Em alguns setores, empresas recorrem a fusões e consolidações não para melhorar o custo e a qualidade, mas para tentar frear uma concorrência intensa. No entanto, eliminar rivais é uma estratégia arriscada. As cinco forças competitivas nos dizem que um grande aumento nos lucros por remover os concorrentes de hoje com frequência atrai novos concorrentes e reações negativas de clientes e fornecedores. No ramo bancário de Nova York, por exemplo, as décadas de 1980 e 1990 viram consolidações cada vez maiores de bancos comerciais e de poupança, incluindo Manufacturers Hanover, Chemical, Chase e Dime Savings. Hoje, porém, o cenário de bancos de varejo de Manhattan é mais variado do que nunca, com novos concorrentes como Wachovia, Bank of America e Washington Mutual tendo entrado no mercado.

Implicações para a estratégia

Compreender as forças que moldam a concorrência no setor é o ponto de partida para desenvolver a estratégia. Toda empresa já deveria saber qual é a lucratividade média de seu setor e como isso vem mudando ao longo do tempo. Somente depois que as cinco forças revelam *por que* a lucratividade do setor é como é, um negócio pode incorporar condições do setor à estratégia.

As forças revelam os aspectos mais relevantes do ambiente competitivo. Elas também fornecem uma base para avaliar os pontos fortes e fracos de uma empresa: qual é a posição dela versus compradores, fornecedores, novos concorrentes, rivais e substitutos? Mais importante, uma compreensão da estrutura do setor orienta os gestores rumo a possibilidades férteis para a ação estratégica, as quais podem incluir qualquer uma ou todas as seguintes: posicionar a companhia para lidar melhor com as forças competitivas atuais; prever e explorar mudanças nas forças; e moldar o equilíbrio de forças para criar uma nova estrutura setorial que seja mais favorável para a companhia. As melhores estratégias exploram mais de uma dessas possibilidades.

Posicionando a empresa

A estratégia pode ser vista como um meio de construir defesas contra as forças competitivas ou encontrar uma posição no setor na qual as forças são as menos poderosas. Considere, por exemplo, a posição da Paccar no mercado de caminhões pesados. Esse é um setor estruturalmente desafiador. Muitos compradores operam frotas numerosas ou são grandes firmas de leasing, dispondo tanto da alavancagem quanto da motivação para forçar uma redução no preço de suas compras vultosas. A maioria dos caminhões é fabricada de acordo com padrões regulamentados e oferece características similares, de modo que a competição de preços é desenfreada. A natureza capital-intensiva do setor faz com que a rivalidade seja feroz, especialmente durante as retrações econômicas cíclicas recorrentes. Os sindicatos exercem um considerável poder de fornecedor. Embora haja poucos substitutos diretos para um caminhão pesado, compradores de caminhões enfrentam substitutos importantes para seus serviços, como transporte de cargas por via ferroviária.

Nesse cenário, a Paccar, uma companhia baseada em Bellevue, no estado de Washington, com cerca de 20% do mercado norte-americano de caminhões pesados, escolheu focar em um grupo de clientes: proprietários-operadores – motoristas que são donos de seus caminhões e fecham contratos diretamente com os interessados ou servem como terceirizados para companhias maiores de transporte rodoviário de cargas. Esses agentes pequenos possuem pouca influência como compradores de caminhões. Também são menos sensíveis a preços por causa de seus fortes laços emocionais com o produto e da dependência que têm dele. Eles têm muito orgulho de seus caminhões, nos quais passam a maior parte do seu tempo.

A Paccar fez investimentos pesados para desenvolver uma série de características tendo os proprietários-operadores em mente: cabines para dormir luxuosas, assentos de couro confortáveis, cabines livres de ruído, design exterior arrojado, entre outras. Na extensa rede de vendedores da montadora, potenciais compradores usam um software para escolher entre milhares de opções e assim colocar suas assinaturas pessoais em seus caminhões. Esses veículos customizados são construídos por encomenda, e não para estoque, e são entregues em seis a oito semanas. Os caminhões da Paccar também possuem designs aerodinâmicos que reduzem o consumo de combustível e mantêm um valor de revenda maior do que o de outros caminhões. O programa de assistência rodoviária da Paccar e seu sistema com suporte de TI para a entrega de peças avulsas reduzem o tempo que um caminhão fica fora de serviço. Todas essas são considerações cruciais para um proprietário-operador. Os clientes pagam um adicional de 10% à Paccar, e suas marcas Kenworth e Peterbilt são consideradas símbolos de status nas paradas de caminhões.

A Paccar ilustra os princípios de posicionar uma empresa dentro de uma estrutura setorial específica. A montadora encontrou uma fatia de seu setor em que as forças competitivas têm menos relevância – na qual ela pode evitar o poder do comprador e a rivalidade baseada em preços. E ela ajustou cada parte da cadeia de valor para lidar bem com as forças em seu segmento. Como resultado, a Paccar se mostrou lucrativa por 68 anos ininterruptos, obtendo retorno médio de mais de 20% sobre o patrimônio líquido.

Além de revelar oportunidades de posicionamento dentro de um setor, o esquema das cinco forças permite que as empresas analisem rigorosamente entrada e saída. Ambas dependem da resposta à difícil pergunta: "Qual é o potencial deste negócio?" A saída é indicada quando a estrutura do setor está pobre ou em declínio e a companhia não tem perspectiva de um posicionamento superior. Ao considerar a entrada em um novo setor, estrategistas criativos podem usar o esquema para detectar um que aparente um bom futuro antes que este bom futuro seja refletido nos preços dos candidatos a aquisições. A análise das cinco forças também pode revelar setores que não são necessariamente atraentes para um novo concorrente típico, mas nos quais uma empresa tem bons motivos para acreditar que será capaz de superar as barreiras de entrada a um custo mais baixo do que a maioria das concorrentes ou possui uma capacidade única de lidar com as forças competitivas setoriais.

Explorando mudanças no setor

Mudanças setoriais trazem a oportunidade de identificar e reivindicar novas posições estratégicas promissoras se o estrategista possuir uma compreensão sofisticada das forças competitivas e de seus alicerces. Considere, por exemplo, a evolução da indústria fonográfica no decorrer da primeira década do século XXI. Com o advento da internet e da distribuição digital de música, alguns analistas previram o nascimento de milhares de selos (ou seja, gravadoras que desenvolvem artistas e levam sua música para o mercado). Segundo os analistas, isso quebraria um padrão que se mantivera desde quando Edison inventou o fonógrafo: entre três e seis gravadoras importantes sempre tinham dominado a indústria. A internet, eles previam, removeria a distribuição como uma barreira de entrada, desencadeando uma enxurrada de novos participantes no setor.

Uma avaliação cuidadosa, no entanto, teria revelado que a distribuição física não era a barreira de entrada crucial. Em vez disso, a entrada era barrada por outros benefícios dos quais as grandes gravadoras desfrutavam. Elas podiam repartir os riscos de desenvolver novos artistas entre muitas apostas, amortecendo o impacto dos fracassos inevitáveis. Ainda mais importante, tinham vantagens em se destacar no emaranhado de opções e fazer com que seus novos artistas fossem ouvidos. Para fazer isso, podiam prometer a estações de rádio e a lojas de discos acesso a artistas conhecidos em troca da promoção dos novos artistas. Novos selos não tinham como se equiparar a isso. As grandes gravadoras persistiram e o surgimento de novas gravadoras tem sido escasso.

Isso não quer dizer que a indústria fonográfica não esteja estruturalmente modificada pela distribuição digital. Downloads não autorizados criaram um substituto ilegal mas potente. As gravadoras tentaram por anos desenvolver plataformas próprias para distribuição digital, mas as grandes hesitaram em vender sua música por meio de uma plataforma cujo proprietário fosse seu concorrente. A Apple entrou nesse vácuo com o iTunes, sua loja de música lançada em 2003 para servir de apoio ao reprodutor de músicas iPod. Ao permitir a criação de um novo agente poderoso, as grandes gravadoras deixaram que a estrutura do setor mudasse contra elas. O número de grandes gravadoras na verdade diminuiu – de seis em 1997 para quatro hoje – conforme as companhias lutavam para lidar com o fenômeno digital.

Quando a estrutura do setor está mudando, posições competitivas novas e promissoras podem aparecer. Mudanças estruturais fazem surgir novas necessidades e novas maneiras de atender a necessidades existentes. Líderes estabelecidos podem negligenciá-las ou ser impedidos de buscá-las por conta de antigas estratégias. Concorrentes menores no setor podem capitalizar essas mudanças, ou o vazio pode muito bem ser preenchido por novatas.

Moldando a estrutura do setor

Quando uma empresa explora uma mudança estrutural, ela está reconhecendo o inevitável – e também reagindo a ele. No entanto, companhias também possuem a capacidade de moldar a estrutura setorial. Uma empresa pode conduzir seu setor para novas maneiras de competir que alteram as cinco forças para melhor. Ao remodelar a estrutura, uma empresa quer que seus concorrentes a sigam, de modo que o setor inteiro seja transformado. Embora muitos participantes possam se beneficiar no processo, o inovador pode se beneficiar mais se conseguir direcionar a competição para lugares nos quais ele pode sobressair.

A estrutura de um setor pode ser remodelada de duas maneiras: redistribuindo a lucratividade a favor das empresas estabelecidas ou expandindo o *pool* de lucros total. Redividir o setor visa ampliar a parcela de lucros para os concorrentes atuais em vez de para fornecedores, compradores e substitutos, mantendo de fora novos concorrentes potenciais. Expandir o *pool* de lucros envolve aumentar o *pool* total de valor econômico gerado pelo setor, do qual tanto rivais quanto compradores e fornecedores podem compartilhar.

Redistribuir a lucratividade. Para capturar mais lucros para rivais no setor, o ponto de partida é determinar qual força ou quais forças estão atualmente restringindo a lucratividade setorial e enfrentá-las. Uma empresa pode influenciar todas as forças competitivas. O objetivo do estrategista aqui é reduzir a parcela de lucros que escorre para fornecedores, compradores e substitutos ou é sacrificada para conter novos concorrentes.

Com o intuito de neutralizar o poder do fornecedor, por exemplo, uma empresa pode padronizar especificações de componentes ou tornar mais fácil a troca de fornecedores. Ela pode desenvolver vendedores adicionais ou alterar a tecnologia para evitar totalmente um grupo fornecedor poderoso. Para que se oponham ao poder do cliente, as empresas podem expandir serviços que elevam os custos da troca dos compradores ou encontrar meios alternativos de alcançar clientes a fim de neutralizar canais poderosos. Para amenizar a rivalidade de preços que corrói os lucros, companhias podem investir mais pesadamente em produtos únicos, como fizeram as farmacêuticas, ou expandir serviços de suporte aos clientes. Para

Definindo o setor relevante

Definir em qual setor a concorrência realmente ocorre é essencial não só para uma boa análise setorial como também para desenvolver estratégias e determinar limites para unidades de negócios. Muitos erros de estratégia se devem a enganos em determinar o setor relevante, definindo-o de forma muito abrangente ou muito restrita. A definição muito abrangente obscurece as diferenças entre produtos, clientes ou regiões que são importantes para a concorrência, o posicionamento estratégico e a lucratividade. A definição muito restrita negligencia aspectos em comum e ligações entre produtos relacionados ou mercados geográficos que são cruciais para a vantagem competitiva. Além disso, os estrategistas devem estar atentos à possibilidade de que os limites do setor mudem.

Os limites de um setor consistem de duas dimensões primárias. A primeira é o *escopo de produtos ou serviços*. Por exemplo, o óleo de motor usado em carros faz parte do mesmo setor do óleo de motor usado em caminhões pesados e motores estacionários ou se trata de setores diferentes? A segunda dimensão é o *escopo geográfico*. A maioria dos setores está presente em muitas partes do mundo. No entanto, a concorrência é limitada a um estado ou é nacional? A competição ocorre dentro de regiões como a Europa ou a América do Norte ou existe uma única indústria global?

As cinco forças são a ferramenta básica para resolver essas questões. Se a estrutura do setor para dois produtos é a mesma ou muito parecida (ou seja, se possuem os mesmos compradores, fornecedores, barreiras de entrada e assim por diante), então os produtos são mais bem tratados como sendo parte do mesmo setor. Se a estrutura difere acentuadamente, porém, os dois produtos podem ser mais bem compreendidos como de setores separados.

No ramo de lubrificantes, o óleo usado em carros é parecido ou até idêntico ao usado em caminhões, mas a similaridade essencialmente termina aí. Óleos para motores automotivos são vendidos para clientes fragmentados, muitas vezes não sofisticados, por meio de vários canais, muitas vezes poderosos, utilizando propaganda intensa. Os produtos são embalados em recipientes pequenos e os custos logísticos

afastar novos concorrentes, empresas estabelecidas podem elevar o custo fixo de competir – por exemplo, aumentando suas despesas em pesquisa e desenvolvimento ou em marketing. Para limitar a ameaça de substitutos, companhias podem oferecer um valor melhor por meio de novas características ou uma acessibilidade mais ampla a produtos. Quando produtores são altos, necessitando de produção local. Lubrificantes de caminhões e de geradores de energia são vendidos para compradores inteiramente diferentes, de maneiras inteiramente diferentes, usando uma cadeia de distribuição separada. A estrutura do setor (poder do comprador, barreiras de entrada etc.) é substancialmente diferente. Portanto, o óleo para automóveis é parte de um setor distinto do de óleo para caminhões e para uso em motores estacionários. A lucratividade do setor será diferente nessas duas categorias, e uma companhia de lubrificantes precisará de estratégias diferentes para competir em cada área.

Diferenças nas cinco forças competitivas também revelam o escopo geográfico da concorrência. Se um setor possui uma estrutura similar em todos os países (rivais, compradores e por aí vai), a premissa é de que a concorrência é global, e as cinco forças analisadas de uma perspectiva global definirão a lucratividade média. Uma única estratégia global é necessária. Porém, se um setor possui estruturas bastante diferentes em regiões geográficas diferentes, cada região pode muito bem ser um setor diferente. Do contrário, a concorrência teria nivelado as diferenças. As cinco forças analisadas para cada região definirão a lucratividade em cada uma.

A extensão das diferenças nas cinco forças para produtos relacionados ou entre áreas geográficas é uma questão de graduação, tornando a definição do setor muitas vezes um problema de discernimento. Uma regra geral é: onde as diferenças em qualquer uma das forças são grandes e onde as diferenças envolvem mais de uma força, setores diferentes podem muito bem estar presentes.

Felizmente, no entanto, mesmo que os limites do setor sejam definidos incorretamente, uma análise cuidadosa das cinco forças deve revelar ameaças competitivas importantes. Um produto intimamente relacionado omitido da definição do setor surgirá como um substituto, por exemplo, ou concorrentes negligenciados como rivais serão reconhecidos como novos competidores potenciais. Ao mesmo tempo, a análise das cinco forças deve revelar grandes diferenças dentro de setores consideravelmente amplos, as quais indicarão a necessidade de ajustar os limites ou as estratégias setoriais.

de refrigerantes introduziram máquinas de venda e canais de distribuição em lojas de conveniência, por exemplo, elas aumentaram drasticamente a disponibilidade de refrigerantes em relação a outras bebidas.

A Sysco, maior distribuidora de serviços de alimentação da América do Norte, oferece um exemplo revelador de como o líder de um setor pode mudar para melhor a estrutura setorial. Distribuidores de serviços de alimentação compram alimentos e itens relacionados de fazendeiros e processadores de alimentos. Depois, armazenam e entregam esses itens a restaurantes, hospitais, refeitórios de empresas, escolas e outras instituições que fornecem comida pronta. Dadas as baixas barreiras de entrada, o setor de distribuição de serviços de alimentação historicamente tem sido bastante fragmentado, com numerosos concorrentes locais. Enquanto os rivais tentam cultivar relacionamentos com os clientes, os compradores são sensíveis a preços, porque os alimentos representam uma grande parcela de seus custos. Os compradores também podem escolher as abordagens substitutas de comprar diretamente de produtores ou utilizar fontes varejistas, evitando totalmente os distribuidores. Os fornecedores possuem poder de barganha: eles são muitas vezes companhias grandes com marcas fortes que os cozinheiros e consumidores reconhecem. A lucratividade média no setor tem sido modesta.

A Sysco reconheceu que, considerando seu tamanho e seu alcance nacional, ela poderia mudar essa situação. Assim, liderou o movimento para introduzir marcas de distribuidor produzidas por terceiros com especificações personalizadas para o mercado de serviços de alimentação, enfraquecendo o poder dos fornecedores. Ela enfatizou serviços com valor agregado para clientes, tais como crédito, planejamento de cardápios e gerenciamento de estoque, para afastar a base da concorrência apenas dos preços. Esses movimentos, junto com investimentos ampliados em tecnologia da informação e centros de distribuição regionais, elevaram substancialmente o nível para novos concorrentes e tornaram os substitutos menos atraentes. Não é de surpreender que o setor tem se consolidado e que a lucratividade esteja aumentando.

Líderes de um setor possuem uma responsabilidade especial por melhorar a estrutura setorial. Fazer isso muitas vezes exige recursos que só grandes participantes possuem. Além disso, uma estrutura setorial melhorada é um bem público, pois beneficia todas as empresas do setor, e não apenas a que iniciou a melhoria. Muitas vezes, é mais do interesse de um líder de setor do que de qualquer outro participante investir pelo bem comum, pois os líderes geralmente são os que mais se beneficiarão. De fato, melhorar o setor pode ser a oportunidade estratégica mais lucrativa do líder, em parte

Passos fundamentais para analisar um setor

Defina o setor relevante:
- Quais produtos fazem parte dele? Quais são parte de outro setor distinto?
- Qual é o escopo geográfico da concorrência?

Identifique os participantes e segmente-os em grupos, se apropriado:
Quem são...
- os compradores e grupos de compradores?
- os fornecedores e grupos de fornecedores?
- os concorrentes?
- os substitutos?
- os novos concorrentes em potencial?

Avalie os motivadores intrínsecos de cada força competitiva para determinar quais forças são relevantes e quais não são, e por quê.

Determine a estrutura geral do setor e teste a consistência da análise:
- *Por que* o nível de lucratividade é como é?
- Quais são as forças *controladoras* da lucratividade?
- A análise do setor é consistente com a lucratividade real a longo prazo?
- Os participantes mais lucrativos estão mais bem posicionados em relação às cinco forças?

Analise mudanças recentes e prováveis mudanças futuras em cada força, tanto positivas quanto negativas.

Identifique aspectos da estrutura do setor que podem ser influenciados pelos atuais concorrentes, por novos concorrentes potenciais ou pela sua empresa.

---

porque tentativas de ganhar uma fatia maior de mercado podem disparar reações fortes em rivais, clientes e até fornecedores.

Existe um lado ruim em moldar a estrutura do setor que é igualmente importante compreender. Mudanças imprudentes no posicionamento competitivo e nas práticas operacionais podem *minar* a estrutura setorial. Pressionados para aumentar a fatia de mercado ou encantados com a inovação pela inovação, os gestores podem estimular novos tipos de concorrência que nenhuma companhia estabelecida é capaz de vencer. Ao tomar medidas para melhorar a vantagem competitiva da própria empresa, portanto, os estrategistas devem perguntar se estão ativando dinâmicas que minarão a estrutura do setor no longo prazo. Nos primórdios da indústria de computadores pessoais, por exemplo, a IBM tentava compensar sua entrada tardia oferecendo uma arquitetura aberta que definiria os padrões do setor e atrairia fabricantes complementares de software e de periféricos. No processo, ela cedeu a propriedade de componentes essenciais do PC – o sistema operacional e o microprocessador – para a Microsoft e a Intel. Ao padronizar os PCs, ela estimulou a rivalidade baseada em preços e transferiu o poder para os fornecedores. Como consequência, a IBM tornou-se a companhia temporariamente dominante em um setor com uma estrutura consistentemente desinteressante.

Expandir o *pool* de lucros total. Quando a demanda geral cresce, o nível de qualidade do setor aumenta, os custos intrínsecos são reduzidos ou o desperdício é eliminado e o mercado se expande. O conjunto total de valor disponível para concorrentes, fornecedores e compradores cresce. O *pool* de lucros total se expande, por exemplo, quando canais se tornam mais competitivos ou quando um setor descobre compradores latentes para seu produto que não estão sendo atendidos atualmente. Quando os produtores de refrigerantes racionalizaram suas redes de engarrafadores independentes para torná-los mais eficientes e eficazes, tanto as companhias de refrigerantes quanto os engarrafadores se beneficiaram. O valor total também pode se expandir quando empresas trabalham colaborativamente com fornecedores para melhorar a coordenação e eliminar custos desnecessários incorridos na cadeia de suprimentos. Isso reduz a estrutura de custos inerente do setor, possibilitando lucros mais altos, uma demanda maior por meio de preços mais baixos ou ambos. Ou, então, chegar a um acordo quanto a padrões de qualidade pode aumentar a qualidade e os níveis dos serviços no setor como um todo, e, consequentemente, os preços, beneficiando rivais, fornecedores e clientes.

Expandir o *pool* de lucros total cria, para diversos participantes do setor, oportunidades em que todos saem ganhando. Pode também reduzir o risco de rivalidade destrutiva que surge quando companhias estabelecidas tentam mudar o poder de barganha ou abocanhar uma fatia maior do mercado. Entretanto, expandir o mercado não reduz a importância da estrutura setorial. A forma como o mercado expandido é dividido será, no fim das contas, determinada pelas cinco forças. As empresas mais bem-sucedidas são aquelas que expandem o montante de lucros do setor de maneiras que lhes permitem obter uma parcela desproporcionalmente maior dos benefícios.

Definindo o setor

As cinco forças competitivas também contêm a chave para definir o setor (ou setores) relevante no qual uma empresa concorre. Estabelecer corretamente os limites do setor, em torno da arena na qual a concorrência realmente ocorre, esclarecerá os fatores de lucratividade e a unidade apropriada para estabelecer a estratégia. Uma companhia necessita de estratégias diferentes para cada setor. Erros na definição do setor cometidos por concorrentes representam oportunidades para ficar de olho em posições estratégicas superiores. (Veja o quadro "Definindo o setor relevante", na página 80.)

Concorrência e valor

As forças competitivas revelam os motivadores da concorrência no setor. Um estrategista que compreende que a concorrência se estende muito além dos rivais existentes detectará ameaças competitivas mais amplas e estará mais bem equipado para reagir a elas. Ao mesmo tempo, pensar de forma abrangente sobre a estrutura de um setor tende a revelar oportunidades – especificidades de clientes, fornecedores, substitutos, novos concorrentes potenciais e rivais – que podem se tornar a base para estratégias distintas que propiciem um desempenho superior. Em um mundo de maior concorrência aberta e mudança incessante, é mais importante do que nunca pensar estruturalmente sobre a concorrência.

Compreender a estrutura do setor é igualmente importante para investidores e gestores. As cinco forças competitivas revelam se um setor é de fato atraente e ajudam investidores a prever mudanças positivas ou negativas

Armadilhas comuns

Ao conduzir a análise, evite os seguintes erros comuns:

- Definir o setor de maneira muito ampla ou muito restrita.
- Fazer listas em vez de se engajar em uma análise rigorosa.
- Prestar a mesma atenção em todas as forças em vez de explorar com mais profundidade as mais importantes.
- Confundir efeito (sensibilidade a preços) com causa (economia dos compradores).
- Utilizar análises estáticas que ignoram as tendências do setor.
- Usar o esquema das cinco forças para apontar um setor como atraente ou desinteressante em vez de usá-lo para orientar escolhas estratégicas.

na estrutura setorial antes que elas sejam óbvias. As forças distinguem variações de curto prazo de mudanças estruturais e permitem que os investidores tirem vantagem de pessimismo ou otimismo indevidos. Fica muito mais fácil ver quais são as empresas cujas estratégias possuem o potencial de transformar o setor. Esse pensamento aprofundado sobre a concorrência é uma maneira mais poderosa de conquistar o sucesso genuíno nos investimentos do que as projeções financeiras e extrapolações de tendências que dominam a análise de investimentos hoje em dia.

Se tanto os executivos quanto os investidores olhassem dessa maneira para a concorrência, os mercados de capital seriam uma força bem mais eficaz para o sucesso e a prosperidade econômica de uma empresa. Ambos estariam concentrados nos mesmos elementos fundamentais que geram a lucratividade sustentada. A conversa entre eles seria focada no estrutural, e não no transitório. Imagine a melhoria no desempenho da empresa – e na economia como um todo – se toda a energia gasta em agradar investidores fosse redirecionada para os fatores que criam valor econômico real.

Publicado originalmente em janeiro de 2008.

3

Como construir a visão da sua empresa

James C. Collins e Jerry I. Porras

> *Não deixaremos de explorar / E ao final de toda a nossa exploração / Chegaremos aonde começamos / E conheceremos o lugar pela primeira vez.*
>
> – T. S. Eliot, *Quatro quartetos*

EMPRESAS QUE DESFRUTAM DE SUCESSO DURADOURO possuem valores fundamentais e um propósito fundamental que permanecem inabaláveis enquanto suas estratégias de negócios e práticas se adaptam incessantemente a um mundo em mudança. A dinâmica de preservar a essência enquanto estimula o progresso é a razão pela qual companhias como Hewlett-Packard, 3M, Johnson & Johnson, Procter & Gamble, Merck, Sony, Motorola e Nordstrom tornaram-se instituições de elite capazes de se renovar e de atingir um desempenho superior no longo prazo.

Os funcionários da Hewlett-Packard sabem há muito tempo que mudanças radicais em práticas operacionais, normas culturais e estratégias de negócios não implicam a perda do espírito do Estilo HP – os princípios fundamentais da companhia. A Johnson & Johnson questiona continuamente sua estrutura e reforma seus processos enquanto preserva os ideais incorporados em sua ideologia. Em 1996, a 3M vendeu vários de seus grandes negócios maduros – um movimento drástico que surpreendeu a imprensa especializada – para voltar a focar em seu duradouro propósito fundamental de solucionar problemas de forma inovadora. Estudamos companhias como essas em nossa pesquisa para o livro *Feitas para durar: Práticas bem-sucedidas de empresas visionárias* e descobrimos que elas apresentaram um desempenho superior ao mercado de ações em geral em um fator de 12 desde 1925.

Empresas verdadeiramente excelentes compreendem a diferença entre o que nunca deveria mudar e o que deveria estar aberto a mudanças, entre o que é genuinamente sagrado e o que não é. Essa rara capacidade de administrar continuidade e mudança – que exige uma disciplina consciente – está intimamente ligada à capacidade de desenvolver uma visão. A visão proporciona orientação sobre qual fundamento preservar e em direção a qual futuro estimular o progresso. Mas *visão* se tornou uma das palavras mais exageradamente usadas e menos compreendidas da linguagem dos negócios, invocando imagens diferentes para pessoas diferentes: de valores arraigados, conquistas notáveis, laços sociais, objetivos empolgantes, forças motivadoras ou *raisons d'être* (razões de ser). Nós recomendamos elaborar uma estrutura conceitual para definir visão, acrescentar clareza e rigor aos conceitos vagos e difusos girando em torno desse termo da moda e oferecer orientação prática para articular uma visão coerente dentro de uma organização. Trata-se de um modelo prescritivo fundamentado em seis anos de pesquisa e refinado e testado por nosso trabalho em andamento com executivos de uma grande variedade de organizações ao redor do mundo.

Uma visão bem concebida consiste de dois componentes principais: *ideologia fundamental* e *futuro vislumbrado*. (Veja a ilustração "Articulando uma visão", na página 94.) A ideologia fundamental, o yin no nosso esquema, define o que defendemos e por que existimos. O yin é imutável e complementa o yang, o futuro vislumbrado. O futuro vislumbrado é aquilo a que aspiramos nos tornar, conquistar, criar – algo que exigirá mudança e progresso significativos para ser atingido.

Ideologia fundamental

A ideologia fundamental define o caráter duradouro de uma organização – uma identidade consistente que transcende ciclos de vida de produtos ou de mercados, inovações tecnológicas, modas de gestão e líderes específicos. Na verdade, a contribuição mais perene e significativa daqueles que constroem empresas visionárias é a ideologia fundamental.

Como Bill Hewlett disse sobre seu amigo de longa data e sócio David Packard, na ocasião da morte deste, há não muito tempo: "No que diz respeito à companhia, a coisa mais importante que ele deixou como legado foi um código de ética conhecido como o Estilo HP." A ideologia fundamental da HP, que a tem orientado desde sua criação há mais de 50 anos, inclui um respeito profundo pelo indivíduo, uma dedicação a qualidade e confiabilidade acessíveis, um comprometimento com a responsabilidade pela comunidade (o próprio Packard deixou seus 4,3 bilhões de dólares em ações da Hewlett-Packard para uma fundação de caridade) e uma visão de que a companhia existe para fazer contribuições técnicas para o avanço e o bem-estar da humanidade.

Fundadores de empresas como David Packard, Masaru Ibuka, da Sony, George Merck, da Merck, William McKnight, da 3M, e Paul Galvin, da Motorola, compreenderam que é mais importante saber quem você é do que para onde você está indo, pois para onde você está indo mudará conforme o mundo ao seu redor muda. Líderes morrem, produtos se tornam obsoletos, mercados mudam, novas tecnologias emergem e modas de gestão vêm e vão, mas a ideologia fundamental em uma organização de excelência persiste como fonte de orientação e inspiração.

A ideologia fundamental fornece a liga que mantém uma organização coesa enquanto cresce, descentraliza, diversifica, se expande globalmente e desenvolve diversidade no local de trabalho. Pense nela como algo análogo aos princípios do judaísmo que mantiveram o povo judeu unido por séculos sem uma nação, mesmo enquanto eles se espalhavam durante a Diáspora. Ou pense nas verdades consideradas evidentes na Declaração de

> **Em resumo**
>
> Hewlett-Packard. 3M. Sony. Organizações com visões excepcionalmente sólidas que são "feitas para durar". O que distingue as visões delas da maioria das outras, aqueles palavreados confusos que são revisados a cada moda em gestão empresarial mas nunca provocam mais que um bocejo? Empresas duradouras possuem planos claros indicando como elas avançarão em um futuro incerto. Mas são igualmente claras sobre como permanecerão firmes em suas posições, sobre os valores e propósitos que sempre defenderão. Este artigo da *Harvard Business Review* descreve os dois componentes de qualquer visão duradoura: **ideologia fundamental** e um **futuro vislumbrado**.

Independência dos Estados Unidos, ou nos ideais e princípios duradouros da comunidade científica que unem cientistas de todas as nacionalidades no propósito comum de promover o avanço do conhecimento humano.

Qualquer visão eficiente deve incorporar a ideologia fundamental da organização, que, por sua vez, consiste de duas partes distintas: **valores fundamentais**, um sistema de princípios e dogmas que orientam a companhia; e **propósito fundamental**, a razão principal da existência da organização.

Valores fundamentais

Valores fundamentais são os dogmas essenciais e duradouros de uma organização. Um pequeno conjunto de princípios orientadores atemporais que não exigem qualquer justificativa externa, mas possuem um valor e uma importância *intrínsecos* para aqueles dentro da organização.

Os valores fundamentais da Walt Disney Company de imaginação e integridade não são frutos de exigências do mercado, mas da crença interior do fundador de que esses valores deveriam ser cultivados pelo que representam. William Procter e James Gamble não instilaram na cultura da P&G um foco na excelência dos produtos meramente como uma estratégia para o sucesso, mas quase como um dogma religioso. E esse valor tem sido passado adiante ao longo de mais de 15 décadas pelos funcionários da P&G. A assistência ao cliente – até o ponto da subserviência – é um estilo de vida

Na prática

As práticas e estratégias de uma empresa devem mudar continuamente; sua ideologia fundamental, não. A ideologia fundamental define o caráter atemporal de uma organização. Ela é a liga que mantém a empresa coesa quando todo o resto está em aberto. A ideologia fundamental é algo que você *descobre* – olhando para dentro. Não é algo que você pode inventar, muito menos fingir.

Uma ideologia fundamental possui duas partes:

1. **Os valores fundamentais são o conjunto de princípios de acordo com os quais uma empresa opera.** Eles não exigem nenhuma justificativa externa. Por exemplo, os valores fundamentais da Disney de imaginação e integridade vêm da crença do fundador de que elas deveriam ser cultivadas pelo que representam, e não meramente para capitalizar uma oportunidade de negócios. Em vez de mudar seus valores fundamentais, uma organização de excelência mudará seus mercados – procurará clientes diferentes – para permanecer fiel à sua essência.

2. **O propósito fundamental é a razão principal da existência de uma organização.** Ele não deve ser confundido com as linhas de produtos ou segmentos de clientes atuais do negócio. Em vez disso, reflete as motivações idealistas das pessoas para fazer o trabalho da empresa. O propósito fundamental da Disney é fazer pessoas felizes – e não construir parques temáticos e criar desenhos animados.

Um futuro vislumbrado, o segundo componente de uma visão eficaz, possui dois elementos:

1. **Objetivos Grandes, Difíceis e Audaciosos (OGDAs) são planos ambiciosos que motivam a organização inteira.** Em geral, requerem de 10 a 30 anos de trabalho para serem concluídos.

2. **Descrições vívidas pintam um quadro de como será atingir os OGDAs.** Elas tornam os objetivos vibrantes, envolventes – e tangíveis.

Exemplo: Na década de 1950, o objetivo da Sony era "se tornar a companhia mais conhecida por mudar a imagem ruim que o mundo tem dos produtos japoneses". Ela tornou este OGDA vívido acrescentando: "Daqui a 50 anos, nossa marca será tão conhecida quanto qualquer outra no mundo [...] e denotará inovação e qualidade [...]. 'Fabricado no Japão' significará algo de qualidade, e não algo malfeito."

Não confunda a ideologia fundamental da sua empresa com seu futuro vislumbrado – em particular, não confunda um OGDA com um propósito fundamental. Um OGDA é um objetivo claramente articulado que é atingível dentro de 10 a 30 anos. Mas seu propósito fundamental jamais pode ser concluído.

na Nordstrom cujas raízes datam de 1901, oito décadas antes de os programas de atendimento ao cliente terem entrado na moda. Para Bill Hewlett e David Packard, o respeito pelo indivíduo era acima de tudo um profundo valor pessoal; eles não o retiraram de um livro nem ouviram de um guru de administração.

Ralph S. Larsen, CEO da Johnson & Johnson, afirma o seguinte: "Os valores fundamentais incorporados no nosso credo podem ser uma vantagem competitiva, mas não é por isso que os temos. Nós os temos porque eles definem para nós o que defendemos, e nós os manteríamos mesmo caso se tornassem uma *des*vantagem competitiva em certas situações."

O que queremos dizer é que uma empresa de excelência decide por conta própria quais valores considera fundamentais, de modo essencialmente independente do ambiente atual, de exigências competitivas ou de modas de gestão. Fica claro, portanto, que não existe um conjunto universalmente correto de valores fundamentais. Uma companhia não precisa ter como seu valor fundamental o atendimento ao cliente (a Sony não tem), ou o respeito pelo indivíduo (a Disney não tem), ou a qualidade (a Walmart não tem), ou o foco no mercado (a HP não tem) ou o trabalho em equipe (a Nordstrom não tem). Ela pode ter práticas operacionais e estratégias de negócios em torno dessas qualidades sem as ter na essência de seu ser. Além disso, empresas de excelência não precisam de valores fundamentais agradáveis ou humanistas, embora esse seja o caso de muitas delas. A questão não é *quais* valores fundamentais uma empresa tem, mas que ela de fato tenha valores fundamentais.

Uma organização costuma ter apenas alguns poucos valores fundamentais, em geral entre três e cinco. Na verdade, descobrimos que nenhuma das companhias visionárias que estudamos no nosso livro tinha mais de cinco: a maioria tinha apenas três ou quatro. (Veja o quadro "Os valores fundamentais são os dogmas de uma empresa", na página 96.) E, realmente, deveríamos esperar isso. Apenas alguns poucos valores podem ser realmente *fundamentais*, ou seja, tão essenciais e profundamente mantidos que raramente mudarão – isso se chegarem a mudar.

Para identificar os valores fundamentais da sua organização, siga com implacável honestidade para definir quais valores são realmente centrais. Se você articular mais de cinco ou seis, é provável que esteja confundindo valores fundamentais (que não mudam) com práticas operacionais, estratégias de negócios ou normas culturais (que devem estar abertas a mudanças). Lembre-se de que os valores devem sobreviver à passagem do tempo. Depois de chegar a uma lista preliminar de valores fundamentais, pergunte-se sobre cada um deles: se as circunstâncias mudassem e nos *penalizassem* por mantermos este valor fundamental, ainda o manteríamos? Se você não puder responder honestamente que sim, então o valor não é fundamental e deveria ser desconsiderado.

Uma empresa de alta tecnologia quis saber se deveria colocar qualidade na sua lista de valores fundamentais. O CEO perguntou: "Vamos supor que, dentro de 10 anos, a qualidade não faça a menor diferença nos nossos mercados. Imaginemos que a única coisa que importe seja alta velocidade e capacidade de desempenho, mas não qualidade. Ainda gostaríamos de colocar qualidade na nossa lista de valores fundamentais?" Os membros da equipe de gestão se entreolharam e, finalmente, disseram que não. A qualidade permaneceu na *estratégia* da empresa e programas de melhoria de qualidade foram mantidos como um mecanismo para estimular o progresso, mas a ideia não entrou na lista de valores fundamentais.

Articulando uma visão

Ideologia fundamental
☐ Valores fundamentais
☐ Propósito fundamental

Futuro vislumbrado
☐ OGDAs (Objetivos Grandes, Difíceis e Audaciosos) para 10 a 30 anos
☐ Descrição vívida

O mesmo grupo de executivos então lutou com inovação de ponta como um valor fundamental. O CEO perguntou: "Nós manteríamos inovação na lista como um valor fundamental não importa como o mundo ao nosso redor mude?" Dessa vez, a equipe respondeu com um retumbante "Sim!". O ponto de vista dos gestores poderia ser resumido da seguinte maneira: "Queremos sempre fazer inovações de ponta. Isso é o que somos. É realmente importante para nós e sempre será. Não importa o que aconteça. E, se nossos mercados atuais não valorizarem isso, encontraremos mercados que valorizem." Inovação de ponta entrou na lista e permanecerá nela. Uma empresa não deve mudar seus valores fundamentais em resposta a mudanças de mercado; em vez disso, deve mudar os mercados, se necessário, para permanecer fiel a seus valores fundamentais.

As pessoas que deveriam estar envolvidas em articular os valores fundamentais variam com o tamanho, a longevidade e a dispersão geográfica da empresa, mas em muitas situações temos recomendado o que chamamos de *Grupo de Marte*. Ele funciona da seguinte maneira: imagine que você foi incumbido de recriar os melhores atributos da sua organização em outro planeta, mas só tem lugar para cinco a sete pessoas no foguete espacial. Quem deveria enviar? Provavelmente você escolherá os indivíduos que possuem um entendimento visceral dos valores fundamentais, maior credibilidade entre os colegas e os níveis mais altos de competência.

Com frequência, pedimos às pessoas reunidas para trabalhar em valores fundamentais que apontem cinco a sete indivíduos (não necessariamente todos do grupo reunido) para o Grupo de Marte. Em geral, elas acabam escolhendo representantes bastante respeitados que fazem um trabalho excelente articulando os valores fundamentais precisamente porque são exemplares desses valores – uma fatia representativa do código genético da empresa.

Até organizações globais compostas de pessoas de culturas bem diversas podem identificar um conjunto de valores fundamentais. O segredo é trabalhar do indivíduo para a organização. Funcionários envolvidos em articular os valores fundamentais precisam responder a várias perguntas: quais valores fundamentais você leva pessoalmente para o seu trabalho? (Estes devem ser tão fundamentais que você os manteria independentemente do fato de serem recompensados ou não.) Quais são os valores fundamentais que você diz aos seus filhos que mantém no seu trabalho e que espera que *eles* mantenham quando começarem a trabalhar? Se você acordasse amanhã com dinheiro suficiente para se aposentar em definitivo, continuaria a viver de acordo com esses valores fundamentais? Consegue vislumbrá-los sendo tão válidos para você daqui a 100 anos quanto são hoje? Desejaria manter esses valores fundamentais mesmo que em certo ponto um ou mais deles se tornassem uma *des*vantagem competitiva? Se você fosse fundar uma nova organização amanhã em uma linha de trabalho diferente, quais valores fundamentais incorporaria à organização, independentemente do setor? As últimas três perguntas são particularmente importantes porque fazem a distinção crucial entre valores fundamentais duradouros que não deveriam mudar e práticas e estratégias que deveriam estar mudando o tempo todo.

Propósito fundamental

O propósito fundamental, a segunda parte da ideologia fundamental, é a razão de ser da empresa. Um propósito eficaz reflete as motivações idealistas dos funcionários para fazer o trabalho. Ele não somente descreve a produção ou os clientes-alvo da companhia, mas captura a alma da organização. (Veja o quadro "O propósito fundamental é a razão de existir de uma empresa", na página 100.) O propósito, como ilustrado por um discurso

Os valores fundamentais são os dogmas de uma empresa

Merck
- Responsabilidade social corporativa
- Excelência inequívoca em todos os aspectos da companhia
- Honestidade e integridade
- Lucro, mas a partir de trabalho que beneficie a humanidade

Nordstrom
- Atendimento ao cliente acima de qualquer coisa
- Trabalho duro e produtividade individual
- Nunca estar satisfeito
- Excelência na reputação; ser parte de algo especial

Philip Morris
- Direito à liberdade de escolha
- Vencer – derrotar os outros em uma disputa justa
- Estimular a iniciativa pessoal
- Oportunidade baseada no mérito; ninguém tem direito a nada sem motivo
- Trabalho duro e autoaperfeiçoamento contínuo

Sony
- Elevação da cultura japonesa e do status nacional
- Ser pioneira – não seguir os outros; fazer o impossível
- Estimular capacidade e criatividade individuais

Walt Disney
- Nada de ceticismo
- Cultivar e divulgar "valores americanos íntegros"
- Criatividade, sonhos e imaginação
- Atenção fanática a consistência e detalhes
- Preservação e controle da magia da Disney.

que David Packard fez a funcionários da HP em 1960, toca nas razões mais profundas para a existência de uma organização além de apenas ganhar dinheiro. Packard disse:

Quero discutir por que uma empresa existe em primeiro lugar. Em outras palavras, por que estamos aqui. Acho que muitas pessoas presumem, erroneamente, que é apenas para ganhar dinheiro. Embora esse seja um resultado importante da existência de uma empresa, precisamos ir mais fundo e encontrar as verdadeiras razões para nossa existência. Quando investigamos isso, inevitavelmente chegamos à conclusão de que um grupo de pessoas se reúne e existe como uma instituição que chamamos de empresa para que sejam capazes de realizar coletivamente algo que não conseguiriam realizar separadamente – elas fazem uma contribuição para a sociedade, uma frase que soa batida mas é fundamental [...] Você pode olhar ao redor [no mundo dos negócios em geral] e ver pessoas que estão interessadas em dinheiro e em nada mais, mas os motivadores intrínsecos vêm sobretudo de um desejo de fazer outra coisa: desenvolver um produto, oferecer um serviço – em geral, fazer algo de valor.[1]

O propósito (que deveria durar pelo menos 100 anos) não pode ser confundido com objetivos ou estratégias de negócios específicos (que deveriam mudar muitas vezes em 100 anos). Enquanto você pode atingir um objetivo ou completar uma estratégia, não pode realizar um propósito; ele é como uma estrela guia no horizonte – sempre perseguido, mas nunca alcançado. E, embora o propósito propriamente dito não mude, ele inspira mudanças. O próprio fato de que o propósito jamais pode ser realizado em sua plenitude significa que uma organização nunca pode parar de estimular mudança e progresso.

Ao identificar seu propósito, algumas empresas cometem o erro de simplesmente descrever suas linhas de produtos ou segmentos de clientes atuais. Não consideramos que a seguinte declaração reflita um propósito efetivo: "Existimos para cumprir nosso estatuto governamental e

---

[1] David Packard, discurso feito para o grupo de treinamento da Hewlett-Packard em 8 de março de 1960; cortesia da Hewlett-Packard Archives.

participar do mercado de hipotecas secundárias agrupando hipotecas em títulos financeiros." Ela é meramente descritiva. Uma declaração de propósito mais eficaz seria aquela expressa pelos executivos da Associação Federal Nacional de Hipotecas, Fannie Mae: "Fortalecer o tecido social democratizando continuamente o acesso à casa própria." O mercado de hipotecas secundárias como o conhecemos pode nem sequer existir daqui a 100 anos, mas fortalecer o tecido social democratizando continuamente o acesso à casa própria pode ser um propósito duradouro, não importa quanto o mundo mude. Guiada e inspirada por esse propósito, a Fannie Mae lançou no começo da década de 1990 uma série de iniciativas ousadas, incluindo um programa para desenvolver novos sistemas visando reduzir os custos de subscrever hipotecas em 40% em cinco anos; iniciativas para eliminar a discriminação no processo de empréstimo; e um objetivo audacioso de fornecer, até o ano 2000, 1 trilhão de dólares a 10 milhões de famílias que tinham sido tradicionalmente impedidas de ter sua casa própria – minorias, imigrantes e grupos de baixa renda.

De modo similar, a 3M define seu propósito não em termos de adesivos e abrasivos, mas como a busca perpétua por solucionar problemas de forma inovadora – um propósito que está sempre conduzindo a 3M a novas áreas. O propósito da McKinsey & Company não é fazer consultoria em gestão, mas ajudar corporações e governos a serem mais bem-sucedidos: em 100 anos, isso pode envolver outros métodos além da consultoria. A Hewlett-Packard não existe para fabricar equipamentos de teste e de medição eletrônicos, mas para realizar contribuições técnicas que melhoram a vida das pessoas – um propósito que tem levado a empresa para campos bem distantes de sua origem em instrumentos eletrônicos. Imagine se Walt Disney tivesse concebido como propósito de sua companhia "criar desenhos animados" em vez de "fazer as pessoas felizes"; provavelmente não teríamos o Mickey Mouse, a Disneylândia, o EPCOT Center ou o time de hóquei Anaheim Mighty Ducks.

Um método poderoso para se chegar ao propósito são os *cinco por quês*. Comece com a declaração descritiva "Nós fazemos X produtos" ou "Fornecemos X serviços" e depois pergunte cinco vezes: por que isso é importante? Depois de alguns por quês, você descobrirá que está se aproximando do propósito fundamental da organização.

Usamos esse método para aprofundar e enriquecer uma discussão sobre propósito quando trabalhamos com uma firma de pesquisa de mercado. Primeiro, a equipe executiva se reuniu por várias horas e formulou a seguinte declaração de propósito para sua organização: fornecer os melhores dados disponíveis de pesquisa de mercado. Então perguntamos: por que é importante fornecer os melhores dados disponíveis de pesquisa de mercado?

Depois de algum debate, os executivos responderam de uma maneira que refletia uma noção mais profunda do propósito de sua organização: fornecer os melhores dados disponíveis de pesquisa de mercado para que nossos clientes compreendam seus mercados como ninguém. Uma outra discussão fez com que os membros da equipe se dessem conta de que sua noção de valor próprio não vinha apenas de ajudar clientes a compreender seus mercados melhor, mas também de fazer uma *contribuição* para o sucesso de seus clientes.

Por fim, essa introspecção levou a companhia a identificar seu propósito: "Contribuir para o sucesso dos nossos clientes ajudando-os a compreender seus mercados." Com esse propósito em mente, a firma agora alinha suas decisões de produto não de acordo com a pergunta "Ele vai vender?", mas com a pergunta "Ele fará uma contribuição para o sucesso dos nossos clientes?".

Os cinco por quês podem ajudar empresas em qualquer setor a estruturar seu trabalho de maneira mais significativa. Uma companhia de asfalto e cascalho pode começar dizendo "Fazemos produtos de asfalto e cascalho". Depois de alguns por quês, ela poderia concluir que fazer asfalto e cascalho é importante porque a qualidade da infraestrutura desempenha um papel vital na segurança e na experiência das pessoas; porque dirigir em uma estrada esburacada é irritante e perigoso; porque 747s não podem aterrissar com segurança em pistas construídas com mão de obra ou concreto de qualidade inferior; porque prédios com materiais de baixa qualidade enfraquecem com o tempo e desmoronam em terremotos. Dessa introspecção pode surgir o seguinte propósito: melhorar a vida das pessoas aprimorando a qualidade das estruturas feitas pelo homem. Com um senso de propósito muito próximo dessas linhas, a Granite Rock Company, de Waltonsville, Califórnia, ganhou prêmios nacionais de qualidade e se tornou uma das empresas mais dinâmicas e empolgantes que já encontramos em *qualquer* setor.

O propósito fundamental é a razão de existir de uma empresa

3M: Solucionar problemas de forma inovadora.

Cargill: Melhorar o padrão de vida em todo o mundo.

Fannie Mae: Fortalecer o tecido social democratizando continuamente o acesso à casa própria.

Hewlett-Packard: Fazer contribuições técnicas para o avanço e o bem-estar da humanidade.

Lost Arrow Corporation: Ser um exemplo e uma ferramenta para a mudança social.

Pacific Theatres: Fornecer um lugar para as pessoas prosperarem e fortalecerem a comunidade.

Mary Kay Cosmetics: Proporcionar oportunidades ilimitadas às mulheres.

McKinsey & Company: Ajudar corporações e governos a serem mais bem-sucedidos.

Merck: Preservar e melhorar a vida humana.

Nike: Experimentar a emoção de competir, vencer e esmagar os concorrentes.

Sony: Experimentar o prazer de avançar e aplicar a tecnologia a serviço do público.

Telecare Corporation: Ajudar pessoas com deficiências mentais a atingirem seu potencial pleno.

Walmart: Dar às pessoas comuns a oportunidade de comprarem as mesmas coisas que as pessoas ricas.

Walt Disney: Fazer as pessoas felizes.

Repare que nenhum dos propósitos fundamentais cai na categoria "Maximizar a riqueza dos acionistas". Um papel crucial do propósito fundamental é orientar e inspirar. Maximizar a riqueza dos acionistas não inspira pessoas em todos os níveis de uma organização e oferece pouca orientação. Maximizar a riqueza dos acionistas é o propósito-padrão para aquelas organizações que ainda não identificaram seu verdadeiro propósito fundamental. É um substituto – e fraco, diga-se de passagem.

Quando pessoas em organizações de excelência discorrem sobre suas conquistas, elas falam muito pouco sobre lucro por ação. O pessoal da Motorola fala sobre melhorias de qualidade notáveis e o efeito que os produtos que eles criam têm no mundo. O pessoal da Hewlett-Packard fala sobre suas contribuições técnicas para o mercado. O pessoal da Nordstrom fala sobre atendimento magnífico ao cliente e desempenho individual notável por vendedores de destaque. Quando uma engenheira da Boeing fala sobre lançar uma nova aeronave empolgante e revolucionária, ela não diz: "Coloquei meu coração e minha alma neste projeto porque ele acrescentaria 37 centavos ao nosso lucro por ação."

Uma maneira de se chegar ao propósito indo além de apenas maximizar a riqueza dos acionistas é jogar o jogo "Serial Killer Corporativo". Ele funciona da seguinte maneira: suponha que você pudesse vender a empresa a alguém que pagaria um preço que todos concordam que é mais do que justo. Além disso, imagine que esse comprador asseguraria emprego estável para todos os funcionários na mesma escala de remuneração depois da compra, mas sem nenhuma garantia de que esses empregos seriam no mesmo setor. Finalmente, suponha que o comprador planeja matar a empresa depois da compra – seus produtos ou serviços seriam descontinuados, suas operações seriam encerradas, suas marcas seriam engavetadas para sempre e assim por diante. A empresa deixaria completamente de existir.

Você aceitaria a oferta? Por quê? O que seria perdido se a empresa deixasse de existir? Por que é importante que ela continue viva? Descobrimos que esse exercício é muito poderoso para ajudar executivos práticos e determinados, focados em finanças, a refletir sobre as razões mais profundas para a existência de suas organizações.

Outra abordagem é perguntar a cada membro do Grupo de Marte: "Como poderíamos estruturar o propósito desta organização de modo que, se você acordasse amanhã de manhã com dinheiro suficiente no banco para se aposentar, ainda assim continuaria trabalhando aqui? Qual senso de propósito mais profundo motivaria você a continuar dedicando suas preciosa energia criativa aos esforços desta empresa?"

Toda empresa precisa contar com a energia criativa e o talento plenos de seu pessoal. Mas por que os funcionários deveriam dar o melhor de si? Como Peter Drucker destacou, as pessoas melhores e mais dedicadas são em última análise voluntárias, pois têm a oportunidade de fazer outras coisas com suas vidas. Confrontadas com uma sociedade cada vez mais móvel, um ceticismo sobre a vida corporativa e uma expansão do empreendedorismo, as empresas, mais do que nunca, devem ter um entendimento claro do seu propósito para tornar o trabalho significativo e, com isso, atrair, motivar e reter profissionais extraordinários.

Descobrindo a ideologia fundamental

Você não cria ou estabelece a ideologia fundamental. Você a *descobre*. Você não a deduz olhando para o ambiente externo. Você a compreende olhando para dentro. A ideologia precisa ser autêntica. Você não pode fingi-la. Descobrir a ideologia fundamental não é um exercício intelectual. Não pergunte: "Quais são os valores fundamentais que nós mantemos?" Em vez disso, indague: "Quais valores fundamentais nós mantemos verdadeira e apaixonadamente?"

Não confunda valores que você acha que a organização deveria ter – mas não tem – com valores fundamentais autênticos. Fazer isso geraria ceticismo por toda a organização. ("Quem eles estão tentando enganar? Todos sabemos que esse não é um valor fundamental por aqui!") Aspirações são mais apropriadas como parte de seu futuro vislumbrado ou como parte da sua estratégia, jamais como parte da ideologia fundamental. No entanto, valores fundamentais autênticos que enfraqueceram com o tempo podem ser considerados parte legítima da ideologia fundamental – desde que você admita para toda a organização que todos devem se esforçar para reavivá-los.

Que também fique claro que o papel da ideologia fundamental é orientar e inspirar, e não diferenciar. Duas empresas podem apresentar os mesmos valores ou propósito fundamentais. Muitas companhias poderiam ter o propósito de fazer contribuições técnicas, mas poucas vivem isso tão apaixonadamente quanto a Hewlett-Packard. Muitas poderiam ter o propósito de preservar e melhorar a vida humana, mas poucas o mantêm tão profundamente quanto a Merck. Muitas poderiam ter o valor fundamental de oferecer um atendimento magnífico ao cliente, mas poucas criam uma cultura tão intensa em torno desse valor quanto a Nordstrom. Muitas poderiam ter o valor fundamental de inovação, mas poucas criam os mecanismos de alinhamento que estimulam a inovação que vemos na 3M. A autenticidade, a disciplina e a consistência com as quais a ideologia é vivida – e não o conteúdo da ideologia – diferenciam empresas visionárias do resto do bando.

A ideologia fundamental precisa ser significativa e inspiradora somente para as pessoas dentro da organização; ela não tem que ser empolgante para as outras. Isso porque são as pessoas dentro da organização que devem se comprometer com a ideologia organizacional no longo prazo. A ideologia fundamental também pode desempenhar um papel em determinar quem *está* dentro e quem não está. Uma ideologia clara e bem articulada atrai para a empresa profissionais cujos valores pessoais são compatíveis com os valores fundamentais dela; inversamente, ela repele aqueles cujos valores pessoais são incompatíveis. Você não pode impor novos valores ou propósitos fundamentais aos indivíduos. Valores e propósitos fundamentais tampouco são coisas que eles podem adquirir.

Os executivos costumam perguntar: "Como fazemos os funcionários compartilharem a nossa ideologia fundamental?" Você não faz. Não tem como. Em vez disso, encontre profissionais predispostos a compartilhar seus valores e propósito fundamentais; atraia e retenha essas pessoas, e deixe aquelas que não compartilham dos seus valores fundamentais ir para outro lugar. De fato, o próprio processo de articular a ideologia fundamental pode levar alguns funcionários a sair quando perceberem que não são pessoalmente compatíveis com o âmago da organização. Aceite bem esse resultado. É certamente desejável reter dentro da ideologia fundamental uma diversidade de gente e de pontos de vista. Pessoas que compartilham os mesmos valores e propósito fundamentais não necessariamente pensam igual ou têm a mesma aparência.

Não confunda a ideologia fundamental em si com declarações de ideologia fundamental. Uma empresa pode ter uma ideologia fundamental muito forte sem uma declaração formal. Por exemplo, a Nike não articulou formalmente (pelo que sabemos) uma declaração de seu propósito fundamental. Porém, segundo nossas observações, há um propósito fundamental poderoso que permeia a organização inteira: experimentar a emoção de competir, vencer e esmagar os concorrentes.

A Nike tem um campus que é mais parecido com um santuário do espírito esportivo do que com um complexo de escritórios corporativos. Fotos gigantes de heróis patrocinados pela Nike cobrem as paredes, placas de bronze de atletas ficam penduradas na Calçada da Fama da empresa, estátuas de atletas margeiam a pista de corrida que contorna o campus e prédios homenageiam campeões como a maratonista olímpica Joan Benoit, o superastro do basquete Michael Jordan e o tenista John McEnroe. Funcionários que não se sentem estimulados pelo espírito competitivo e impetuoso simplesmente não duram muito na cultura. Até o nome da companhia reflete um senso de competição: Nike é a deusa grega da vitória. Portanto, embora a Nike não tenha articulado formalmente seu propósito, ela claramente possui um propósito forte.

Identificar valores e propósito fundamentais, portanto, não é um exercício de escrita criativa. Na verdade, uma organização gerará uma variedade de declarações ao longo do tempo para descrever a ideologia fundamental. Nos arquivos da Hewlett-Packard, encontramos mais de meia dúzia de versões diferentes do Estilo HP, escritas por David Packard entre 1956 e 1972. Todas as versões declaravam os mesmos princípios, mas as palavras usadas variavam dependendo da época e das circunstâncias.

De maneira similar, a ideologia fundamental da Sony tem sido expressada de muitas maneiras diferentes ao longo da história da empresa. Na sua fundação, Masaru Ibuka descreveu dois elementos cruciais da ideologia da Sony: "Acolheremos as dificuldades técnicas e nos concentraremos em produtos técnicos altamente sofisticados que possuam grande utilidade para a sociedade independentemente da quantidade envolvida; colocaremos nossa ênfase principal em capacidade, desempenho e caráter pessoal para que cada indivíduo possa mostrar suas melhores habilidades e competências."[2] Quatro décadas depois, esse mesmo conceito apareceu em uma declaração de ideologia fundamental chamada Espírito Pioneiro da Sony: "A Sony é uma pioneira e jamais pretende seguir os outros. Por meio do progresso, a Sony quer servir o mundo todo. Ela sempre perseguirá o desconhecido [...] A Sony tem como princípio respeitar e estimular a capacidade do indivíduo [...] e sempre tenta despertar o melhor de cada um. Essa é a força vital da Sony."[3] Mesmos valores fundamentais, palavras diferentes.

---

[2] Veja Nick Lyons, *The Sony Vision* (Nova York: Crown Publishers, 1976). Também usamos uma tradução do nosso aluno japonês Tsuneto Ikeda.
[3] Akio Morita, *Made in Japan: Akio Morita e a Sony* (São Paulo: Cultura, 1994).

Portanto, você deve se concentrar em acertar no conteúdo – em capturar a essência dos valores e propósito fundamentais. O importante não é criar uma declaração perfeita, mas obter uma compreensão profunda dos valores e do propósito fundamentais da sua organização, os quais podem, então, ser expressos de diversas maneiras. Na verdade, com frequência sugerimos que, depois que o fundamental tiver sido identificado, os gestores gerem as próprias declarações dos valores e do propósito fundamentais para compartilhar com seus grupos.

Por fim, não confunda ideologia fundamental com competência fundamental. Competência fundamental é um conceito estratégico que define as capacidades da sua organização – aquilo em que você é particularmente bom –, ao passo que a ideologia fundamental captura aquilo que você representa e por que você existe. Competências fundamentais devem estar bem alinhadas com a ideologia fundamental de uma companhia e com frequência estão arraigadas nela, mas não são a mesma coisa.

A Sony, por exemplo, possui uma competência fundamental de miniaturização – um ponto forte que pode ser aplicado estrategicamente a uma ampla gama de produtos e mercados. Mas ela não possui a *ideologia* fundamental de miniaturização. A Sony poderá nem ter miniaturização como parte de sua estratégia em 100 anos, mas, para continuar sendo uma empresa de excelência, ainda terá os mesmos valores fundamentais descritos no Espírito Pioneiro da Sony e a mesma razão de existir essencial – ou seja, promover o avanço da tecnologia para o benefício do público em geral. Em uma companhia visionária como a Sony, as competências fundamentais mudam no decorrer das décadas, enquanto a ideologia fundamental não se altera.

Quando você tiver uma noção clara da ideologia fundamental, deve se sentir livre para mudar absolutamente *qualquer coisa* que não seja parte dela. Daí em diante, sempre que alguém disser que algo não deve mudar porque "é parte da nossa cultura" ou "sempre fizemos isso desta maneira", ou qualquer outra desculpa parecida, mencione esta regra simples: se não é fundamental, está sujeito a mudanças. A versão forte da regra é: *se não for fundamental, mude!* Articular a ideologia fundamental, no entanto, é apenas um ponto de partida. Você também deve determinar que tipo de progresso deseja estimular.

Futuro vislumbrado

O segundo componente essencial da estrutura da visão é o *futuro vislumbrado*. Ele consiste de duas partes: um objetivo audacioso a ser cumprido em 10 a 30 anos mais descrições vívidas de como será atingir tal objetivo. Reconhecemos que a expressão *futuro vislumbrado* é um pouco paradoxal. Por um lado, ele transmite concretude – algo visível, nítido e real. Por outro, envolve um tempo que ainda não passou – com seus sonhos, esperanças e aspirações.

OGDA no nível da visão

Descobrimos em nossa pesquisa que as empresas geralmente usam missões ousadas – ou o que preferimos chamar de OGDAs (sigla para Objetivos Grandes, Difíceis e Audaciosos) – como uma forma poderosa de estimular o progresso. Todas as companhias possuem objetivos. Mas existe uma diferença entre meramente ter um objetivo e se comprometer com um desafio enorme e intimidador – como escalar o monte Everest. Um OGDA verdadeiro é claro e estimulante, serve como um ponto focal unificador de esforços e age como um catalisador para o espírito de equipe. Ele tem uma linha de chegada clara, de modo que a organização saiba quando atingiu o objetivo (as pessoas gostam de correr para linhas de chegada).

Um OGDA engaja todo mundo; ele é tangível, energizante, altamente focado. As pessoas o entendem de imediato; ele precisa de pouca ou nenhuma explicação. Por exemplo, a missão à Lua da NASA da década de 1960 não precisou de um comitê de indivíduos habilidosos com as palavras para passar horas intermináveis transformando o objetivo em uma declaração de missão verborrágica e impossível de lembrar. O objetivo por si só era tão fácil de entender – tão estimulante por si só – que poderia ser dito de 100 maneiras diferentes e, ainda assim, continuaria sendo facilmente compreendido por todos. A maioria das declarações corporativas que vimos faz pouco para motivar avanços porque não contém o poderoso mecanismo de um OGDA.

Embora organizações possam ter muitos OGDAs em níveis diferentes operando ao mesmo tempo, a visão exige um tipo especial de OGDA – um OGDA no nível da visão que se aplique à organização inteira e exija de 10 a

30 anos de esforço para ser concluído. Colocar o OGDA em um futuro tão distante exige pensar além das capacidades atuais da organização e do ambiente atual. Na verdade, inventar um objetivo como esse força uma equipe executiva a ser visionária em vez de apenas estratégica ou tática.

Um OGDA não deve ser uma aposta certeira – ele terá talvez apenas 50% a 70% de probabilidade de sucesso –, mas a organização deve acreditar que pode atingir o objetivo ainda assim. Um OGDA deve exigir um esforço extraordinário e, talvez, um pouco de sorte. Ajudamos companhias a criar um OGDA no nível da visão aconselhando-as a pensar em termos de quatro categorias abrangentes: OGDAs-alvo, OGDAs de inimigos comuns, OGDAs de modelos a seguir e OGDAs de transformação interna. (Veja o quadro "Objetivos Grandes, Difíceis e Audaciosos auxiliam a visão de longo prazo", na página 108.)

Descrição vívida

Além dos OGDAs no nível da visão, um futuro vislumbrado precisa do que chamamos de uma descrição vívida – ou seja, uma descrição vibrante, envolvente e específica de como será atingir o OGDA. Pense nela como traduzir a visão de palavras para imagens, criar algo que possa ser visualizado. É uma questão de pintar um quadro com suas palavras, algo essencial para tornar o OGDA de 10 a 30 anos tangível na mente das pessoas.

Por exemplo, Henry Ford trouxe à vida o objetivo de democratizar o automóvel com sua descrição vívida: "Construirei um carro motorizado para a multidão [...] Ele terá um preço tão baixo que qualquer homem com um bom salário poderá possuir um e desfrutar com sua família a bênção de horas de prazer nos grandes espaços abertos de Deus [...] Quando eu tiver terminado, todos serão capazes de comprar um, e todos terão um. O cavalo terá desaparecido das nossas estradas, o automóvel será uma coisa natural [...] [e nós daremos] a um grande número de homens empregos com bons salários."

A divisão de suporte a componentes de uma companhia de produtos de informática tinha um diretor-geral que era capaz de descrever vividamente o objetivo de se tornar uma das divisões mais requisitadas: "Seremos respeitados e admirados por nossos colegas [...] Nossas soluções serão ativamente procuradas pelas divisões de produto final, que obterão produtos 'de

> ## Objetivos Grandes, Difíceis e Audaciosos auxiliam a visão de longo prazo
>
> **OGDAs-alvo podem ser quantitativos ou qualitativos**
> - Tornar-se uma empresa de 125 bilhões de dólares até o ano 2000 (Walmart, 1990).
> - Democratizar o automóvel (Ford Motor Company, início da década de 1900).
> - Tornar-se a companhia mais conhecida por mudar a imagem de má qualidade dos produtos japoneses prevalente em todo o mundo (Sony, início da década de 1950).
> - Ser a instituição financeira mundial mais poderosa, mais prestativa e de maior alcance que jamais existiu (Citibank, predecessor do Citicorp, 1915).
> - Tornar-se o participante dominante no setor de aeronaves comerciais e conduzir o mundo para a era do jato (Boeing, 1960).
>
> **OGDAs de inimigos em comum envolvem um pensamento do tipo Davi X Golias**
> - Derrubar a RJR como a companhia de tabaco número um do mundo (Philip Morris, 1950).
> - Esmagar a Adidas (Nike, década de 1960).
> - *Yamaha wo tsubusu!* Vamos destruir a Yamaha! (Honda, década de 1970)

sucesso' significativos no mercado principalmente por causa de nossa contribuição técnica [...] Teremos orgulho de nós mesmos [...] Os funcionários mais talentosos vão querer trabalhar na nossa divisão [...] As pessoas darão feedback não solicitado dizendo que amam o que fazem [...] Nossos profissionais se esforçarão de bom grado porque querem fazer isso [...] Tanto funcionários quanto clientes sentirão que nossa divisão tem contribuído para a vida deles de maneira positiva."

Na década de 1930, a Merck tinha o OGDA de se transformar de uma fabricante de produtos químicos em uma das mais proeminentes companhias farmacêuticas do mundo, com uma capacidade de pesquisa capaz de fazer frente a qualquer universidade. Ao descrever esse futuro vislumbrado, George Merck disse na abertura das instalações de pesquisa em 1933: "Acreditamos que o trabalho de pesquisa realizado com paciência e persistência

OGDAs de modelos a seguir são adequados para organizações emergentes
- Tornar-se a Nike da indústria de bicicletas (Giro Sport Design, 1986).
- Ser tão respeitada em 20 anos quanto a Hewlett-Packard é hoje (Watkins-Johnson, 1996).
- Tornar-se a Harvard do Oeste (Universidade Stanford, década de 1940).

OGDAs de transformação interna são adequados para organizações grandes e estabelecidas
- Tornar-se a número um ou número dois em todos os mercados que atendemos e revolucionar esta organização para ter a força de uma grande empresa combinada com a leveza e agilidade de uma pequena (General Electric Company, década de 1980).
- Transformar esta companhia: de uma fornecedora da área de defesa à melhor companhia de alta tecnologia diversificada do mundo (Rockwell, 1995).
- Transformar esta divisão: de uma fornecedora pouco respeitada a uma das divisões mais respeitadas, empolgantes e requisitadas da companhia (divisão de suporte a componentes de uma companhia de produtos de informática, 1989).

trará nova vida para a indústria e o comércio; e temos fé de que neste novo laboratório, com as ferramentas que fornecemos, a ciência avançará, o conhecimento aumentará e a vida humana conquistará uma libertação ainda maior do sofrimento e das doenças [...] Juramos que daremos toda a ajuda para que esse empreendimento seja digno da fé que temos nele. Deixem sua luz brilhar dessa maneira – que aqueles que buscam a Verdade, que aqueles que trabalham para que este mundo possa ser um lugar melhor para se viver, que aqueles que mantêm erguida a tocha da ciência e do conhecimento durante esta idade das trevas social e econômica possam ter a coragem renovada e sintam suas mãos apoiadas."

Paixão, emoção e convicção são partes essenciais da descrição vívida. Alguns gestores ficam desconfortáveis ao expressarem emoções sobre seus sonhos, mas é isso que mais motiva os outros. Churchill compreendia isso quando descreveu o OGDA que a Inglaterra enfrentava em 1940. Ele não disse apenas "Derrotem Hitler". Declarou: "Hitler sabe que precisará nos derrotar nesta ilha ou perder a guerra. Se conseguirmos resistir a ele, toda a Europa poderá ser livre e a vida do mundo poderá seguir adiante em terras amplas e ensolaradas. Mas, se fracassarmos, o mundo inteiro, incluindo os Estados Unidos, incluindo tudo que conhecemos e com que nos importamos, afundará no abismo de uma nova Idade das Trevas, tornada ainda mais sinistra e prolongada pelas luzes da ciência desvirtuada. Portanto, unamo-nos para cumprir nosso dever e, então, nos elevemos de tal forma que, se o Império Britânico e sua comunidade britânica durarem mil anos, as pessoas ainda digam: 'Aquele foi nosso melhor momento.'"

Alguns pontos essenciais

Não confunda ideologia fundamental com futuro vislumbrado. Em particular, não confunda propósito fundamental com OGDA. Com frequência, gestores trocam um pelo outro, combinando os dois ou fracassando em articular ambos como itens distintos. O propósito fundamental – e não algum objetivo específico – é a razão pela qual a organização existe. Um OGDA é um objetivo claramente articulado. O propósito fundamental jamais pode ser concluído, ao passo que o OGDA é alcançável em 10 a 30 anos. Pense no propósito fundamental como a estrela no horizonte a ser seguida para sempre; já o OGDA é a montanha a ser escalada. Depois que você atingiu seu cume, passa para outras montanhas.

Identificar a ideologia fundamental é um processo de descoberta, mas definir o futuro vislumbrado é um processo criativo. Observamos que executivos muitas vezes têm grande dificuldade em elaborar um OGDA empolgante. Eles querem *analisar* seu caminho para o futuro. Descobrimos, então, que alguns executivos fazem mais progresso começando primeiro com a descrição vívida e retrocedendo dela até o OGDA. Essa abordagem envolve partir de questionamentos como: "Daqui a 20 anos, o que adoraríamos ver por aqui? Como é a cara desta empresa no futuro? Como os funcionários se sentirão em relação a ela? O que ela deverá ter realizado? Se alguém escrever um artigo para uma importante revista de negócios sobre esta empresa daqui a 20 anos, o que ele dirá?"

Uma companhia de biotecnologia com a qual trabalhamos tinha dificuldade em vislumbrar seu futuro. Um membro da equipe executiva disse: "Sempre que pensamos em algo para a companhia inteira, é simplesmente genérico demais para ser empolgante – algo banal como 'promover o avanço da biotecnologia mundialmente'." Solicitados a pintar um quadro da empresa em 20 anos, os executivos mencionaram coisas como "estar na capa da *BusinessWeek* como um modelo de história de sucesso [...] estar na lista das 10 Mais Admiradas da *Fortune* [...] os melhores profissionais formados em ciência e negócios querem trabalhar aqui [...] 20 anos consecutivos de crescimento lucrativo [...] uma cultura empresarial que deu origem a meia dúzia de novas divisões [...] gurus de gestão nos usam como exemplo de administração e pensamento progressivo" e por aí vai. A partir disso, eles conseguiram definir o objetivo de serem tão respeitados quanto a Merck ou a Johnson & Johnson em biotecnologia.

Não faz sentido analisar se um futuro vislumbrado é o certo. Com uma criação – e a tarefa é a criação de um futuro, e não uma previsão – não pode haver resposta certa. Beethoven criou a "Nona sinfonia" certa? Shakespeare criou o *Hamlet* certo? Não podemos responder a essas perguntas; elas não fazem sentido. O futuro vislumbrado envolve perguntas essenciais como: "Ele nos estimula? Gera ímpeto para avançar? Faz as pessoas entrarem em ação?" O futuro vislumbrado deve ser tão empolgante por si só que continuaria a manter a organização motivada mesmo que os líderes que definiram o objetivo já não estivessem mais por perto.

O Citibank, predecessor do Citicorp, tinha o OGDA de "Ser a instituição financeira mundial mais poderosa, mais prestativa e de maior alcance que jamais existiu" – um objetivo que gerou empolgação ao longo de várias gerações até ser atingido. De forma parecida, a missão à Lua da NASA continuou a instigar pessoas mesmo com o presidente John F. Kennedy (o líder associado à definição do objetivo) tendo morrido anos antes de ser completada.

Criar um futuro vislumbrado eficaz exige certo nível de confiança e comprometimento insensatos. Tenha em mente que um OGDA não é apenas um objetivo; é um Objetivo Grande, Difícil e Audacioso. Não é sensato para um pequeno banco regional definir o objetivo de ser "a instituição financeira mundial mais poderosa, mais prestativa e de maior alcance que jamais existiu", como fez o Citibank em 1915. "Democratizaremos o automóvel", como disse Henry Ford, não é uma declaração moderada. Era quase risível para a Philip Morris – ocupando o sexto lugar em seu setor, com uma fatia de mercado de 9% na década de 1950 – assumir o objetivo de derrotar o Golias RJ Reynolds Tobacco Company e se tornar a número um. Era pouco modesto para a Sony, uma pequena empresa com pouco dinheiro, proclamar o objetivo de mudar a imagem de má qualidade dos produtos japoneses em todo o mundo. (Veja o quadro "Ficha completa: A Sony na década de 1950", na página 113.)

Obviamente, não é apenas a audácia do objetivo que conta, mas também o nível de comprometimento com ele. A Boeing não apenas vislumbrou um futuro dominado por seus jatos comerciais; ela apostou o futuro da companhia no 707 e, depois, no 747. O pessoal da Nike não simplesmente falava sobre a ideia de esmagar a Adidas; eles embarcaram numa cruzada para realizar o sonho. Na verdade, o futuro vislumbrado deve produzir um efeito dramático: quando as pessoas se dão conta do que será necessário para atingir o objetivo, é quase como se ficassem sem ar ou engolissem em seco.

Mas e quanto ao fracasso em realizar o futuro vislumbrado? Em nossa pesquisa, descobrimos que as empresas visionárias demonstraram uma capacidade notável de atingir até mesmo seus objetivos mais audaciosos. Ford realmente democratizou o automóvel; o Citicorp de fato se tornou o banco de maior alcance no mundo; a Philip Morris passou do sexto para o primeiro lugar e derrotou a RJ Reynolds em todo o mundo; a Boeing se tornou a companhia dominante na produção de aeronaves comerciais; e parece que a Walmart atingirá seu objetivo de chegar aos 125 bilhões de dólares, mesmo sem Sam Walton.

Em contraste, as empresas que usamos à guisa de comparação em nossa pesquisa frequentemente não atingiram seus OGDAs, se é que estabeleceram alguns. A diferença não está em estabelecer metas mais fáceis: as empresas visionárias tinham no geral metas ainda mais ambiciosas que o outro grupo. A diferença não está numa liderança carismática e visionária: as empresas visionárias muitas vezes atingiram seus OGDAs sem líderes grandiosos no comando. A diferença tampouco jaz em uma estratégia melhor: com frequência, as empresas visionárias atingiram seus objetivos mais por meio de um processo orgânico do tipo "Vamos tentar várias coisas e

Ficha completa: A Sony na década de 1950

Ideologia fundamental

Valores fundamentais

- Elevação da cultura e do status nacional japonês
- Ser uma pioneira – não seguir os outros; fazer o impossível
- Estimular a capacidade e a criatividade individuais

Propósito fundamental

Experimentar o puro prazer da inovação e a aplicação da tecnologia para o benefício e a satisfação do público em geral

Futuro vislumbrado

OGDA

Tornar-se a empresa mais conhecida por mudar a imagem ruim que o mundo tinha dos produtos japoneses

Descrição vívida

Criaremos produtos que se tornarão difundidos em todo o mundo [...] Seremos a primeira empresa japonesa a entrar no mercado dos Estados Unidos e distribuir diretamente [...] Teremos sucesso com inovação onde as empresas dos Estados Unidos fracassaram – como no rádio com transístor [...] Daqui a 50 anos, nossa marca será tão conhecida quanto qualquer outra no mundo [...] e significará inovação e qualidade [...] 'Fabricado no Japão' significará algo de qualidade, e não algo malfeito."

---

manter o que funcionar" do que por planos estratégicos bem definidos. Em vez disso, o sucesso delas está em construir a força da sua organização como a principal maneira de criar o futuro.

Por que a Merck se tornou a principal fabricante de medicamentos do mundo? Porque os arquitetos da Merck construíram a melhor organização de pesquisa e desenvolvimento farmacêutico do mundo. Por que a Boeing se tornou a companhia dominante no setor de aeronaves comerciais? Por causa de sua engenharia e seu marketing excelentes, que tiveram a capacidade de transformar projetos como o 747 em realidade. Quando perguntado sobre as decisões mais importantes que contribuíram para o crescimento e o sucesso da Hewlett-Packard, David Packard deu ênfase total a decisões para construir a força da organização e de seu pessoal.

Por fim, ao pensar no futuro vislumbrado, cuidado com a Síndrome do Chegamos Lá – uma letargia complacente que surge depois que uma organização atinge um OGDA e não consegue substituí-lo por outro. A NASA sofreu dessa síndrome depois das aterrissagens bem-sucedidas na Lua. Após ter pousado na Lua, o que mais você faz? A Ford sofreu da síndrome quando, depois de ter sucesso em democratizar o automóvel, fracassou em estabelecer um novo objetivo de igual significância e deu à General Motors a oportunidade de tomar a dianteira na década de 1930. A Apple sofreu da síndrome após atingir o objetivo de criar um computador que pessoas não familiarizadas com tecnologia pudessem usar. Startups frequentemente sofrem da síndrome depois de abrirem seu capital ou alcançarem um estágio no qual a sobrevivência não parece mais estar em questão.

Um futuro vislumbrado ajuda uma organização somente enquanto ainda não foi atingido. Em nosso trabalho com empresas, frequentemente ouvimos os executivos dizerem: "Aqui não é mais tão empolgante quanto costumava ser; parecemos ter perdido nosso ímpeto." Em geral, esse tipo de comentário indica que a organização escalou uma montanha e ainda não escolheu uma nova para superar.

Muitos executivos sofrem com a elaboração de declarações de missão e declarações de visão. Infelizmente, a maioria dessas declarações acaba sendo uma sopa aleatória de valores, objetivos, propósitos, filosofias, crenças, aspirações, normas, estratégias, práticas e descrições. Elas costumam ser uma corrente de palavras tediosa, confusa e estruturalmente irracional que evoca a seguinte reação: "É verdade, mas quem se importa?" Ainda mais problemático é o fato de essas declarações quase nunca possuírem uma ligação direta com a dinâmica fundamental de empresas visionárias: preservar o fundamental e estimular o progresso. Essa dinâmica, e não declarações de visão ou de missão, é o motor principal de empresas duradouras. A visão apenas proporciona o contexto para dar vida a essa dinâmica.

Construir uma empresa visionária exige 1% de visão e 99% de alinhamento. Quando você possui um alinhamento excelente, um visitante poderia chegar do espaço sideral e deduzir sua visão a partir das operações e atividades da empresa sem jamais ter lido quaisquer declarações ou falado com um único executivo do alto escalão.

Criar alinhamento pode ser seu trabalho mais importante. Mas o primeiro passo sempre será reformular sua visão ou missão em um contexto eficaz para construir uma empresa visionária. Se você fizer isso corretamente, não deverá precisar fazer de novo por pelo menos uma década.

Publicado originalmente em setembro de 1996.

4

Reinvente seu modelo de negócios

Mark W. Johnson, Clayton M. Christensen e Henning Kagermann

EM 2003, A APPLE INTRODUZIU O iPod com a loja iTunes, revolucionando o entretenimento portátil, criando um novo mercado e transformando a empresa. Em apenas três anos, a combinação iPod/iTunes tornou-se um produto de quase 10 bilhões de dólares, respondendo por quase 50% do faturamento da empresa. A capitalização de mercado da Apple saltou de cerca de 1 bilhão de dólares no começo de 2003 para mais de 150 bilhões no final de 2007.

Essa história de sucesso é bem conhecida; o que é menos conhecido é que a Apple não foi a primeira a levar reprodutores de música digital ao mercado. Uma empresa chamada Diamond Multimedia introduziu o Rio em 1998. Outra empresa, a Best Data, lançou o Cabo 64 em 2000. Os dois produtos funcionavam bem e eram portáteis e estilosos. Então por que o iPod, e não o Rio ou o Cabo, deu certo?

A Apple fez algo muito mais inteligente do que pegar uma boa tecnologia e envolvê-la em um design elegante. Ela pegou uma boa tecnologia e a envolveu em um excelente modelo de negócios. A verdadeira inovação da Apple foi tornar o download de música digital fácil e conveniente. Para fazer isso, a empresa construiu um modelo de negócios inovador que combinava hardware, software e serviço. Essa abordagem funcionou ao contrário do famoso "modelo de lâminas e barbeadores" da Gillette: a Apple basicamente dava de graça as "lâminas" (música no iTunes, de margem baixa) para amarrar a venda do "barbeador" (o iPod, de margem alta). Esse modelo definiu valor de uma nova maneira e forneceu uma conveniência decisiva para o consumidor.

Inovações em modelos de negócios têm reformulado setores inteiros e redistribuído bilhões de dólares de valor. Varejistas que trabalham com grandes descontos como Walmart e Target, que entraram no mercado com modelos pioneiros de negócios, respondem agora por 75% da valoração total do setor de varejo. Companhias aéreas americanas de baixo custo cresceram de um bipe na tela do radar para 55% do valor de mercado de todas as companhias aéreas. Um total de 11 das 27 empresas nascidas desde a década de 1980 e que cresceram até entrar na *Fortune 500* nos anos 2000 o fizeram por meio da inovação do modelo de negócios.

No entanto, histórias de inovação de modelo de negócios de empresas bem estabelecidas, como a Apple, são raras. Uma análise das grandes inovações dentro de corporações existentes na última década mostra que pouquíssimas foram relacionadas ao modelo de negócios. E um estudo da American Management Association determinou que não mais que 10% do investimento em inovação em empresas globais é focado em desenvolver novos modelos de negócios.

Mesmo assim, está todo mundo falando sobre isso. Uma pesquisa de 2005 da Economist Intelligence Unit revelou que mais de 50% dos executivos acreditam que a inovação do modelo de negócios se tornará ainda mais importante para o sucesso do que a inovação em produtos ou em serviços. Uma pesquisa com CEOs realizada em 2008 pela IBM ecoou esses resultados. Quase todos os presidentes executivos questionados relataram a necessidade de adaptar seus modelos de negócios; mais de dois terços disseram que grandes mudanças eram necessárias. E, nestes tempos econômicos difíceis, alguns executivos já estão olhando para a inovação do modelo de negócios para lidar com mudanças permanentes em seu mercado.

Gestores do alto escalão em empresas estabelecidas, portanto, enfrentam uma pergunta frustrante: por que é tão difícil obter o novo crescimento que a inovação no modelo de negócios pode trazer? Nossa pesquisa sugere dois problemas. O primeiro é a falta de definição: muito pouco estudo formal foi feito sobre as dinâmicas e os processos do desenvolvimento de modelos de negócios. O segundo é que poucas empresas compreendem suficientemente bem seu modelo de negócios existente – a premissa por trás de seu desenvolvimento, suas interdependências naturais e suas forças e limitações. Assim, elas não sabem quando podem alavancar seu negócio fundamental e quando o sucesso exige um novo modelo de negócios.

Depois de abordar esses problemas em dezenas de empresas, descobrimos que novos modelos de negócios com frequência parecem pouco atraentes para partes interessadas internas e externas – no começo. Para ver além do que é agora e enxergar o novo que pode vir a ser, as empresas precisam de um plano de ação.

O nosso consiste de três passos simples. O primeiro é entender que o sucesso não começa pelo modelo de negócios. Ele começa ao se pensar na oportunidade de satisfazer um cliente real que precisa que um trabalho seja feito. O segundo passo é construir um esquema definindo como sua empresa vai satisfazer essa necessidade obtendo lucro. (No nosso modelo, esse esquema tem quatro elementos.) O terceiro é comparar esse modelo com seu modelo existente para ver quanto você precisaria mudá-lo a fim de aproveitar a oportunidade. Depois de fazer isso, você saberá se pode usar seu modelo e sua organização existentes ou se precisa separar uma nova unidade para executar um novo modelo. Toda empresa de sucesso já está atendendo a uma necessidade de um cliente real com um modelo de negócios eficaz, não importa se esse modelo é explicitamente compreendido ou não. Vejamos o que isso envolve.

Modelo de negócios: uma definição

Um modelo de negócios, do nosso ponto de vista, consiste em quatro elementos interligados que, somados, criam e entregam valor. Comecemos pelo mais importante.

Em resumo

Ao lançar o iPod, a Apple fez algo muito mais inteligente do que envolver uma boa tecnologia em um design elegante. Ela envolveu uma boa tecnologia em um **excelente modelo de negócios**. Combinando hardware, software e serviço, o modelo forneceu uma conveniência decisiva para o consumidor *e* proporcionou lucros recordes para a Apple.

Um ótimo modelo de negócios pode reconfigurar setores e motivar um crescimento espetacular. No entanto, muitas empresas acham difícil inovar seu modelo de negócios. Os gestores não compreendem seu modelo existente suficientemente bem para saber quando ele precisa mudar – ou como.

Para determinar se sua empresa deveria mudar seu modelo de negócios, Johnson, Christensen e Kagermann indicam os seguintes passos:

1. Articular o que torna seu modelo existente bem-sucedido. Por exemplo: qual problema dos clientes ele resolve? Como gera dinheiro para sua empresa?

2. Procure por sinais de que seu modelo precisa de mudanças, como novos concorrentes fortes no horizonte.

3. Decida se reinventar seu modelo vale o esforço. A resposta só deve ser positiva se o novo modelo mudar o setor ou o mercado.

Proposta de valor para o cliente (PVC)

Uma empresa de sucesso é aquela que encontrou uma maneira de gerar valor para os clientes – ou seja, uma maneira de ajudar os clientes a realizarem um trabalho importante. Por "trabalho", referimo-nos a um problema fundamental em uma situação específica que necessita de uma solução. Depois de compreendermos o trabalho e todas as suas dimensões, incluindo seu processo completo de realização, poderemos elaborar a proposta. Quanto mais importante o trabalho for para o cliente, menor o nível de satisfação com as opções atuais para realizar o trabalho, e quanto melhor for sua solução em relação às alternativas para realizar

Na prática

Compreenda seu modelo de negócios atual

Um modelo de sucesso possui os seguintes componentes:

- **Proposta de valor para o cliente.** O modelo ajuda clientes a desempenhar um "trabalho" específico que ofertas alternativas não atendem.

Exemplo: A MinuteClinics permite que pacientes visitem um consultório médico sem marcação de consulta ao deixar que enfermeiros tratem questões simples de saúde.

- **Fórmula de lucro.** O modelo gera valor para sua empresa por meio de fatores como modelo de faturamento, estrutura de custos, margens e giro de estoque.

Exemplo: O Nano, o carro barato do Tata Group, foi lucrativo porque a empresa reduziu muitos elementos da estrutura de custos, aceitou margens brutas abaixo do padrão e vendeu o Nano em grandes volumes para seu mercado-alvo: pessoas em mercados emergentes que compravam seu primeiro automóvel.

- **Recursos e processos-chave.** Sua empresa possui o pessoal, a tecnologia, os produtos, as instalações, o equipamento e a marca necessários para fornecer a proposta de valor para seus clientes-alvo. E ela tem processos (treinamento, fabricação, serviços) para alavancar esses recursos.

Exemplo: Para atender às exigências da fórmula de lucro do Nano, a Tata Motors precisou reconceber como um carro é projetado, fabricado e distribuído. Ela redefiniu sua estratégia de fornecedores, escolhendo terceirizar incríveis 85% dos componentes do Nano e usar quase 60% menos vendedores do que o normal para reduzir os custos de transação.

Identifique quando um novo modelo pode ser necessário

As circunstâncias a seguir costumam exigir uma mudança no modelo de negócios:

Uma *oportunidade* de...	Exemplos
Atender a necessidades de grandes grupos que consideram as soluções existentes caras ou complicadas demais.	O objetivo do Nano foi dar aos consumidores de baixa renda em mercados emergentes a oportunidade de comprar um carro novo.
Capitalizar novas tecnologias ou alavancar tecnologias existentes em novos mercados.	Uma empresa cria uma aplicação comercial para uma tecnologia originalmente desenvolvida para uso militar.
Levar um foco do tipo "fazer o trabalho que precisa ser feito" aonde ele não existe.	A FedEx se concentrou em uma necessidade não atendida dos clientes: receber encomendas de maneira mais rápida e mais confiável do que qualquer outro serviço.

Uma *necessidade* de...	Exemplos
Defender-se de disruptores de baixo custo.	Minissiderúrgicas ameaçaram as siderúrgicas integradas uma geração atrás produzindo aço a preços significativamente mais baixos.
Reagir a mudanças na concorrência.	A fabricante de ferramentas elétricas Hilti deixou de vender suas ferramentas para alugá-las, em parte porque novos concorrentes produzindo itens inferiores tinham começado a corroer o mercado de ferramentas de alta qualidade.

o trabalho (e, é claro, quanto mais baixo o preço), melhor a PVC. Pelo que descobrimos, as oportunidades para criar uma PVC estão no auge quando produtos e serviços alternativos não foram projetados com o trabalho real em mente e você pode elaborar uma oferta que realize esse trabalho – e somente esse trabalho – com perfeição. Voltaremos a esse ponto mais tarde.

Fórmula de lucro

A fórmula de lucro é o esquema que define como a empresa cria valor para si própria enquanto fornece valor para o cliente. Ela consiste em:

- *Modelo de receita:* preço x volume.
- *Estrutura de custos:* custos diretos, custos indiretos, economias de escala. A estrutura de custos será predominantemente impelida pelo custo dos recursos-chave exigidos pelo modelo de negócios.
- *Modelo de margens:* dados o volume e a estrutura de custos esperados, é a contribuição necessária de cada transação para atingir os lucros desejados.
- *Velocidade de recursos:* a rapidez com que precisamos girar o estoque, ativos fixos (imobilizado) e outros ativos – e, no geral, quão bem precisamos utilizar os recursos – para sustentar nosso volume esperado e obter os lucros previstos.

Costuma-se pensar que os termos "fórmula de lucros" e "modelo de negócios" são intercambiáveis. No entanto, a maneira como você obtém lucro é apenas uma peça do modelo. Descobrimos que é mais útil começar definindo o preço exigido para fornecer a PVC e depois trabalhar de trás para a frente a partir daí para determinar quais devem ser os custos variáveis e as margens brutas. Isso, então, determinará a escala e a velocidade de recursos necessárias para atingir os lucros desejados.

Recursos-chave

Os recursos-chave são ativos como o pessoal, a tecnologia, os produtos, as instalações, os equipamentos, os canais e a marca necessários para entregar a proposta de valor para o cliente-alvo. O foco aqui está nos elementos-*chave* que geram valor para o cliente e para a empresa e em como esses elementos interagem. (Toda empresa possui também recursos genéricos que não geram diferenciação competitiva.)

Processos-chave

Empresas de sucesso têm processos operacionais e gerenciais que lhes permitem entregar valor de uma maneira que elas possam repetir com sucesso e aumentar em escala. Esses podem incluir tarefas recorrentes como treinamento, desenvolvimento, produção, orçamento, planejamento, vendas e serviço. Processos-chave também incluem as regras, métricas e normas de uma empresa.

Esses quatro elementos formam os blocos de construção de qualquer negócio. A proposta de valor para o cliente e a fórmula de lucro definem valor para o cliente e para a empresa, respectivamente; recursos e processos-chave descrevem como esse valor será fornecido tanto para o cliente quanto para a empresa.

Por mais simples que essa estrutura possa parecer, seu poder está nas interdependências complexas entre suas partes. Mudanças grandes em qualquer um dos quatro elementos afetam os demais e o todo. Negócios de sucesso desenvolvem um sistema mais ou menos estável no qual esses elementos se ligam de maneiras consistentes e complementares.

Como modelos de sucesso são construídos

Para ilustrar os elementos da nossa estrutura de modelo de negócios, veremos o que está por trás das inovações de modelos de negócios de duas empresas que mudaram o jogo.

Criando uma proposta de valor para o cliente

Não é possível inventar ou reinventar um modelo de negócios sem antes identificar uma proposta de valor clara para o cliente. Com frequência, ela começa com uma percepção bastante simples. Imagine, por um momento, que você está parado em uma estrada em Mumbai em um dia chuvoso. Você repara no grande número de motonetas zigue-zagueando precariamente entre os carros. Ao olhar com mais atenção, vê

Os elementos de um modelo de negócios bem-sucedido

Toda empresa bem-sucedida já opera de acordo com um modelo de negócios eficaz. Ao identificarem sistematicamente todas as partes que o constituem, os executivos podem compreender como o modelo satisfaz uma poderosa proposta de valor de maneira lucrativa usando certos recursos e processos-chave. Munidos dessa compreensão, eles podem então julgar quão bem o mesmo modelo poderia ser utilizado para satisfazer uma PVC radicalmente diferente – e o que eles precisariam para construir uma nova, se necessário, a fim de capitalizar a oportunidade.

Proposta de valor para o cliente (PVC)
- **Cliente-alvo**
- **Trabalho que precisa ser feito** para solucionar um problema importante ou atender a uma necessidade importante do cliente-alvo.
- **Oferta**, que satisfaz o problema ou atende à necessidade. Definida não apenas pelo que é vendido, mas também por como é vendido.

FÓRMULA DE LUCRO
- **Modelo de receita.** Quanto dinheiro pode ser feito: preço x volume. O volume pode ser pensado em termos de tamanho de mercado, frequência de compras, vendas complementares etc.
- **Estrutura de custos.** Como os custos são alocados: inclui os custos de recursos-chave, custos diretos, custos indiretos, economias de escala.
- **Modelo de margens.** Quanto cada transação deve render para atingir os níveis desejados de lucro.
- **Velocidade de recursos.** Quão rapidamente os recursos precisam ser usados para sustentar o volume-alvo. Inclui prazos de produção, produtividade, giro de estoque, utilização de ativos etc.

RECURSOS-CHAVE: necessários para entregar a proposta de valor para o cliente de modo lucrativo. Podem incluir:
- Pessoal
- Tecnologia, produtos
- Equipamentos
- Informação
- Canais
- Parcerias, alianças
- Marca

PROCESSOS-CHAVE: assim como regras, métricas e normas, que tornam a entrega da proposta de valor para o cliente repetível e escalável. Podem incluir:
- **Processos:** design, desenvolvimento de produto, suprimento, fabricação, marketing, contratações, treinamento, TI.
- **Regras e métricas:** exigências de margem para investimento, condições de crédito, prazos de produção, condições dos fornecedores.
- **Normas:** tamanho da oportunidade necessária para investimento, abordagem de clientes e canais.

que elas transportam famílias inteiras – os dois pais e vários filhos. Seu primeiro pensamento pode ser "Isso é loucura!" ou "É assim que as coisas são em países em desenvolvimento – as pessoas se viram da melhor maneira que podem".

Quando Ratan Tata, do Tata Group, olhou para essa cena, ele viu um trabalho essencial a ser feito: fornecer uma alternativa mais segura para famílias usuárias de motonetas. Ele compreendia que o carro mais barato na Índia custava facilmente cinco vezes mais do que uma motoneta e que muitas daquelas famílias não tinham dinheiro para isso. Oferecer uma alternativa acessível, mais segura e apropriada a todos os tipos de clima para famílias em motonetas era uma proposição de valor poderosa, com o potencial de atingir dezenas de milhões de pessoas que ainda não faziam parte do mercado de compradores de carros. Ratan Tata também reconheceu que o modelo de negócios da Tata Motors não poderia ser utilizado para desenvolver tal produto pelo preço necessário.

No outro extremo do espectro, a Hilti, uma fabricante de ferramentas elétricas de alto nível para a setor de construção baseada em Lichtenstein, reconsiderou o verdadeiro trabalho a ser feito para muitos de seus clientes atuais. Um empreiteiro ganha dinheiro concluindo projetos; se as ferramentas necessárias não estão disponíveis nem funcionando adequadamente, a obra não é concluída. Empreiteiros não ganham dinheiro *possuindo* ferramentas, e sim utilizando-as do modo mais eficiente possível. A Hilti podia ajudar empreiteiros a fazer o trabalho vendendo o *uso* das ferramentas em vez de as ferramentas propriamente ditas – gerenciando o inventário de ferramentas do cliente ao disponibilizar a melhor ferramenta na hora certa e fornecer prontamente consertos, substituições e upgrades, tudo por uma taxa mensal. Para entregar essa proposta de valor, a empresa precisava criar um programa de gestão de ferramentas e, no processo, mudar seu foco de fabricação e distribuição para serviço. Isso significava que a Hilti tinha que construir uma nova fórmula de lucros e desenvolver novos recursos e novos processos.

O atributo mais importante de uma proposta de valor para o cliente é sua precisão: em que medida ela dá conta exatamente do trabalho que precisa ser feito para o cliente – e nada mais. Mas tal precisão é, com frequência, a coisa mais difícil de atingir. Empresas buscando criar o novo muitas vezes deixam de se concentrar em *um* trabalho; elas diluem seus esforços tentando fazer muitas coisas. Ao fazer muitas coisas, não fazem nada *realmente* bem.

Uma maneira de gerar uma proposta de valor precisa é pensar nas quatro barreiras mais comuns que impedem as pessoas de realizar trabalhos específicos: renda, acesso, habilidades ou tempo insuficientes. A empresa de software Intuit desenvolveu o QuickBooks para atender à necessidade de donos de pequenos negócios de evitar ficar sem dinheiro. Ao executar esse trabalho com um software de contabilidade muito simplificado, a Intuit quebrou a *barreira das habilidades* que impedia pequenos empresários sem formação contábil de usar pacotes de contabilidade mais complicados. A MinuteClinic, prestadora de serviços básicos de saúde baseada em farmácias, quebrou a *barreira do tempo* que impedia as pessoas de irem a um consultório médico com problemas pequenos de saúde oferecendo atendimento sem agendamento realizado por enfermeiros.

Projetando uma fórmula de lucros

Ratan Tata sabia que a única maneira de tirar famílias das motonetas e colocá-las em carros seria quebrar a *barreira da renda* reduzindo drasticamente o preço do carro. "E se eu puder mudar o jogo e vender um carro por um *lakh*?", perguntou-se Tata, vislumbrando um preço de cerca de 2.500 dólares, menos da metade do preço do carro mais barato disponível. Isso, é claro, tinha ramificações importantes para a fórmula de lucros: exigia tanto uma queda significativa nas margens brutas quanto uma redução radical em muitos elementos da estrutura de custos. Ele sabia, porém, que ainda faria dinheiro se conseguisse aumentar bastante o volume de vendas e que sua base-alvo de potenciais clientes era gigantesca.

Para a Hilti, mudar para um programa de gestão de contratos exigia transferir ativos dos balancetes dos clientes para o seu e gerar receita por meio de um modelo de aluguel/assinatura. Por uma taxa mensal, os clientes poderiam ter acesso a um conjunto completo de ferramentas, com consertos e manutenção incluídos. Isso exigiria uma mudança fundamental em todos os principais componentes da fórmula de lucros: o fluxo de receita (definição de preços, parcelamento dos pagamentos e como pensar sobre volume), a estrutura de custos (incluindo o desenvolvimento de vendas

A Hilti evita a comoditização

A Hilti está capitalizando uma oportunidade divisora de águas para aumentar a lucratividade transformando a venda de produtos em um serviço. Em vez de vender ferramentas (a preços cada vez mais baixos), ela está vendendo o serviço de fornecer "apenas a ferramenta de que você precisa, quando precisa, sem os incômodos de consertos ou armazenamento". Uma mudança tão radical na proposta de valor para o cliente exigiu uma mudança em todas as partes de seu modelo de negócios.

Empresa tradicional de ferramentas elétricas		Serviço de gestão de ferramentas da Hilti
Vendas de ferramentas elétricas industriais e profissionais e de acessórios	Proposta de valor para o cliente	Alugar um conjunto completo de ferramentas para aumentar a produtividade do cliente no local
Margens baixas, giro de estoque alto	Fórmula de lucros	Margens mais altas, ativos próprios, pagamentos mensais por manutenção, conserto e substituição de ferramentas
Canal de distribuição, fábricas de baixo custo em países em desenvolvimento, pesquisa e desenvolvimento	Recursos e processos-chave	Forte abordagem de venda direta, gestão de contratos, sistemas de TI para administração e reparo do estoque, armazenamento

adicionais e os custos da gestão de contratos), as margens de apoio e a velocidade das transações.

Identificando recursos e processos-chave

Depois de articular a proposta de valor tanto para o cliente quanto para o negócio, as empresas devem então considerar os recursos e processos cruciais necessários para entregar esse valor. Para uma firma prestadora de serviços especializados, por exemplo, os recursos-chave são, geralmente, seu pessoal e os processos-chave são, naturalmente, relacionados a esse pessoal (treinamento e desenvolvimento, por exemplo). Para uma empresa de bens de consumo embalados, marcas fortes e canais de varejo bem selecionados podem ser os recursos-chave, e construção de marcas e processos de gerenciamento de canais associados podem estar entre os processos-chave.

Com frequência, não são os recursos e processos individuais que fazem a diferença, e sim a relação entre eles. As empresas quase sempre precisarão integrar seus recursos e processos-chave de uma maneira única para executar perfeitamente um trabalho para um conjunto de clientes. Quando fazem isso, quase sempre criam uma vantagem competitiva duradoura. Ao se concentrarem primeiro na proposta de valor e na fórmula de lucros, fica claro para elas como esses recursos e processos devem se inter-relacionar. Por exemplo, a maioria dos hospitais gerais oferece uma proposta de valor que pode ser descrita como "Faremos qualquer coisa por qualquer um". Ser todas as coisas para todas as pessoas exige que esses hospitais tenham um vasto conjunto de recursos (especialistas, equipamentos e assim por diante) que não podem ser interligados de nenhuma maneira específica. O resultado não é apenas falta de diferenciação, mas também insatisfação.

Em contraste, um hospital que foca em uma proposta de valor específica pode integrar seus recursos e processos de uma maneira única para impressionar os clientes. O National Jewish Health, em Denver, por exemplo, é organizado em torno de uma proposição de valor que poderia ser descrita assim: "Se você tem uma doença do sistema respiratório, venha para cá. Definiremos a causa principal e prescreveremos uma terapia eficaz." Estreitar seu foco permitiu que o National Jewish desenvolvesse processos que integram as maneiras pelas quais seus especialistas e equipamentos especializados trabalham juntos.

Para atender às exigências de sua proposta de valor para o cliente e de sua fórmula de lucros para o Nano, a Tata Motors precisou reconceber como um carro é projetado, fabricado e distribuído. A Tata montou um pequeno time de engenheiros bastante jovens que não seriam, como os projetistas mais experientes da companhia, influenciados e restringidos em seu pensamento pelas fórmulas de lucros existentes da fabricante de automóveis. Essa equipe minimizou drasticamente o número de partes do veículo, promovendo uma significativa economia nos custos. A Tata também reconcebeu sua estratégia de fornecedores, escolhendo terceirizar notáveis 85% dos componentes do Nano e usar quase 60% menos vendedores do que o normal para reduzir os custos de transação e atingir maiores economias de escala.

No outro extremo da linha de produção, a Tata está vislumbrando uma maneira inteiramente nova de montar e distribuir seus carros. O plano final é enviar os componentes modulares do veículo para uma rede combinada de fábricas, tanto independentes quanto próprias, as quais montarão o Nano por encomenda. Ele será projetado, construído, distribuído e consertado de uma maneira radicalmente nova – uma que não poderia ser realizada sem um novo modelo de negócios. E, enquanto ainda não se sabe o resultado, Ratan Tata pode resolver um problema de segurança no trânsito no processo.

Para a Hilti, o maior desafio está em treinar seus representantes de vendas para desempenhar uma tarefa inteiramente nova. A assinatura de ferramentas não é fechada em uma venda de meia hora; são necessários dias, semanas ou até meses de reuniões para convencer os clientes a comprar um programa em vez de um produto. De repente, representantes acostumados a lidar com chefes de equipe e gerentes de compras nos locais das obras passaram a encarar CEOs e diretores financeiros no outro lado de mesas de reunião.

Além disso, a venda de assinaturas exigiu novos recursos – novo pessoal, sistemas de TI mais robustos e outras novas tecnologias – para projetar e desenvolver os pacotes apropriados e depois chegar a um acordo sobre pagamentos mensais. A Hilti precisou desenvolver um processo para manter um grande arsenal de ferramentas de maneira mais barata e eficiente do que seus clientes faziam. Isso demandou armazenamento, um sistema de gestão de estoque e o fornecimento de ferramentas de reposição. No lado do gerenciamento do cliente, a Hilti desenvolveu um site que possibilitava aos gerentes de obras ver todas as ferramentas à sua disposição e suas taxas de uso. Com essa informação prontamente disponível, os gerentes podiam lidar facilmente com a contabilidade de custos associada a esses ativos.

Regras, normas e métricas são, muitas vezes, o último elemento a emergir em um modelo de negócios em desenvolvimento. Elas podem não ser plenamente vislumbradas até que o novo produto tenha sido testado na prática. Tampouco deveriam. Modelos de negócios precisam ter flexibilidade para mudar nos seus primeiros anos.

Quando um novo modelo de negócios é necessário

Empresas estabelecidas não devem realizar inovações em modelos de negócios levianamente. Sempre há a possibilidade de criar novos produtos que causam disrupção no mercado sem mudar a essência de seu modelo de negócios. A Procter & Gamble, por exemplo, desenvolveu uma variedade do que chama de "inovações de mercado disruptivas" com produtos como o esfregão e espanador descartável Swiffer e o Febreze, um novo tipo de purificador de ar. As duas inovações exploraram o modelo de negócios existente da Procter & Gamble e sua dominância consagrada em bens de consumo domésticos.

No entanto, há momentos em que, para gerar um novo crescimento, é preciso se aventurar não apenas em um território de mercado desconhecido, mas também em um território de modelo de negócios desconhecido. Quando? A resposta curta é: quando houver a necessidade de mudanças significativas em todos os quatro elementos do seu modelo existente. Mas nem sempre é tão simples ter essa noção, e será preciso fazer uma análise gerencial. Dito isso, temos observado cinco circunstâncias estratégicas que muitas vezes requerem uma mudança no modelo de negócios:

1. A oportunidade de abordar, por meio de inovação disruptiva, as demandas de grupos grandes de potenciais clientes que estão inteiramente excluídos de um mercado porque as soluções existentes são caras ou complicadas demais para eles. Isso inclui a possibilidade de democratizar produtos em mercados emergentes (ou atingir a base da pirâmide), como fez o Nano da Tata Motors.
2. A oportunidade de capitalizar uma tecnologia nova envolvendo-a em um novo modelo de negócios (Apple e MP3 players) ou a oportunidade de alavancar uma tecnologia já comprovada levando-a para um mercado totalmente novo (por exemplo, oferecendo tecnologias militares no espaço comercial ou vice-versa).

3. A oportunidade de levar um foco do tipo "fazer o trabalho que precisa ser feito" aonde ainda não existe um. Isso é comum em setores nos quais as empresas se concentram em segmentos de produtos ou de clientes, o que as leva a aperfeiçoar cada vez mais produtos existentes, aumentando a comoditização com o passar do tempo. O foco em um trabalho permite que empresas redefinam a lucratividade do setor. Por exemplo, quando a FedEx entrou no mercado de entregas, ela não tentou competir por meio de preços mais baixos ou de um marketing melhor. Em vez disso, ela se concentrou em satisfazer uma necessidade não atendida dos clientes para receber encomendas muito mais rápido e de modo mais confiável do que qualquer serviço na época era capaz. Para isso, precisou integrar seus processos e recursos-chave de uma maneira bem mais eficiente. O modelo de negócios que resultou dessa ênfase em um trabalho que precisava ser feito concedeu à FedEx uma vantagem competitiva significativa que a UPS levou muitos anos para copiar.
4. A necessidade de se defender de disruptores de baixo custo. Minissiderúrgicas ameaçaram as siderúrgicas integradas uma geração atrás produzindo aço a um custo significativamente mais baixo.
5. A necessidade de reagir a uma base de concorrência em mudança. Inevitavelmente, o que define uma solução aceitável em um mercado mudará com o tempo, levando segmentos fundamentais desse mercado a comoditizar. A Hilti precisou mudar seu modelo de negócios em parte por causa de preços de produção globais mais baixos: novos concorrentes que fabricavam produtos de qualidade inferior estavam começando a corroer o mercado de ferramentas elétricas de alta qualidade.

Obviamente, as empresas só devem buscar a reinvenção de modelos de negócios se estiverem confiantes de que a oportunidade é grande o suficiente para justificar o esforço. E, de fato, não faz sentido instituir um novo modelo de negócios a menos que ele não seja novo apenas para a companhia, mas também, de alguma maneira, um divisor de águas no setor ou no mercado. De outra forma, seria um desperdício de tempo e dinheiro.

As perguntas a seguir ajudarão você a avaliar se o desafio da inovação do modelo de negócios renderá resultados satisfatórios. (Responder "sim" a todas as quatro aumenta muito as chances de uma execução bem-sucedida.)

- Você consegue dar conta do trabalho com uma proposta de valor para o cliente focada e atraente?
- É capaz de desenvolver um modelo no qual todos os quatro elementos – a proposta de valor para o cliente, a fórmula de lucros, os recursos e processos-chave – trabalhem juntos para fazer o trabalho da maneira mais eficiente possível?
- Você pode criar um novo processo de desenvolvimento de negócios livre das influências negativas do seu negócio fundamental?
- O novo modelo de negócios vai desestabilizar a concorrência?

Criar um novo modelo para um novo negócio não é afirmar que o modelo atual esteja ameaçado ou deveria ser mudado. Um novo modelo costuma reforçar e complementar o negócio fundamental, como descobriu a Dow Corning.

Como a Dow Corning deixou de atrapalhar a si mesma

Quando a inovação do modelo de negócios é claramente necessária, o sucesso está não apenas em acertar no modelo, mas também em se assegurar de que o negócio estabelecido não impeça de alguma maneira que o novo modelo gere valor ou prospere. Esse foi um problema para a Dow Corning quando ela construiu uma nova unidade de negócios – com uma nova fórmula de lucros – do zero.

Durante muitos anos, a Dow Corning vendeu milhares de produtos à base de silicone e forneceu serviços técnicos sofisticados para uma variedade de setores. Depois de anos de crescimento lucrativo, porém, várias áreas de produtos estavam estagnadas. Uma revisão estratégica revelou um insight crucial: seu segmento de produtos básicos estava se comoditizando. Muitos clientes experientes em aplicação de silicone não precisavam mais de serviços técnicos; queriam produtos básicos a preços baixos. Essa

A Dow Corning abraça a segunda linha

A Dow Corning, que tradicionalmente opera com altas margens, encontrou novas oportunidades com margens reduzidas estabelecendo uma unidade de negócios separada que opera de maneira inteiramente diferente. Ao diferenciar suas ofertas de primeira e de segunda linha, a empresa evitou canibalizar seus negócios tradicionais mesmo encontrando novos lucros com os produtos mais básicos.

Negócio estabelecido		Nova unidade de negócios
Soluções customizadas, contratos negociados	**Proposta de valor para o cliente**	Sem adicionais supérfluos, preços de atacado, venda pela internet
Margens altas, preços de varejo com despesas gerais altas pagam por serviços com valor agregado	**Fórmula de lucros**	Definição de preços para o mercado à vista, despesas gerais baixas para acomodar margens mais baixas, alta produtividade
Pesquisa e desenvolvimento, vendas e orientação de serviços	**Recursos e processos-chave**	Sistema de TI, processos de menor custo possível, automação máxima

mudança criou uma oportunidade de crescimento, mas, para explorá-la, a Dow Corning precisou encontrar uma maneira de atender a esses clientes com um produto mais barato. O problema era que tanto o modelo de negócios quanto a cultura haviam sido construídos em torno de produtos inovadores e pacotes de serviços de preços altos. Em 2002, na busca do que era essencialmente um negócio de commodities para clientes de produtos de segunda linha, o CEO da Dow Corning, Gary Anderson, pediu ao executivo Don Sheets que formasse uma nova equipe para iniciar um novo negócio.

A equipe começou formulando uma proposta de valor para o cliente que, a seu ver, fosse satisfazer aqueles clientes motivados pelo preço. Ela determinava que o nível de preço precisava cair 15% (o que, para uma matéria-prima em comoditização, era uma redução enorme). Analisando o que a nova proposta de valor exigiria, a equipe percebeu que para atingir aquele

> ## Quando o velho modelo ainda funciona
>
> Nem sempre você precisa de um novo modelo de negócios para capitalizar uma oportunidade divisora de águas. Às vezes, como a P&G fez com o Swiffer, uma empresa descobre que seu modelo atual é revolucionário em um novo mercado. Como saber quando o velho modelo ainda funciona? Quando você pode atender à nova proposta de valor para o cliente...
>
> - com sua fórmula de lucros atual;
> - usando a maioria dos seus recursos e processos-chave atuais (ou até mesmo todos);
> - usando as mesmas métricas, regras e normas fundamentais empregadas agora para conduzir seus negócios.

ponto seria necessário muito mais do que meramente eliminar serviços. Uma redução de preços drástica requeriria uma fórmula de lucros diferente com uma estrutura de custos diferente, a qual dependia fortemente do desenvolvimento de um novo sistema de TI. Para vender mais produtos mais rápido, a empresa teria que usar a internet a fim de automatizar processos e reduzir o máximo possível as despesas gerais.

Quebrando as regras

Como uma empresa madura e bem-sucedida, a Dow Corning era cheia de funcionários altamente capacitados acostumados a trabalhar com uma proposta de valor customizada e de grande interação com o cliente. Para automatizar, o novo negócio precisaria ser muito mais padronizado, o que significava instituir regras novas e, de modo geral, bem mais rígidas. Por exemplo, os tamanhos dos pedidos seriam limitados a poucas opções de grande volume; o tempo de processamento das encomendas seria reduzido em duas a quatro semanas (exceções custariam mais); e condições de crédito seriam fixas. Haveria cobrança se um comprador exigisse atendimento ao cliente. O aviso era claro: o novo empreendimento teria menos serviços ao cliente e seria padronizado e baseado em autoatendimento. Para ter sucesso, a Dow Corning deveria quebrar as regras que tinham guiado seu sucesso antes.

Em seguida, Sheets precisou determinar se esse novo empreendimento, com suas novas regras, poderia ter êxito dentro dos limites do empreendimento fundamental da Dow Corning. Ele montou um jogo de guerra experimental para testar como a equipe e os sistemas existentes reagiriam às exigências da nova proposta de valor para o cliente. E foi derrotado, pois hábitos e processos arraigados frustraram qualquer tentativa de mudar o jogo. Ficou claro que os anticorpos corporativos matariam a iniciativa antes que ela entrasse em curso. A maneira de prosseguir era clara: o novo empreendimento precisaria estar livre das regras existentes e livre para decidir quais regras seriam apropriadas para que a nova linha de negócios de commodities prosperasse. Para criar a oportunidade – e também proteger o modelo existente –, uma nova unidade de negócios com uma nova identidade de marca se fazia necessária. Assim nasceu a Xiameter.

Identificando novas competências

Depois de articular a nova proposta de valor para o cliente e a nova fórmula de lucros, a equipe da Xiameter focou nas novas competências das quais precisaria, seus recursos e processos-chave. A tecnologia da informação, apenas uma pequena parte das competências cruciais da Dow Corning na época, emergiu como uma parte essencial do negócio agora capacitado para a web. A Xiameter também demandava funcionários que pudessem tomar decisões inteligentes depressa e que se saíssem bem em um ambiente de mudanças rápidas, inicialmente cheio de ambiguidade. Estava claro que novas capacidades precisariam ser incorporadas ao negócio.

Embora a Xiameter fosse ser configurada e administrada como uma unidade de negócios separada, Don Sheets e a equipe da Xiameter não queriam abrir mão do conhecimento profundo do setor e dos produtos que a empresa estabelecida lhes dava. O desafio era explorar o conhecimento sem levar em conta a mentalidade das regras antigas. Sheets conduziu uma busca focada dentro da Dow Corning em busca de funcionários arrojados. Durante o processo de entrevistas, quando se deparava com candidatos com as habilidades certas, ele pedia que aceitassem ou não o trabalho na hora, antes de saírem da sala. Essa abordagem lhe permitiu selecionar somente aqueles que podiam tomar decisões na hora e assumir grandes riscos.

Que regras, normas e métricas podem estar atrapalhando?

Em qualquer negócio, um entendimento importante do modelo fundamental muitas vezes se perde nas névoas da memória institucional, mas ele segue vivo em regras, normas e métricas estabelecidas para proteger o status quo (por exemplo, "margens brutas devem ser de 40%"). Elas são a primeira linha de defesa contra o surgimento de qualquer novo modelo em uma empresa estabelecida.

Financeiras
- Margens brutas
- Tamanho da oportunidade
- Definição do preço da unidade
- Margem por unidade
- Tempo para recuperar os investimentos
- Valor presente líquido
- Custos fixos
- Itens de crédito

Operacionais
- Qualidade do produto final
- Qualidade dos fornecedores
- Fabricação própria versus terceirizada
- Atendimento ao cliente
- Prazos de produção
- Produtividade

Outras
- Definição de preços
- Exigências de desempenho
- Ciclos de vida de desenvolvimento de produtos
- Bases para recompensas e incentivos para funcionários
- Parâmetros da marca

O tempero secreto: paciência

Novos negócios bem-sucedidos em geral revisam seus modelos de negócios cerca de quatro vezes no caminho para a lucratividade. Embora um processo de inovação de modelo de negócios bem ponderado possa muitas vezes encurtar esse ciclo, novos empreendimentos devem ser capazes de tolerar o fracasso inicial e captar a necessidade de uma correção de rumo. Na prática, as empresas devem focar em aprender e em ajustar tanto quanto em executar. Recomendamos às companhias com novos modelos de negócios que sejam pacientes na espera pelo crescimento (para permitir que a oportunidade de mercado se desenvolva), mas impacientes pelo lucro (como uma validação precoce de que o modelo funciona). Um negócio lucrativo é a melhor indicação inicial de um modelo viável.

Assim, para permitir o desenrolar do processo de tentativa e erro que naturalmente acompanha a criação do novo enquanto constrói um ciclo de desenvolvimento que produziria resultados e demonstraria a viabilidade com o mínimo de dispêndio de recursos, a Dow Corning manteve a escala de operação da Xiameter pequena, mas desenvolveu um cronograma agressivo para seu lançamento e definiu o objetivo de que se tornasse lucrativa ao final do primeiro ano.

A Xiameter retornou o investimento da Dow Corning em apenas três meses e seguiu para se tornar um grande e transformador sucesso. Antes, a Dow Corning não tinha nenhum componente de vendas on-line; agora, 30% das vendas são originadas na internet, quase três vezes a média do setor. A maioria desses clientes é nova para a empresa. Longe de canibalizar clientes existentes, a Xiameter na verdade apoiou o negócio principal, permitindo que o pessoal de vendas da Dow Corning defendesse com mais facilidade preços premium por seus serviços principais enquanto fornecia uma alternativa viável para os clientes mais sensíveis aos preços.

As tentativas de crescimento transformador de empresas estabelecidas em geral resultam de inovações tecnológicas ou de produtos. Seus esforços são quase sempre caracterizados por longos ciclos de desenvolvimento e tentativas esporádicas de encontrar um mercado. Como sugere a história do iPod que abriu este artigo, negócios realmente transformadores nunca se resumem exclusivamente a descoberta e comercialização de uma ótima tecnologia. Seu sucesso vem de envolver a nova tecnologia em um modelo de negócios apropriado e poderoso.

Bob Higgins, fundador e sócio da Highland Capital Partners, tem visto sua cota de iniciativas empreendedoras de sucesso e de fracasso em seus 20 anos no setor de capital de risco. Ele resume a importância e o poder da inovação de modelos de negócios da seguinte maneira: "Creio que, historicamente, fracassamos quando apoiamos uma tecnologia. E temos sucesso quando apoiamos novos modelos de negócios."

Publicado originalmente em dezembro de 2008.

5

A estratégia do oceano azul

W. Chan Kim e Renée Mauborgne

GUY LALIBERTÉ, QUE JÁ FOI ACORDEONISTA, acrobata de pernas de pau e comedor de fogo, hoje é CEO de um dos maiores produtos de exportação cultural do Canadá: o Cirque du Soleil. Fundado em 1984 por um grupo de artistas de rua, o Cirque já montou dezenas de produções assistidas por cerca de 40 milhões de pessoas em 90 cidades em todo o mundo. Em 20 anos, o Cirque alcançou números que o Ringling Bros. e o Barnum & Bailey – o principal circo do mundo – levaram mais de um século para alcançar.

O crescimento rápido do Cirque ocorreu em um cenário improvável. O negócio circense estava (e ainda está) em um declínio de longo prazo. Formas alternativas de entretenimento – eventos esportivos, TV e videogames – estavam lançando uma sombra cada vez maior. As crianças, o alicerce do público circense, preferiam jogos de PlayStation a números de circo. Havia também um sentimento crescente, alimentado por ativistas, contra o uso de animais, tradicionalmente uma parte integrante do circo. No lado dos fornecedores, os artistas, que eram as estrelas das quais o Ringling e os outros circos dependiam para atrair as multidões, muitas vezes podiam ditar seus termos. Como resultado, o setor foi impactado pelo encolhimento persistente do público e por custos mais altos. Além disso, qualquer novo empreendimento no negócio estaria concorrendo contra uma empresa estabelecida forte que, pela maior parte do último século, definira o padrão do setor.

Como o Cirque aumentou a receita em 22 vezes em apenas 10 anos, desde 1994, em um ambiente tão pouco atraente? O slogan para uma das primeiras produções do Cirque é revelador: "Nós reinventamos o circo." O Cirque não fez seu dinheiro concorrendo dentro dos limites do setor existente nem roubando clientes do Ringling e de outros. Em vez disso, ele criou um espaço de mercado não disputado que tornou a competição irrelevante. Atraiu um grupo totalmente novo de clientes que, tradicionalmente, não iam ao circo – adultos e clientes corporativos que tinham se voltado para o teatro, o balé e a ópera e estavam, portanto, preparados para pagar várias vezes mais do que o preço do ingresso de um circo convencional para uma experiência de entretenimento sem precedentes.

Para compreender a natureza do feito do Cirque, você precisa saber que o universo dos negócios consiste de dois tipos distintos de espaço, que definimos como oceanos vermelhos e azuis. Os oceanos vermelhos representam todos os setores existentes hoje – o espaço de mercado conhecido. Nos oceanos vermelhos, os limites do setor são definidos e aceitos, e as regras competitivas do jogo são bem compreendidas. Aqui, as empresas tentam superar o desempenho das rivais para obter uma fatia maior da demanda existente. À medida que o espaço fica cada vez mais abarrotado, as perspectivas de lucros e de crescimento são reduzidas. Produtos tornam-se commodities e o aumento da concorrência deixa a água ensanguentada.

Os oceanos azuis denotam todos os setores que *não* existem hoje – o espaço de mercado desconhecido, não maculado pela concorrência. Nos oceanos azuis, a demanda é criada, e não disputada. Há uma ampla oportunidade para crescimento que é ao mesmo tempo lucrativa e rápida. Existem duas maneiras de criar oceanos azuis. Em alguns casos, empresas podem dar origem a setores completamente novos, como o eBay fez com o de leilões on-line. Porém, na maioria dos casos, um oceano azul emerge de um oceano vermelho quando uma empresa altera os limites de um setor existente. Como ficará evidente a seguir, foi o que fez o Cirque du

> ## Em resumo
>
> Quer saber a melhor maneira de gerar crescimento produtivo? Parar de competir em setores superlotados. Nesses **oceanos vermelhos**, as empresas tentam obter um desempenho melhor do que as rivais para abocanhar fatias maiores da demanda existente. À medida que o espaço fica mais e mais apinhado, as perspectivas de lucro e de crescimento encolhem. Os produtos se tornam comoditizados. A concorrência cada vez mais intensa deixa a água ensanguentada.
>
> Como evitar o embate? Kim e Mauborgne recomendam criar **oceanos azuis** – espaços de mercado não disputados nos quais a concorrência é irrelevante. Nos oceanos azuis, você inventa e captura uma nova demanda, e oferece aos clientes um salto em valor enquanto também otimiza seus custos. Os resultados? Lucros altos, crescimento acelerado e valor de marca que dura décadas, enquanto os rivais se esforçam para alcançar você.
>
> Considere o Cirque du Soleil, que inventou um novo setor combinando elementos do circo tradicional com elementos retirados do teatro sofisticado. Em apenas 20 anos, o Cirque alcançou números que o Ringling Bros. e o Barnum & Bailey – o principal circo do mundo – levaram mais de um século para alcançar.

Soleil. Ao quebrar a barreira que tradicionalmente separava circo e teatro, ele criou um novo e lucrativo oceano azul a partir do oceano vermelho da indústria do circo.

O Cirque é apenas uma entre mais de 150 criações de oceano azul que pesquisamos em mais de 30 setores, usando dados que se estendem a até mais de 100 anos atrás. Analisamos empresas que criaram esses oceanos azuis e seus concorrentes menos bem-sucedidos, que foram capturados em oceanos vermelhos. Ao estudar essas informações, observamos um padrão consistente de pensamento estratégico por trás da criação de novos mercados e setores, que chamamos de estratégia do oceano azul. A lógica por trás da estratégia do oceano azul rompe com modelos tradicionais focados em concorrer em espaços de mercado existentes. De fato, pode

Na prática

Como começar a criar oceanos azuis? Kim e Mauborgne dão as seguintes sugestões:

Compreenda a lógica por trás da estratégia do oceano azul

Esta lógica é contraintuitiva:

- **Não se trata de inovação tecnológica.** Oceanos azuis raramente resultam de inovação tecnológica. Com frequência, a tecnologia subjacente já existe – e os criadores de oceanos azuis as conectam ao que os clientes valorizam. A Compaq, por exemplo, usou tecnologias existentes para criar seu servidor ProSignia, que proporcionava aos compradores o dobro da capacidade de armazenamento e de impressão do minicomputador por um terço do preço.

- **Você não precisa se aventurar em águas distantes para criar oceanos azuis.** A maioria dos oceanos azuis é criada dentro, e não além, dos oceanos vermelhos de setores existentes. Companhias estabelecidas muitas vezes criam oceanos azuis dentro de seus negócios fundamentais. Considere os *megaplexes* introduzidos pela AMC, um participante estabelecido no setor de salas de cinema. Ela ofereceu ao público experiências visuais espetaculares em complexos do tamanho de estádios a custos mais baixos para os donos de cinemas.

Aplique movimentos estratégicos de oceanos azuis

Para colocar em ação estes movimentos estratégicos:

- **Nunca use a concorrência como parâmetro.** Em vez disso, torne a competição irrelevante criando um salto de valor tanto para você quanto para seus clientes. A Ford fez isso com o Modelo T. Ela poderia ter tentado superar os carros elegantes e customizados que as pessoas ricas compravam para passeios no campo. Em vez disso, ofereceu um carro para uso cotidiano que era muito mais acessível, durável e fácil de usar e de consertar do que as ofertas dos rivais. As vendas do Modelo T explodiram e a fatia de mercado da Ford saltou de 9% em 1908 para 61% em 1921.

- **Reduza seus custos enquanto também oferece mais valor aos clientes.** O Cirque du Soleil omitiu elementos caros do circo tradicional, como números com animais e concessões para vendas na plateia. Sua estrutura de custos reduzida possibilitou-lhe fornecer elementos teatrais sofisticados que atraíam o público adulto – como temas, trilhas originais e cenários encantadores, todos mudando anualmente. O valor agregado atraiu adultos que não iam a um circo há anos e os estimulou a voltar com maior frequência, aumentando assim o faturamento. Ao oferecer o melhor do circo e do teatro, o Cirque criou um espaço de mercado que, até agora, não tem nome – e nada que se equipare a ele.

ser argumentado que o fracasso dos gestores em perceber as diferenças entre as estratégias do oceano vermelho e do oceano azul está por trás das dificuldades que muitas companhias encontram ao tentar superar a concorrência.

Neste artigo, apresentamos o conceito da estratégia do oceano azul e descrevemos as características que a definem. Avaliamos as consequências de oceanos azuis nos lucros e no crescimento e discutimos por que sua criação é um imperativo crescente para as empresas. Acreditamos que uma compreensão da estratégia do oceano azul ajudará as organizações de hoje enquanto elas lutam para prosperar em um universo de negócios em aceleração e expansão.

Oceanos vermelhos e azuis

Embora o termo seja novo, oceanos azuis sempre estiveram entre nós. Volte 100 anos no tempo e pergunte a si mesmo quais setores existentes hoje eram desconhecidos na época. A resposta: setores tão básicos quanto os de automóveis, gravação musical, aviação, petroquímicos, produtos farmacêuticos e consultoria administrativa eram desconhecidos ou tinham acabado de surgir. Agora, volte apenas 30 anos e repita a pergunta. Novamente, uma miríade de setores multibilionários se destaca: fundos mútuos, telefones celulares, biotecnologia, varejo de grandes descontos, entrega expressa de encomendas, cafeterias, para citar apenas alguns. Há apenas três décadas, nenhum desses setores era significativo.

Agora, avance o relógio em 20 anos. Pergunte a si mesmo: quantos setores que hoje são desconhecidos existirão? Se a história serve para prever o futuro, a resposta é: muitos. As empresas possuem uma capacidade enorme de criar novos setores e de recriar outros existentes, fato que é refletido nas profundas mudanças que têm sido necessárias na maneira como os setores são classificados. O sistema de Classificação Setorial Padrão (Standard Industrial Classification, SIC), que tem meio século, foi substituído em 1997 pelo Sistema de Classificação Setorial Norte-Americano (North American Industry Classification System, NAICS). O novo sistema expandiu os 10 segmentos que então existiam na SIC para 20 a fim de refletir as realidades emergentes de novos territórios setoriais – oceanos azuis. O setor de serviços sob o antigo sistema, por exemplo, tem agora sete segmentos, indo de informação e serviços de saúde e assistência social. Considerando que esses sistemas de classificação são projetados para padronização e continuidade, a substituição mostra a relevância dos oceanos azuis como fonte de crescimento econômico.

Olhando para a frente, parece claro para nós que os oceanos azuis permanecerão sendo o motor do crescimento. As perspectivas na maioria dos espaços de mercado estabelecidos – oceanos vermelhos – estão encolhendo de maneira constante. Avanços tecnológicos melhoraram substancialmente a produtividade industrial, permitindo que os fornecedores produzam uma variedade sem precedentes de produtos e serviços. E, conforme as barreiras de comércio entre nações e regiões caem e informações sobre produtos e preços se tornam disponíveis instantânea e globalmente, nichos de mercado e paraísos de monopólios continuarão a desaparecer. Ao mesmo tempo, existem poucas evidências de qualquer aumento na demanda geral, pelo menos nos mercados desenvolvidos, onde estatísticas recentes das Nações Unidas apontam para declínios populacionais. O resultado é que, em cada vez mais setores, a oferta está superando a demanda.

Essa situação inevitavelmente acelerou a comoditização de produtos e serviços, atiçou guerras de preços e encolheu margens de lucro. Segundo estudos recentes, grandes marcas americanas em uma variedade de categorias de produtos e de serviços se tornaram cada vez mais parecidas. E, à medida que as marcas se tornam mais similares, as pessoas cada vez mais baseiam suas escolhas de compras nos preços. Os consumidores não insistem mais, como no passado, que seu sabão para lavar roupas seja o da marca X. Tampouco permanecem fiéis a uma marca de pasta de dentes quando há promoção de outra. Em setores superlotados, diferenciar marcas torna-se cada vez mais difícil, tanto em períodos de alta quanto de baixa na economia.

O paradoxo da estratégia

Infelizmente, a maioria das empresas parece tranquila em seus oceanos vermelhos. Em um estudo sobre lançamentos de negócios de 108 companhias, descobrimos que 86% dos novos empreendimentos eram extensões de linhas – melhorias incrementais em ofertas já existentes no setor – e que apenas 14% visavam criar novos mercados ou setores. Embora extensões de linhas correspondessem a 62% da receita total, elas proporcionavam apenas 39% dos lucros totais. Em contraste, os 14% investidos em criar novos mercados e setores propiciavam 38% da receita total e impressionantes 61% do lucro total.

Então o que explica o acentuado desequilíbrio a favor dos oceanos vermelhos? Parte da explicação é o fato de a estratégia corporativa ser altamente influenciada por suas raízes na estratégia militar. A própria linguagem da estratégia está profundamente imbuída de referências militares – "cadeia de comando" no "quartel-general", "tropas" nas "linhas de frente". Descrita dessa maneira, a estratégia trata apenas de concorrência em oceanos vermelhos. Ela gira em torno de confrontar um oponente e expulsá-lo de um campo de batalha ou de um território limitado. A estratégia do oceano azul, em contraste, trata de fazer negócios onde não há concorrentes. Envolve criar novos territórios, e não disputar os existentes. Portanto, concentrar-se no oceano vermelho significa aceitar os fatores restritivos fundamentais da guerra – terreno limitado e necessidade de derrotar um inimigo para que se tenha sucesso. E isso implica negar a força característica do mundo dos negócios – a capacidade de criar novos espaços de mercado não disputados.

A tendência da estratégia corporativa a focar em vencer rivais foi exacerbada pela ascensão meteórica das companhias japonesas nas décadas de 1970 e 1980. Pela primeira vez na história corporativa, os clientes estavam abandonando em massa as empresas ocidentais. Conforme a concorrência aumentou no mercado global, uma vastidão de oceanos vermelhos emergiu, com todos defendendo que a concorrência estava no âmago do sucesso e do fracasso corporativo. Hoje, raramente se fala sobre estratégia sem que se utilize a linguagem da competição. O termo que melhor simboliza isso é "vantagem competitiva". Na visão de mundo da vantagem competitiva, as empresas são com frequência motivadas a obter um desempenho superior ao das rivais e a abocanhar fatias maiores do espaço de mercado existente.

É claro que a concorrência importa. Mas, ao focar na concorrência, acadêmicos, empresas e consultores ignoraram dois aspectos muito importantes – e muito mais lucrativos – da estratégia: um é encontrar e desenvolver mercados nos quais há pouca ou nenhuma concorrência – oceanos azuis – e o outro é explorar e proteger oceanos azuis. Esses desafios são muito diferentes daqueles aos quais os estrategistas têm dedicado a maior parte da sua atenção.

Rumo à estratégia do oceano azul

Que tipo de lógica estratégica é necessário para guiar a criação de oceanos azuis? Para responder a essa pergunta, analisamos mais de 100 anos de dados sobre criação de oceanos azuis no intuito de ver quais padrões poderiam ser detectados. Parte dos nossos achados é apresentada no quadro "Um retrato da criação de oceanos azuis", na página 147. Ele mostra uma visão geral das principais criações de oceanos azuis em três setores que tocam intimamente a vida das pessoas: automóveis (como as pessoas chegam ao trabalho), computadores (o que as pessoas usam no trabalho) e salas de cinema (para onde as pessoas vão se divertir depois do trabalho). Concluímos que:

Um retrato da criação de oceanos azuis

Esta tabela identifica os elementos estratégicos comuns a criações de oceanos azuis em três setores diferentes em três áreas diferentes. Ela não pretende ser completa na cobertura nem no conteúdo. Escolhemos mostrar setores americanos porque eles representavam o mercado maior e menos regulado durante nosso período de estudo. O padrão de criação de oceanos azuis exemplificado por esses três setores é consistente com o que observamos em outros setores no nosso estudo.

Principais criações de oceanos azuis	O oceano azul foi criado por uma estreante ou por uma empresa estabelecida?	Ele foi motivado por pioneirismo tecnológico ou pioneirismo de valor?	Na época da criação do oceano azul, o setor era atraente ou pouco atraente?
Automóveis			
Modelo T da Ford Lançado em 1908, o Modelo T foi o primeiro carro produzido em massa, a um preço que muitos americanos podiam pagar.	Estreante	Pioneirismo de valor* (principalmente tecnologias existentes)	Pouco atraente
O "carro para todo bolso e todo propósito" da GM A GM criou um oceano azul em 1924 injetando diversão e moda no carro.	Empresa estabelecida	Pioneirismo de valor (algumas tecnologias novas)	Atraente
Carros japoneses com consumo eficiente de combustível As montadoras japonesas criaram um oceano azul na década de 1970 com linhas de carros pequenos e confiáveis.	Empresa estabelecida	Pioneirismo de valor (algumas tecnologias novas)	Pouco atraente
Perua Chrysler Com sua perua (minivan) de 1984, a Chrysler criou uma nova classe de automóveis que eram tão fáceis de dirigir quanto um carro comum, mas com espaço para tantos passageiros quanto uma van.	Empresa estabelecida	Pioneirismo de valor (principalmente tecnologias existentes)	Pouco atraente

(continua)

Principais criações de oceanos azuis	O oceano azul foi criado por uma estreante ou por uma empresa estabelecida?	Ele foi motivado por pioneirismo tecnológico ou pioneirismo de valor?	Na época da criação do oceano azul, o setor era atraente ou pouco atraente?
Computadores			
Máquina de tabulação da CTR Em 1914, a CTR criou o setor das máquinas corporativas, simplificando, modularizando e alugando máquinas de tabulação. Mais tarde, a CTR mudou seu nome para IBM.	Empresa estabelecida	Pioneirismo de valor (algumas tecnologias novas)	Pouco atraente
Computador eletrônico IBM 650 e System/360 Em 1952, a IBM criou o setor de computadores corporativos, simplificando e reduzindo a capacidade e o preço da tecnologia existente. E ela explodiu o oceano azul criado pelo 650 quando, em 1964, revelou o System/360, o primeiro sistema de computador modular.	Empresa estabelecida	Pioneirismo de valor (650: principalmente tecnologias existentes) / Pioneirismo de valor e tecnológico (System/360: tecnologias novas e existentes)	Inexistente
Computador pessoal Apple Embora não fosse o primeiro computador doméstico, o Apple II, *all-in-one* (com monitor integrado à CPU) e simples de usar, foi uma criação de oceano azul quando surgiu em 1978.	Estreante	Pioneirismo de valor (principalmente tecnologias existentes)	Pouco atraente
Servidores PC Compaq A Compaq criou um oceano azul em 1992 com seu servidor ProSignia, que dava aos compradores o dobro da capacidade de armazenamento do minicomputador a um terço do preço.	Empresa estabelecida	Pioneirismo de valor (principalmente tecnologias existentes)	Inexistente
Computadores da Dell feitos por encomenda Na metade da década de 1990, a Dell criou um oceano azul em um setor altamente competitivo criando uma nova experiência de compra e de entrega para os compradores.	Estreante	Pioneirismo de valor (principalmente tecnologias existentes)	Pouco atraente

(continua)

Principais criações de oceanos azuis	O oceano azul foi criado por uma estreante ou por uma empresa estabelecida?	Ele foi motivado por pioneirismo tecnológico ou pioneirismo de valor?	Na época da criação do oceano azul, o setor era atraente ou pouco atraente?
Salas de cinema			
Nickelodeon O primeiro Nickelodeon abriu as portas em 1905, exibindo curtas-metragens o dia inteiro para públicos da classe trabalhadora por 5 centavos de dólar.	Estreante	Pioneirismo de valor (principalmente tecnologias existentes)	Inexistente
Roxy Palace Theaters Criados por Roxy Rothapfel em 1914, esses teatros ofereciam um ambiente similar ao da ópera para o público assistir a filmes a um preço acessível.	Empresa estabelecida	Pioneirismo de valor (principalmente tecnologias existentes)	Atraente
AMC *multiplex* Na década de 1960, o número de *multiplexes* nos shoppings suburbanos explodiu. O *multiplex* proporcionava maior escolha ao público enquanto reduzia os custos dos proprietários.	Empresa estabelecida	Pioneirismo de valor (principalmente tecnologias existentes)	Pouco atraente
AMC *megaplex* *Megaplexes*, introduzidos em 1995, ofereciam todos os filmes populares recém-lançados e forneciam experiências visuais espetaculares em complexos de cinemas tão grandes quanto estádios, a custos mais baixos para os proprietários dos cinemas.	Empresa estabelecida	Pioneirismo de valor (principalmente tecnologias existentes)	Pouco atraente

* Pioneirismo motivado por valor não implica que as tecnologias não estivessem envolvidas. Em vez disso, significa que as tecnologias determinantes utilizadas já estavam amplamente em uso, fosse nesse setor ou em outro.

Oceanos azuis não giram em torno de inovação tecnológica

Às vezes a criação de oceanos azuis envolve tecnologia de ponta, mas ela não é um fator definidor, nem mesmo em setores que fazem uso intensivo de tecnologia. Como o exemplo revela, em todos os três setores representativos, raramente os oceanos azuis foram o resultado de inovação tecnológica em si; a tecnologia subjacente já existia. Até a revolucionária linha de montagem da Ford já podia ser vista no setor de frigoríficos nos Estados Unidos. Como aqueles dentro do setor automobilístico, os oceanos azuis dentro do setor de computadores não surgiram por meio de inovações tecnológicas apenas, mas ao ligar tecnologia ao que os compradores valorizavam. Como aconteceu com o IBM 650 e o servidor PC da Compaq, isso muitas vezes envolveu simplificar a tecnologia.

Empresas estabelecidas muitas vezes criam oceanos azuis – e geralmente dentro de seus negócios fundamentais

A GM, as fabricantes de carros japonesas e a Chrysler eram participantes estabelecidos quando criaram oceanos azuis no setor automobilístico, assim como a CTR e sua encarnação posterior, IBM, no setor de computadores. E, no setor das salas de cinema, o mesmo pode ser dito dos Roxy Palace Theaters e da AMC. Das empresas listadas aqui, somente a Ford, a Apple, a Dell e a Nickelodeon eram estreantes em seus setores; as três primeiras eram startups e a quarta era um participante estabelecido entrando em um setor que era novo para ela. Isso sugere que empresas estabelecidas não estão em desvantagem na criação de novos espaços de mercado. Aliás, os oceanos azuis criados por elas estavam em geral dentro de seus negócios fundamentais. Na verdade, como mostra o quadro, a maioria dos oceanos azuis é criada a partir de oceanos vermelhos de setores existentes. Isso desafia a visão de que novos mercados estão em águas distantes. Há oceanos azuis bem ao seu lado em todos os setores.

Empresa e setor são as unidades de análise erradas

As unidades tradicionais da análise estratégica – empresa e setor – possuem pouco poder ilustrativo quando se trata de analisar como e por que os oceanos azuis são criados. Não existe nenhuma empresa consistentemente excelente; a mesma pode ser brilhante em um momento e equivocada em outro. Toda empresa ascende e cai com o tempo. Da mesma forma, não existe um setor permanentemente excelente; a atratividade relativa é motivada em grande medida pela criação de oceanos azuis a partir deles.

A unidade de análise mais útil para explicar a criação de oceanos azuis é o movimento estratégico – o conjunto de ações administrativas e decisões envolvidas em fazer uma grande oferta de criação de mercado. A Compaq, por exemplo, é considerada por muitas pessoas um "fracasso" porque foi adquirida pela Hewlett-Packard em 2001 e deixou de ser uma companhia. Mas seu destino final não invalida o movimento estratégico inteligente da Compaq que levou à criação do multibilionário mercado de servidores PC, um movimento que foi uma causa-chave para o poderoso retorno da empresa na década de 1990.

Criar oceanos azuis constrói marcas

A estratégia do oceano azul é tão poderosa que um movimento estratégico de oceano azul pode criar um valor de marca que dura por décadas. Quase todas as empresas listadas no quadro são lembradas sobretudo pelos oceanos azuis que criaram há muito tempo. Pouquíssimas pessoas vivas hoje tinham nascido quando o primeiro Modelo T saiu da linha de montagem de Henry Ford em 1908, mas a marca da montadora ainda se beneficia daquele movimento de oceano azul. A IBM também é considerada com frequência uma "instituição americana" principalmente por causa dos oceanos azuis que criou no mundo dos computadores: a série 360 foi seu equivalente ao Modelo T.

Nossas descobertas são encorajadoras para os executivos das corporações grandes e estabelecidas que são vistas tradicionalmente como as vítimas na criação de novos espaços no mercado. Elas revelam que vultosos orçamentos de pesquisa e desenvolvimento não são o segredo para criar essas brechas. O segredo é fazer os movimentos estratégicos certos. Além disso, as empresas que compreendem o que motiva um bom movimento estratégico estarão bem colocadas para criar múltiplos oceanos azuis ao longo do tempo, continuando assim a apresentar crescimento e lucros altos no decorrer de um período extenso. A criação de oceanos azuis, em outras palavras, é um produto de estratégia e, como tal, é principalmente um produto de ação de gestão.

As características determinantes

Nossa pesquisa mostra várias características comuns a diversos movimentos estratégicos que criam oceanos azuis. Descobrimos que os criadores de oceanos azuis, em forte contraste com empresas jogando pelas regras tradicionais, nunca usam a concorrência como um parâmetro. Em vez disso, eles a tornam irrelevante criando um salto de valor tanto para compradores quanto para a própria companhia. (O quadro "Estratégia do oceano vermelho versus estratégia do oceano azul", na página 153, compara as principais características dos dois tipos de modelo estratégico.)

Talvez a característica mais importante da estratégia do oceano azul é que ela rejeita o dogma fundamental da estratégia convencional: o de que existe um dilema entre valor e custo. Segundo essa tese, as empresas podem ou criar mais valor para os clientes a um custo mais alto, ou criar um valor razoável a um custo menor. Em outras palavras, estratégia é essencialmente uma escolha entre diferenciação e custo baixo. Mas, quando se trata de criar oceanos azuis, as evidências mostram que negócios de sucesso buscam diferenciação e custo baixo simultaneamente.

Para ver como isso é feito, voltemos ao Cirque du Soleil. Na época da estreia do Cirque, os circos focavam em usar os concorrentes como parâmetro (benchmarking) e em maximizar suas fatias de uma demanda decrescente fazendo mudanças em números de circo tradicionais. Isso incluía tentar obter mais palhaços e domadores de leões mais famosos, esforços que aumentavam a estrutura de custos dos circos sem alterar substancialmente a experiência do público. O resultado eram custos cada vez mais altos sem aumento da receita e uma espiral descendente na demanda geral por circos.

Então entra o Cirque. Em vez de seguir a lógica convencional de superar a concorrência oferecendo uma solução melhor para os problemas existentes – criando um circo com ainda mais diversão e emoção –, ele redefiniu o problema em si oferecendo às pessoas a diversão e as emoções de um circo *juntamente com* a sofisticação intelectual e a riqueza artística do teatro.

Ao elaborar apresentações que acertavam nesses dois pontos, o Cirque precisou reavaliar os componentes oferecidos pelo circo tradicional. O que a companhia descobriu foi que muitos dos elementos considerados

Estratégia do oceano vermelho versus estratégia do oceano azul

Os imperativos para estratégias do oceano vermelho e do oceano azul são notavelmente diferentes.

Estratégia do oceano vermelho	Estratégia do oceano azul
Competir no espaço de mercado existente.	Criar espaços de mercado não disputados.
Derrotar a concorrência.	Tornar a concorrência irrelevante.
Explorar a demanda existente.	Criar e capturar novas demandas.
Criar o dilema entre valor e custo.	Romper o dilema entre valor e custo.
Alinhar o sistema inteiro das atividades de uma empresa com sua escolha estratégica de diferenciação ou de custo baixo.	Alinhar o sistema inteiro das atividades de uma empresa na busca por diferenciação e custo baixo.

essenciais para a diversão e a emoção do circo eram desnecessários e, em muitos casos, caros. Por exemplo, a maioria dos circos oferece números com animais, que são um pesado fardo econômico, pois os circos precisam gastar não apenas com os bichos, mas também com seu treinamento, cuidados médicos, alojamento, alimentação, seguros e transporte. No entanto, o Cirque descobriu que o apetite por shows com animais estava diminuindo rapidamente por conta da preocupação crescente do público com o tratamento dos animais de circo e com o aspecto ético de exibi-los.

De maneira similar, embora os circos tradicionais promovessem seus artistas como astros e estrelas, o Cirque percebeu que o público não pensava mais em artistas de circo dessa forma, pelo menos não no sentido de astros e estrelas de cinema. O Cirque também eliminou os shows tradicionais com três ringues. Eles não apenas criavam confusão entre espectadores forçados a mudar sua atenção de um ringue para outro como também aumentavam o número de artistas necessários, com implicações óbvias para os custos. E, embora as concessões de vendas de produtos na plateia parecessem uma boa maneira de gerar renda, os preços altos desencorajavam os pais de comprar e fazia-os sentir que estavam sendo ludibriados.

O Cirque descobriu que o atrativo duradouro do circo tradicional se resumia a apenas três fatores: os palhaços, a tenda e os números acrobáticos clássicos. Assim, o Cirque manteve os palhaços, mas mudando seu humor do pastelão para um estilo mais encantador e sofisticado. Ele glamorizou a tenda, que muitos circos tinham abandonado em favor de espaços alugados. Percebendo que a tenda, mais do que todo o resto, capturava a magia do circo, o Cirque projetou esse símbolo clássico com um acabamento exterior glorioso e um alto nível de conforto para a plateia. A serragem e as arquibancadas duras se foram. Acrobatas e outros artistas com performances empolgantes foram mantidos, mas o Cirque reduziu seus papéis e tornou seus números mais elegantes acrescentando um toque artístico.

Embora tenha eliminado algumas das ofertas tradicionais do circo, o Cirque injetou novos elementos retirados do mundo do teatro. Por exemplo, diferentemente dos circos tradicionais, que mostravam uma série de números não relacionados, cada criação do Cirque lembra uma apresentação teatral no sentido de ter um tema e uma trama. Embora os temas sejam intencionalmente vagos, eles trazem harmonia e um elemento intelectual para os números. O Cirque também pega emprestadas ideias da Broadway. Por exemplo, em vez de exibir o tradicional show único, ele monta múltiplas produções baseadas em temas e enredos diferentes. Também como as produções da Broadway, cada show do Cirque tem uma trilha sonora original, a qual conduz a apresentação, a iluminação e o timing dos atos. As produções apresentam dança abstrata e espiritual, uma ideia derivada do teatro e do balé. Ao introduzir esses fatores, o Cirque criou espetáculos altamente sofisticados. E, por oferecer múltiplas produções, ele dá às pessoas motivos para ir ao circo com mais frequência, aumentando assim a receita.

O Cirque oferece o melhor tanto do circo quanto do teatro. E, por eliminar muitos dos elementos mais caros do circo, foi capaz de reduzir drasticamente sua estrutura de custos, atingindo tanto diferenciação quanto baixos custos. (Para uma descrição da economia subjacente à estratégia do oceano azul, veja o quadro "A busca simultânea por diferenciação e baixo custo", na página 156.)

Ao reduzir os custos e ao mesmo tempo aumentar o valor para os compradores, uma empresa pode atingir um salto no valor tanto para si própria quanto para seus clientes. Como o valor para o comprador vem da conveniência e do preço que uma empresa oferece, e uma empresa gera valor para si própria por meio de estrutura de custos e de preço, a estratégia do oceano azul só é alcançada quando o sistema inteiro da conveniência, do preço e das atividades de custo de uma companhia está adequadamente alinhado. É essa abordagem sistêmica integrada que torna a criação de oceanos azuis uma estratégia sustentável. A estratégia do oceano azul integra a gama das atividades funcionais e operacionais de uma empresa.

Rejeitar o dilema entre custo baixo e diferenciação implica uma mudança fundamental na mentalidade estratégica. A premissa do oceano vermelho de que as condições estruturais do setor são definitivas e que as empresas são obrigadas a competir dentro delas é baseada em uma visão de mundo intelectual que os acadêmicos chamam de *visão estruturalista* ou *determinismo ambiental*. De acordo com essa visão, empresas e gestores estão em grande parte à mercê de forças econômicas maiores do que eles. Estratégias do oceano azul, em contraste, são baseadas em uma visão de mundo na qual os limites e os setores do mercado podem ser reconstruídos pelas ações e crenças dos participantes do setor. Chamamos isso de *visão reconstrucionista*.

Os fundadores do Cirque du Soleil claramente não se sentiam forçados a agir dentro dos limites de seu setor. Aliás, o Cirque é realmente um circo, com tudo que eliminou, reduziu, desenvolveu e criou? Ou é teatro? Se é teatro, então pertence a qual gênero – apresentação da Broadway, ópera, balé? A magia do Cirque foi criada por meio de uma reconstrução de elementos retirados de todas essas alternativas. No final, o Cirque não é nenhuma delas e é um pouco de todas. A partir dos oceanos vermelhos do teatro e do circo, o Cirque criou um oceano azul de espaço de mercado não disputado que, até agora, ainda não possui um nome.

Barreiras contra a imitação

As empresas que criam oceanos azuis geralmente colhem os benefícios sem grandes desafios durante 10 ou 15 anos, como foi o caso com o Cirque du Soleil, a Home Depot, a Federal Express, a Southwest Airlines e a CNN, para mencionar apenas algumas. O motivo é que a estratégia do oceano azul cria consideráveis barreiras econômicas e cognitivas contra a imitação.

Para começar, adotar um modelo de negócios criador de oceano azul é mais fácil de imaginar do que de fazer. Como os criadores de oceanos azuis atraem clientes em grandes volumes imediatamente, eles são capazes de gerar economias de escala muito depressa, colocando pretensos imitadores em uma desvantagem de custos imediata e contínua. As economias de escala enormes das quais a Walmart desfruta nas compras, por exemplo, desencorajaram significativamente outras empresas a imitar seu modelo de negócios. A atração imediata de grande número de clientes também pode criar efeitos de rede. Quanto mais clientes o eBay possui on-line, mais atraente o site de leilões se torna tanto para vendedores quanto para compradores de produtos, dando aos usuários poucos incentivos para ir a outro lugar.

Quando a imitação exige que as empresas façam mudanças em seu sistema inteiro de atividades, políticas organizacionais podem impedir a capacidade de um pretenso concorrente de mudar para o modelo de negócios divergente de uma estratégia do oceano azul. Por exemplo, companhias aéreas tentando seguir o exemplo da Southwest de oferecer a velocidade de viajar de avião com a flexibilidade e o custo de ir de carro teriam enfrentado

---

A busca simultânea por diferenciação e baixo custo

Um oceano azul é criado na região em que as ações de uma empresa afetam favoravelmente tanto sua estrutura de custos quanto sua proposta de valor para os compradores. Economias nos custos são obtidas eliminando e reduzindo os fatores nos quais um setor compete. O valor para o comprador é aumentado elevando e criando elementos que o setor nunca ofereceu. Com o passar do tempo, os custos são reduzidos ainda mais conforme as economias de escala entram em ação, graças aos grandes volumes de vendas gerados pelo valor superior.

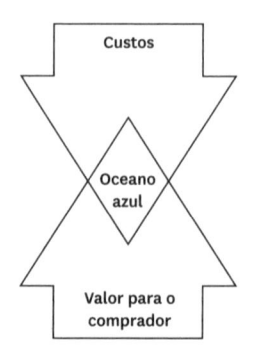

grandes reestruturações em estabelecimento de rotas, treinamento, marketing e precificação, sem falar na cultura. Poucas companhias aéreas estabelecidas tinham a flexibilidade para fazer mudanças organizacionais e operacionais tão extensas da noite para o dia. Imitar uma abordagem sistêmica integrada não é um feito fácil.

As barreiras cognitivas podem ser igualmente eficazes. Quando uma empresa oferece um salto de valor, ela conquista rapidamente interesse por sua marca e seguidores leais no mercado. A experiência mostra que até as campanhas de marketing mais caras lutam para tirar um criador de oceano azul de seu lugar. A Microsoft, por exemplo, vem tentando há mais de 10 anos ocupar o centro do oceano azul que a Intuit criou com seu produto de software financeiro Quicken. Apesar de todos os seus esforços e de todo o seu investimento, a Microsoft não conseguiu obter a liderança no setor.

Em outras situações, tentativas de imitar um criador de oceano azul entram em conflito com a imagem de marca existente do imitador. A The Body Shop, por exemplo, evita supermodelos e não faz promessas de juventude e beleza eternas. Para as marcas de cosméticos estabelecidas, como a Estée Lauder e a L'Oréal, a imitação seria muito difícil, pois indicaria uma invalidação completa de suas imagens atuais, que são baseadas em promessas de juventude e beleza eternas.

Um padrão consistente

Embora nossa articulação conceitual do padrão possa ser nova, a estratégia do oceano azul sempre existiu, quer as empresas estivessem cientes do fato, quer não. Apenas considere os paralelos notáveis entre a experiência de teatro-circo do Cirque du Soleil e a criação do Modelo T da Ford.

No final do século XIX, o setor automobilístico era pequeno e pouco atraente. Mais de 500 fabricantes de automóveis nos Estados Unidos disputavam para produzir carros de luxo feitos à mão que custavam em torno de 1.500 dólares e eram extremamente *impopulares* entre todos, exceto os muito ricos. Ativistas anticarros destruíam estradas, cercavam carros estacionados com arame farpado e organizavam boicotes a homens de negócios e políticos que dirigiam carros. Woodrow Wilson captou o espírito da época quando disse em 1906 que "nada espalhou mais o sentimento socialista quanto o automóvel". Ele o chamou de "uma imagem da arrogância da riqueza".

Em vez de tentar derrotar a concorrência e roubar uma fatia da demanda existente dos outros fabricantes de automóveis, a Ford reconstruiu os limites do setor de carros e de carruagens puxadas por cavalos para criar um oceano azul. Na época, carruagens puxadas por cavalos eram o principal meio de transporte local em todo o país. A carruagem tinha duas vantagens distintas sobre os automóveis. Os cavalos podiam lidar facilmente com os calombos e com a lama que atravancavam os carros – especialmente na chuva e na neve – nas onipresentes estradas de terra do país. E cavalos e carruagens eram muito mais fáceis de manter do que os carros luxuosos da época, que quebravam com frequência, exigindo mecânicos especializados, os quais eram caros e escassos. Foi a compreensão de Henry Ford dessas vantagens que lhe mostrou como ele poderia romper com a concorrência e desbloquear uma enorme demanda não explorada.

Ford chamou o Modelo T de o carro "para o grande público, construído com os melhores materiais". Como o Cirque, a Ford Motor Company tornou a concorrência irrelevante. Em vez de criar carros elegantes e customizados para fins de semana no campo, um luxo que poucos podiam justificar, Ford construiu um carro que, como a carruagem puxada por cavalos, era para o uso cotidiano. O Modelo T vinha em apenas uma cor, preta, e havia pouca oferta de adicionais. Ele era confiável e durável, projetado para viajar com facilidade em estradas de terra na chuva, na neve ou sob o sol. Era fácil de usar e de consertar. As pessoas podiam aprender a dirigi-lo em um dia. E, como o Cirque, Ford foi para fora do setor para definir o preço, olhando para carruagens puxadas por cavalos (400 dólares), e não para outros carros. Em 1908, o primeiro Modelo T custava 850 dólares; em 1909, o preço caiu para 609 dólares; e, em 1924, tinha caído para 290 dólares. Dessa maneira, a Ford converteu compradores de carruagens puxadas por cavalos em compradores de carros – justamente como o Cirque transformou o público de teatro em público de circo. As vendas do Modelo T explodiram. A fatia de mercado da Ford aumentou de 9% em 1908 para 61% em 1921, e, em 1923, a maioria dos lares americanos tinha um carro.

Mesmo enquanto oferecia à massa de compradores um salto em valor, a Ford também atingiu a menor estrutura de custos do setor, de modo muito similar ao que o Cirque fez mais tarde. Mantendo os carros altamente padronizados com opções e partes intercambiáveis limitadas, a Ford foi capaz de eliminar o sistema de produção prevalecente no qual carros eram feitos por artesãos habilidosos que cercavam uma estação de trabalho e construíam um carro peça a peça do começo ao fim. A linha de montagem revolucionária da Ford substituiu artesãos por trabalhadores não especializados, cada qual cuidando rápida e eficientemente de uma única tarefa pequena. Isso permitiu que a Ford fabricasse um carro em apenas quatro dias – a norma do setor era 21 –, criando enormes economias de custos.

Oceanos azuis e vermelhos sempre coexistiram e sempre coexistirão. A realidade dos negócios, portanto, exige que as empresas entendam a lógica estratégica dos dois tipos de oceano. Atualmente, a competição em oceanos vermelhos domina o campo da estratégia na teoria e na prática, mesmo à medida que a necessidade de os negócios criarem oceanos azuis se intensifica. Está na hora de nivelar a balança no campo da estratégia com um equilíbrio melhor de esforços nos dois oceanos. Pois, embora estrategistas do oceano azul tenham sempre existido, na maior parte suas estratégias foram basicamente inconscientes. Quando, porém, as corporações se derem conta de que as estratégias para criar e capturar oceanos azuis possuem uma lógica subjacente diferente das estratégias dos oceanos vermelhos, elas serão capazes de criar muito mais oceanos azuis no futuro.

Publicado originalmente em outubro de 2004.

6

Os segredos para a execução bem-sucedida de estratégias

Gary L. Neilson, Karla L. Martin e Elizabeth Powers

UMA ESTRATÉGIA BRILHANTE, UM PRODUTO que é um grande sucesso de vendas ou tecnologias revolucionárias podem colocar você no mapa competitivo, mas somente uma execução sólida consegue mantê-lo lá. Você precisa ser capaz de concretizar sua intenção. Infelizmente, a maioria das empresas admite que não é muito boa nisso.

Nos últimos cinco anos, convidamos muitos milhares de funcionários (cerca de 25% deles em cargos executivos) para responder a um questionário on-line sobre as capacidades de sua organização, processo que gerou um banco de dados de 125 mil perfis representando mais de mil empresas, instituições governamentais e organizações sem fins lucrativos em mais de 50 países. Três em cada cinco funcionários classificaram sua organização como fraca no quesito execução – ou seja, quando perguntados se concordavam com a afirmação "Decisões estratégicas e operacionais importantes são traduzidas rapidamente em ação", a maioria respondeu que não.

Execução é o resultado de milhares de decisões tomadas todo dia por funcionários agindo de acordo com a informação que possuem e com o próprio interesse. Em nosso trabalho ajudando mais de 250 companhias a aprender a executar com mais eficiência, identificamos quatro elementos fundamentais que os executivos podem usar para influenciar essas ações – esclarecer os direitos de decisão, projetar fluxos de informações, alinhar motivadores e fazer mudanças na estrutura. (Para simplificar, vamos nos referir a eles como direitos de decisão, informação, motivadores e estrutura.)

Na tentativa de melhorar o desempenho, a maioria das organizações vai direto para medidas estruturais, porque mover linhas no organograma parece ser a solução mais óbvia e as alterações são visíveis e concretas. Esses passos costumam produzir melhorias de curto prazo, mas, ao fazê-lo, abordam apenas os sintomas da disfunção, e não suas causas principais. Anos depois, as empresas acabam no mesmo lugar de onde começaram.

A mudança estrutural pode e deve ser parte do caminho para a execução aprimorada, mas é melhor pensar nisso como o toque final, e não como o pilar de qualquer transformação organizacional. Na verdade, nossa pesquisa mostra que ações relacionadas com direitos de decisão e informação são muito mais importantes – cerca de duas vezes mais eficazes – do que melhorias feitas nos outros dois elementos fundamentais. (Veja o quadro "O que mais importa para a execução da estratégia", na página 169.)

Observe, por exemplo, o caso do uma companhia global de bens de consumo embalados que enfrentou problemas pelo caminho da reorganização no começo da década de 1990. (Alteramos detalhes identificadores neste e em outros casos a seguir.) Decepcionada com o desempenho da companhia, a direção executiva fez o que a maioria estava fazendo na época: uma reestruturação. Algumas camadas de gerenciamento foram eliminadas e a abrangência de controle, ampliada. Os custos com o recrutamento de gestores caíram rapidamente 18%. Oito anos depois, porém, um déjà-vu. As camadas tinham se reinserido lentamente e a abrangência de controle, estreitada de novo. Ao abordar somente a estrutura, a direção atacara os sintomas visíveis de um desempenho fraco, mas não a causa subjacente – como as pessoas tomavam decisões e como eram responsabilizadas por elas.

Dessa vez, a direção olhou além de linhas e quadros, focando na mecânica de como o trabalho era feito. Em vez de procurar maneiras de reduzir custos, eles se concentraram em melhorar a execução – e, no processo, descobriram os motivos verdadeiros para a queda no desempenho.

Os gestores não tinham uma noção clara de seus respectivos papéis e responsabilidades. Não compreendiam intuitivamente quais decisões lhes cabia tomar. Além disso, a relação entre desempenho e recompensas era fraca. Essa era uma empresa com uma abundância de microgerenciamento e palpites e com uma carência de atribuição de responsabilidades. Gerentes intermediários passavam 40% do seu tempo justificando-se e fazendo relatórios para seus superiores ou questionando as decisões táticas de seus subordinados diretos.

Munida dessa compreensão, a companhia elaborou um novo modelo de gestão que estabeleceu quem era responsável pelo quê e fez a conexão entre desempenho e recompensa. Por exemplo, a norma nessa empresa, que não era incomum no setor, sempre fora promover pessoas rapidamente, dentro de 18 meses ou dois anos, antes que elas tivessem uma chance de levar a cabo suas iniciativas. Como resultado, gestores em todos os níveis continuavam fazendo seus trabalhos antigos mesmo depois de terem sido promovidos, olhando sobre os ombros dos subordinados diretos que estavam agora à frente de seus projetos e, com muita frequência, assumiam o comando. Hoje, os funcionários ficam mais tempo nas suas posições para que possam concluir suas iniciativas, e ainda estão ali quando os frutos de seu trabalho começam a aparecer. Além do mais, os resultados dessas iniciativas continuam a contar em suas avaliações de desempenho por algum tempo depois de serem promovidos, obrigando-os a viver com as expectativas que tinham estabelecido em seus cargos anteriores. Como consequência, as previsões tornaram-se mais precisas e confiáveis. Essas ações de fato proporcionaram uma estrutura com menos camadas e maior abrangência de controle, mas isso foi um efeito colateral das mudanças, e não seu foco primário.

Em resumo

Uma estratégia brilhante pode colocar você no mapa competitivo, mas apenas uma execução sólida o mantém lá. Infelizmente, a maioria das empresas tem dificuldades com a implementação. Isso acontece porque elas recorrem excessivamente a mudanças estruturais, tais como uma reorganização, para executar sua estratégia.

Embora mudanças estruturais tenham seu lugar na execução, elas produzem apenas ganhos de curto prazo. Por exemplo, uma companhia reduziu suas camadas de gerenciamento como parte de uma estratégia para lidar com um desempenho decepcionante. Os custos despencaram inicialmente, mas as camadas logo voltaram.

A pesquisa de Neilson, Martin e Powers mostra que empresas exemplares em execução focam seus esforços em duas alavancas muito mais poderosas do que mudanças estruturais:

- **Esclarecer direitos de decisão** – por exemplo, especificar quem é "dono" de cada decisão e quem deve fornecer informações.

- **Assegurar que a informação flua até onde é necessária** – como ao promover os gestores horizontalmente, de modo que eles criem redes necessárias para a colaboração entre unidades crucial para uma nova estratégia.

Aborde primeiro direitos de decisão e fluxos de informação, e somente depois **altere estruturas organizacionais** e **realinhe incentivos** para *apoiar* esses movimentos.

Os componentes de uma execução forte

Nossas conclusões são resultado de décadas de aplicação prática e de pesquisa intensiva. Há quase cinco anos, nós e nossos colegas demos início à coleta de dados empíricos para identificar as ações mais eficazes em capacitar uma organização a implementar uma estratégia. Queríamos saber quais maneiras particulares de reestruturação, motivação, melhoria de

Na prática

As alavancas a seguir são fundamentais para uma execução bem-sucedida da estratégia:

Direitos de decisão
- Assegure-se de que todos na sua empresa saibam por quais decisões e ações são responsáveis.

    Exemplo: Em uma companhia global de bens de consumo, decisões tomadas por líderes divisionais e regionais eram ignoradas por líderes funcionais na matriz que controlavam a alocação de recursos. As decisões empacavam. As despesas gerais acumulavam-se à medida que as divisões aumentavam suas equipes a fim de criar argumentos indestrutíveis para desafiar decisões da matriz. Para apoiar uma nova estratégia que dependia de um foco maior nos clientes, o CEO responsabilizou as divisões pelos lucros de um modo que não gerasse dúvidas.

- Estimule gestores do alto escalão a delegar decisões operacionais.

    Exemplo: Em uma organização global de caridade, a incapacidade de delegar dos gestores no nível nacional levou à paralisia de decisões. A equipe de liderança, então, estimulou esses gestores a delegar tarefas operacionais padrão. Isso os liberou para se concentrarem em desenvolver as estratégias necessárias para realizar a missão da organização.

Fluxo de informações
- Garanta que informações importantes sobre o ambiente competitivo fluam rapidamente para a matriz. Desse modo, a equipe executiva pode identificar padrões e divulgar melhores práticas em toda a empresa.

    Exemplo: Em uma seguradora, informações precisas sobre a viabilidade de projetos eram censuradas à medida que subiam na hierarquia. No intuito de melhorar o fluxo de informações para os níveis mais altos de gestão, a empresa tomou medidas para criar uma cultura mais aberta e informal. Os executivos começaram a se entrosar com líderes de unidades durante reuniões de gestão e a participar de almoços regulares nos quais eram discutidas as questões mais prementes da seguradora.

- Facilite o fluxo de informações entre as fronteiras organizacionais.

  Exemplo: Para gerenciar melhor relacionamentos com grandes clientes que compravam vários produtos, uma empresa B2B (*business-to-business*, ou seja, que vende seus produtos para outra empresa) precisava que suas unidades conversassem entre si. Ela imbuiu seu recém-criado grupo de marketing focado no cliente da tarefa de estimular a comunicação entre as diferentes unidades. O grupo passou a emitir relatórios regulares mostrando o desempenho em relação aos objetivos (por produto e geograficamente) e a fornecer análises das causas fundamentais de lacunas no desempenho. Reuniões trimestrais de gestão de desempenho cultivaram ainda mais a confiança necessária para a colaboração.

- Ajude funcionários de campo e da linha de frente a compreender como suas escolhas cotidianas afetam os resultados da empresa.

  Exemplo: Em uma firma de serviços financeiros, os vendedores costumavam elaborar para os clientes ofertas customizadas únicas que custavam para a firma mais do que ela lucrava. O setor de vendas não entendia as implicações de custo e de complexidade daquelas transações. A gestão lidou com o desalinhamento de informações adotando uma abordagem de "customização inteligente" para as vendas. Para ofertas customizadas, ela estabeleceu processos internos padronizados (como avaliação de riscos). Também desenvolveu ferramentas de apoio analítico para munir os vendedores de informações precisas sobre as implicações de custos das transações que propunham. A lucratividade aumentou.

fluxos de informação e de esclarecimento de direitos de decisão mais importavam.

Começamos elaborando uma lista de 17 características, cada uma correspondendo a um ou mais dos quatro elementos fundamentais que sabíamos que poderiam possibilitar uma execução eficaz – características como o fluxo livre de informações entre fronteiras organizacionais ou em que grau os líderes do alto escalão evitam se envolver em decisões operacionais. Com esses fatores em mente, desenvolvemos um questionário on-line que permite a indivíduos avaliar as capacidades de execução de suas organizações.

No decorrer dos quatro anos seguintes, aproximadamente, coletamos dados de muitos milhares de perfis, os quais, por sua vez, nos levaram a calibrar com mais precisão o impacto de cada característica na capacidade de execução de uma organização. Isso nos permitiu classificar as 17 características na ordem de sua influência relativa. (Veja o quadro "As 17 características fundamentais da eficiência organizacional", na página 171.)

Essa ordenação deixou clara a relevância dos direitos de decisão e da informação para a execução eficiente de uma estratégia. As primeiras oito características se relacionam diretamente com esses elementos. Apenas três das 17 características estão relacionadas com estrutura, e nenhuma delas está acima do 13º lugar. Vejamos agora as cinco principais características.

1. Todos têm uma boa ideia das decisões e ações pelas quais são responsáveis.

Em empresas fortes em execução, 71% dos indivíduos concordam com essa afirmação; o número cai para 32% em organizações fracas em execução.

Conforme uma empresa amadurece, pode haver confusão quanto aos direitos de decisão. Organizações jovens em geral estão ocupadas demais fazendo o trabalho para definirem papéis e responsabilidades com clareza desde o começo. E por que deveriam? Em uma empresa pequena, não é tão difícil saber o que as outras pessoas estão fazendo. Portanto, por algum tempo, as coisas funcionam suficientemente bem. No entanto, à medida que o negócio cresce, executivos vêm e vão, trazendo com eles e levando embora expectativas diferentes, e com o tempo o processo de aprovação se torna mais intricado e turvo. Fica cada vez menos claro onde a responsabilidade de uma pessoa começa e a de outra termina.

Uma companhia global de bens de consumo duráveis descobriu isso da maneira mais difícil. Ela estava tão repleta de pessoas tomando decisões conflitantes que era difícil achar qualquer pessoa abaixo do CEO que se sentisse realmente responsável pela lucratividade. A companhia era organizada em 16 divisões de produtos agregadas em três grupos regionais – América do Norte, Europa e Internacional. Cada uma das divisões tinha a tarefa de atingir metas de produtividade explícitas, mas a equipe funcional na matriz controlava as metas de gastos – quanto era alocado para pesquisa e desenvolvimento, por exemplo. Decisões tomadas por líderes divisionais e regionais eram rotineiramente ignoradas por líderes funcionais. As despesas gerais começaram a crescer à medida que as divisões aumentavam suas equipes no intuito de criar argumentos indestrutíveis para desafiar as decisões da matriz.

As decisões empacavam enquanto as divisões negociavam com equipes funcionais, cada camada intervindo com perguntas. Os membros da equipe funcional nas divisões (analistas financeiros, por exemplo) com frequência transferiam a decisão para seus superiores na administração em vez de para o vice-presidente de sua divisão, já que líderes funcionais eram responsáveis por recompensas e promoções. Somente o CEO e sua equipe executiva tinham o poder de decisão para resolver disputas. Todos esses sintomas alimentavam-se de maneira mútua e, coletivamente, atrapalhavam a execução – até a chegada de um novo CEO.

O novo presidente executivo escolheu focar menos no controle de custos e mais no crescimento lucrativo, redefinindo as divisões para que se concentrassem em clientes. Como parte do novo modelo organizacional, o CEO passou a responsabilidade pelos lucros para as divisões e também lhes deu autoridade para utilizar atividades funcionais de modo a apoiar seus objetivos (assim como um controle maior do orçamento). Papéis funcionais corporativos e direitos de decisão foram reatribuídos para acolher melhor as necessidades das divisões e também para criar as ligações necessárias entre as divisões para desenvolver as capacidades globais do negócio como um todo. A maioria dos líderes funcionais compreendia as realidades do mercado – e que as mudanças requeriam alguns ajustes no modelo de operação do negócio. Ajudou o fato de que o CEO os inseriu no processo de replanejamento organizacional, de modo que o novo modelo não fosse algo imposto a eles, mas algo em que tinham se envolvido e tinham construído juntos.

2. Informações importantes sobre o ambiente competitivo chegam rapidamente à matriz.

Na média, 77% dos indivíduos em organizações fortes em execução concordam com essa afirmação, ao passo que apenas 45% daqueles em organizações fracas em execução concordam.

A estrutura corporativa da matriz da empresa pode cumprir uma função poderosa na identificação de padrões e na divulgação de melhores práticas em todos os segmentos do negócio e todas as regiões. Mas ela só pode desempenhar esse papel coordenador se tiver inteligência de mercado precisa e atualizada. Do contrário, tenderá a impor os próprios interesses e políticas em vez de ceder a operações que são muito melhores para o cliente.

Considere o caso da fabricante de equipamentos pesados Caterpillar.[1] Hoje, ela é uma companhia global de 45 bilhões de dólares altamente bem-sucedida, mas, há uma geração, a organização da Caterpillar estava tão desalinhada que sua própria existência se achava ameaçada. Os direitos de decisão eram acumulados no topo por escritórios gerais funcionais localizados na matriz em Peoria, no estado de Illinois, enquanto boa parte da informação necessária para tomar tais decisões ficava em campo com os gerentes de vendas.

"Levava-se muito tempo para fazer as decisões subirem e descerem pelos feudos departamentais, e realmente não eram boas decisões de negócios; eram mais decisões funcionais", observou um executivo de vendas. O CEO atual, Jim Owens, que na época era diretor administrativo na Indonésia, disse-nos que as informações que de fato chegavam ao topo eram "maquiadas e envernizadas várias vezes pelo caminho". Sem acesso a informações sobre o mercado externo, executivos do alto escalão concentravam-se no funcionamento interno da organização, analisando exageradamente problemas e revendo decisões tomadas nos níveis mais baixos, o que custava à organização oportunidades em mercados que se moviam rapidamente.

---

[1] Os detalhes para este exemplo foram extraídos de Gary L. Neilson e Bruce A. Pasternak, *Resultados: Mantenha o que está certo, corrija o que está errado e obtenha um ótimo desempenho* (Rocco, 2007).

A definição de preços, por exemplo, era baseada em custos e determinada não por realidades de mercado, mas pelo escritório geral de definição de preços em Peoria. Representantes de vendas em todo o mundo perdiam uma venda depois de outra para a Komatsu, cujos preços competitivos eram consistentemente mais baixos que os da Caterpillar. Em 1982, a companhia encerrou o ano com prejuízo pela primeira vez em quase seis décadas de história. Em 1983 e 1984, ela perdeu 1 milhão de dólares por dia, sete dias por semana. No final de 1984, a Caterpillar tinha perdido 1 bilhão de dólares. Em 1988, o então CEO George Schaefer se achava no topo de uma burocracia que estava, em suas palavras, "me dizendo o que eu queria ouvir, e não o que eu precisava saber". Então ele convocou uma força-tarefa de gerentes intermediários "renegados" e lhes deu a missão de desenhar o futuro da Caterpillar.

Ironicamente, a maneira de garantir que a informação certa fluiria para a matriz era se assegurar de que as decisões certas fossem tomadas muito mais abaixo na organização. Ao delegar responsabilidade operacional às pessoas mais próximas da ação, os executivos superiores ficavam livres para se concentrar em questões estratégicas mais globais.

Assim, a empresa se reorganizou em unidades de negócios, tornando cada uma responsável pela própria demonstração do resultado (lucro ou

---

O que mais importa para a execução da estratégia

Quando uma empresa fracassa em executar sua estratégia, a primeira coisa que os gestores costumam pensar em fazer é reestruturar. Mas nossa pesquisa mostra que os elementos fundamentais de uma boa execução começam com o esclarecimento dos direitos de decisão e a garantia de que a informação flua para onde precisa ir. Quando você acerta nesses quesitos, a estrutura e os motivadores corretos com frequência se tornam óbvios.

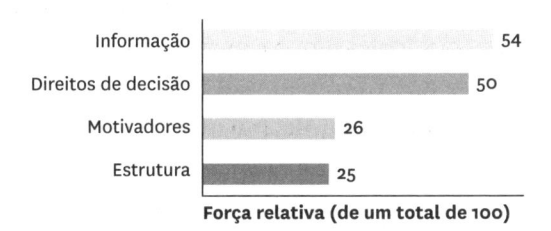

Informação	54
Direitos de decisão	50
Motivadores	26
Estrutura	25

Força relativa (de um total de 100)

prejuízo). Os escritórios funcionais gerais que tinham sido todo-poderosos deixaram de existir, literalmente da noite para o dia. Seu talento e conhecimento, incluindo engenharia, definição de preços e produção, foram distribuídos para as novas unidades de negócios, as quais podiam agora projetar os próprios produtos, desenvolver os próprios processos e cronogramas de fabricação e definir os próprios preços.

Esse movimento descentralizou drasticamente os direitos de decisão, dando às unidades controle sobre decisões de mercado. Os lucros ou prejuízos das unidades de negócios eram agora medidos de forma consistente em toda a empresa, conforme o retorno sobre ativos se tornava a medida universal de sucesso. Com essa informação precisa, atualizada e diretamente comparável, os tomadores de decisões do alto escalão na matriz puderam fazer escolhas estratégicas e compensações inteligentes em vez de usar dados de vendas defasados para tomar decisões ineficientes de marketing tático.

Em 18 meses, a companhia estava trabalhando no novo modelo. "Foi uma revolução que se tornou um renascimento", lembra-se Owen, "uma transformação espetacular de uma espécie de companhia lenta em uma que efetivamente possui zelo empreendedor. E essa transição foi muito rápida porque foi decisiva e completa."

3. Uma vez tomadas, decisões são raramente postas em dúvida.

Se alguém está ou não colocando uma decisão em dúvida é algo que depende do seu ponto de vista. Uma perspectiva empresarial mais experiente e abrangente pode acrescentar valor a uma decisão, mas gestores mais altos na hierarquia podem não estar acrescentando valor; em vez disso, eles podem estar empacando o progresso refazendo o trabalho de seus subordinados enquanto, para todos os efeitos, se esquivam das próprias tarefas. Em nossa pesquisa, 71% dos funcionários de empresas fracas em execução achavam que as decisões eram postas em dúvida, enquanto apenas 45% daqueles de organizações fortes em execução achavam isso.

Recentemente, trabalhamos com uma organização global de caridade dedicada a diminuir a pobreza. Ela tinha um problema que muitos invejariam: estava sofrendo do desgaste gerado por um crescimento rápido nas doações e por um crescimento correspondente na profundidade e no alcance de seus

As 17 características fundamentais da eficiência organizacional

Com base na pesquisa que realizamos com mais de 26 mil pessoas de 31 empresas, extraímos as características que tornam as organizações eficazes na implementação da estratégia. Aqui estão elas, em ordem de importância.

Classificação	Característica da organização	Índice de força (de um total de 100)
1	Todos têm uma boa ideia das decisões e ações pelas quais são responsáveis.	81
2	Informações importantes sobre o ambiente competitivo chegam rapidamente à matriz.	68
3	Uma vez tomadas, decisões são raramente postas em dúvida.	58
4	As informações fluem livremente entre as fronteiras organizacionais.	58
5	Funcionários de campo e da linha de frente geralmente possuem a informação da qual precisam para compreender o impacto de suas escolhas cotidianas no resultado (lucro ou prejuízo).	55
6	Gerentes da linha de frente têm acesso às métricas das quais necessitam para avaliar os principais motivadores de seu negócio.	48
7	Gestores em uma posição hierárquica mais alta se envolvem em decisões operacionais.	32
8	Mensagens conflitantes raramente são enviadas para o mercado.	32
9	O processo de avaliação de desempenho individual diferencia funcionários de desempenho alto, adequado e baixo.	32
10	A capacidade de cumprir metas de desempenho influencia fortemente o avanço na carreira e as recompensas.	32
11	É mais preciso descrever a cultura desta organização como "persuadir e convencer" do que como "comandar e controlar".	29
12	O principal papel da equipe corporativa aqui é apoiar as unidades de negócios em vez de fiscalizá-las.	29
13	Promoções podem ser movimentos laterais (de uma posição para outra no mesmo nível na hierarquia).	29
14	Funcionários que avançam rapidamente aqui podem esperar promoções mais frequentes do que a cada três anos.	23
15	Na média, gestores intermediários possuem cinco ou mais subordinados diretos.	19
16	Se a empresa tem um ano ruim mas uma divisão específica tem um ano bom, o chefe da divisão ainda assim receberá um bônus.	13
17	Além do salário, muitas coisas motivam os indivíduos a fazer um bom trabalho.	10

Elementos fundamentais: ■ Direitos de decisão □ Informação ■ Motivadores ■ Estrutura programas. Como se poderia esperar, essa organização sem fins lucrativos era conduzida por pessoas imbuídas de uma missão que assumiam os projetos como algo pessoal. Ela não recompensava a delegação nem mesmo das tarefas administrativas mais comuns. Gestores no nível nacional, por exemplo, supervisionavam pessoalmente o conserto de copiadoras.

A incapacidade dos gestores de delegar levou a uma paralisia de decisões e a uma falta de atribuição de responsabilidade à medida que a organização crescia. Quando havia dúvidas sobre quem estava habilitado a tomar uma decisão, fazia-se uma série de reuniões nas quais não se chegava a lugar nenhum. Quando as decisões eram finalmente tomadas, em geral elas tinham sido examinadas por tantas pessoas que nenhuma podia ser considerada responsável e ser responsabilizada.

Um esforço para acelerar a tomada de decisões por meio de reestruturação – alocando líderes principais com especialistas nos assuntos em questão em recém-estabelecidos centros de excelência centrais e regionais – tornou-se, por sua vez, outra obstrução. Gestores principais ainda não tinham certeza do seu direito de tirar vantagem desses centros, portanto não tiravam.

Os gestores e os diretores da organização retornaram para a prancheta. Trabalhamos com eles para projetar um mapa de tomada de decisões, uma ferramenta para ajudar a identificar onde tipos diferentes de decisão deveriam ser tomados, e com isso eles esclareceram e ampliaram os direitos de decisão em todos os níveis de gerenciamento. Assim, todos os gestores foram ativamente estimulados a delegar tarefas operacionais padrão. Quando as pessoas tiveram uma ideia clara de quais decisões deveriam e não deveriam estar tomando, acharam justo que as considerassem responsáveis por determinadas decisões. Além disso, agora elas podiam concentrar suas energias na missão da organização. Esclarecer os direitos de decisão e as responsabilidades também melhorou a capacidade da organização de acompanhar realizações individuais, o que a ajudou a planejar novos e atraentes planos de carreira.

4. As informações fluem livremente entre as fronteiras organizacionais.

Quando a informação não flui horizontalmente entre diferentes partes da empresa, as unidades comportam-se como feudos, perdendo economias de escala e a transferência de melhores práticas. Além disso, a organização como um todo desperdiça a oportunidade de desenvolver um grupo de gestores talentosos bem versados em todos os aspectos das operações da empresa. Nossa pesquisa indica que apenas 21% dos funcionários de empresas fracas em execução achavam que as informações fluíam livremente entre as fronteiras organizacionais, ao passo que 55% daqueles de empresas fortes em execução achavam o mesmo. Como a pontuação mesmo para as empresas fortes é bastante baixa, essa é uma questão na qual a maioria delas pode trabalhar.

Uma história de advertência vem de uma companhia B2B cujas divisões de clientes e de produtos fracassavam em colaborar para atender a um segmento crucial: grandes clientes que compravam vários produtos. Para gerenciar o relacionamento com clientes importantes, a empresa estabelecera um grupo de marketing focado no cliente, o qual desenvolveu programas de captação de clientes, modelos inovadores de definição de preços, além de promoções e descontos personalizados. Mas esse grupo não emitia nenhum relatório claro e consistente de suas iniciativas e seus progressos para as unidades de produtos e tinha dificuldade em conseguir tempo com os gestores das unidades para discutir questões cruciais de desempenho.

Cada unidade de produtos comunicava e planejava do seu modo, e uma energia enorme do grupo focado nos clientes era consumida para compreender as diversas prioridades das unidades e adequar as comunicações para cada uma delas. Portanto, as unidades não estavam cientes, e tinham pouca fé, de que esse novo grupo estivesse fazendo avanços construtivos em um segmento crucial de clientes. Inversamente (e previsivelmente), o grupo focado nos clientes sentia que as unidades prestavam apenas uma atenção superficial em seus planos e não conseguia obter a cooperação delas em questões críticas para clientes que compravam vários produtos, tais como potenciais contrapartidas e descontos para compras em volumes grandes.

Historicamente, essa falta de colaboração não tinha sido um problema porque a empresa fora a participante dominante em um mercado de margens altas. Mas, conforme o mercado se tornou mais competitivo, os clientes começaram a ver a empresa como pouco confiável e, de modo geral, como um fornecedor difícil, e se mostravam cada vez mais relutantes a fazer negócios com ela.

No entanto, quando os problemas ficaram claros, a solução não foi terrivelmente complicada, envolvendo pouco mais do que fazer os grupos conversarem entre si. O grupo focado nos clientes tornou-se responsável por emitir relatórios regulares para as unidades de produtos apresentando o desempenho em relação às metas, por produto e região, e por fornecer uma análise das causas reais que complementasse os relatórios. Foi estabelecida uma reunião trimestral de gestão de desempenho, criando um fórum para trocar informações pessoalmente e discutir problemas importantes. Esses movimentos geraram a confiança organizacional mais abrangente necessária para a colaboração.

5. Funcionários de campo e da linha de frente geralmente possuem a informação da qual precisam para compreender o impacto de suas escolhas cotidianas no resultado (lucro ou prejuízo).

Decisões racionais são necessariamente limitadas pelas informações disponíveis para os funcionários. Se os gestores não compreendem quanto custará capturar um dólar a mais em receita, eles sempre procurarão receitas complementares. Eles não podem levar a culpa, mesmo que sua decisão seja – à luz de informações completas – errada. Nossa pesquisa mostra que 61% dos indivíduos em organizações fortes em execução concordam que funcionários de campo e da linha de frente possuem a informação da qual precisam para compreender o impacto de suas decisões nos resultados. Esse número despenca para 28% em organizações fracas em execução.

Vimos essa dinâmica nociva se desenrolar em uma grande firma de serviços financeiros diversificados, que fora constituída por meio de uma série de fusões de pequenos bancos regionais. Ao combinar operações, os gestores tinham escolhido separar os analistas da linha de frente que vendiam empréstimos dos grupos de apoio que faziam avaliações de riscos, fazendo cada um se reportar a uma parte diferente e, em muitos casos, alocando-os em lugares diferentes. Infelizmente, eles fracassaram em instituir as conexões necessárias para troca de informações e motivação de modo a assegurar operações eficazes. Como resultado, cada um buscava objetivos diferentes e, muitas vezes, que competiam entre si.

Por exemplo, vendedores com frequência negociavam com clientes acordos únicos altamente customizados que custavam à empresa mais do

Sobre os dados

Testamos a eficácia organizacional fazendo com que as pessoas respondessem a um diagnóstico on-line, uma ferramenta composta de 19 perguntas (17 que descrevem características organizacionais e duas que descrevem resultados).

Para determinar quais das 17 características em nosso traçador de perfis são mais fortemente associadas à excelência na execução, olhamos para 31 empresas do nosso banco de dados cujos funcionários geraram pelo menos 150 perfis individuais (preenchidos anonimamente), com um total de 26.473 respostas. Aplicando análise regressiva a cada um dos 31 conjuntos de dados, correlacionamos as 17 características com nossa medida de eficácia organizacional, a qual definimos como uma resposta positiva à afirmação de resultado "Decisões estratégicas e operacionais importantes são traduzidas rapidamente em ação". Depois, classificamos as características de acordo com o número de conjuntos de dados nos quais as características exibiam uma correlação significativa com nossa medida de sucesso em um intervalo de confiança de 90%. Finalmente, indexamos o resultado em uma escala de 100 pontos. A característica mais importante – "Todos têm uma boa ideia das decisões e ações pelas quais são responsáveis" – exibiu uma correlação positiva significativa com nosso indicador de sucesso em 25 dos 31 conjuntos de dados, com um índice de pontuação de 81.

---

que ela faturava. O departamento de vendas não tinha uma compreensão clara das implicações em custos e complexidade dessas transações. Sem informação suficiente, a equipe de vendas acreditava que o pessoal dos grupos de apoio estava sabotando seus negócios, enquanto os grupos de apoio consideravam que o pessoal da linha de frente era difícil de lidar. No final do ano, quando os dados eram reconciliados, a diretoria lamentava o aumento acentuado em custos operacionais, que com frequência eliminavam o lucro daquelas transações.

Os executivos lidaram com essa falta de alinhamento de informações adotando uma abordagem de "customização inteligente" para as vendas. Eles padronizaram os processos de ponta a ponta usados na maioria das transações e só permitiram customizações em circunstâncias selecionadas. Para os negócios customizados, estabeleceram processos internos claros e ferramentas analíticas para munir os vendedores de informações precisas sobre as implicações de custos das transações propostas. Ao mesmo tempo, implementaram padrões de relatórios e ferramentas tanto para as operações da linha de frente quanto para as internas, de modo a assegurar que cada grupo tivesse acesso aos mesmos dados e métricas ao tomarem decisões. Quando cada lado compreendeu as realidades do negócio enfrentadas pelo outro, eles cooperaram com mais eficácia, agindo de acordo com os melhores interesses da empresa como um todo – e não houve mais surpresas de fim de ano.

Criando um programa de transformação

Os quatro elementos fundamentais que os gestores podem usar para melhorar a execução de estratégias – direitos de decisão, informação, estrutura e motivadores – são inextricavelmente ligados. Direitos de decisão pouco claros não apenas paralisam a tomada de decisões como também impedem o fluxo de informações, separam desempenho de recompensas e estimulam alternativas que subvertem linhas formais de subordinação. Bloquear informações resulta em decisões ruins, desenvolvimento de carreira limitado e em um reforço de feudos estruturais. Portanto, o que se deve fazer a respeito disso?

Como cada organização é diferente e enfrenta um conjunto único de variáveis internas e externas, não existe uma resposta universal para essa pergunta. O primeiro passo é identificar as fontes do problema. No nosso trabalho, costumamos começar fazendo com que os funcionários da empresa respondam ao nosso questionário traçador de perfis e consolidando os resultados. Quanto mais pessoas na organização responderem ao questionário, melhor.

Depois que os executivos compreendem as áreas de fraqueza da empresa, eles podem tomar uma série de medidas. O quadro "Mapeando melhorias para os elementos fundamentais: alguns exemplos de táticas", na página 178, mostra 14 passos que podem ter um impacto no desempenho. (As opções listadas representam apenas uma amostra das dezenas de escolhas que os gestores podem fazer.) Todas essas ações são voltadas para fortalecer uma ou mais das 17 características. Por exemplo, se fosse tomar medidas para "esclarecer e otimizar a tomada de decisões", você poderia potencialmente fortalecer duas características: "Todos têm uma boa ideia das decisões e ações pelas quais são responsáveis" e "Uma vez tomadas, decisões são raramente colocadas em dúvida".

Você certamente não vai querer colocar 15 iniciativas em um único programa de transformação. A maioria das empresas não possui a capacidade administrativa ou o apetite organizacional para fazer mais de cinco ou seis de cada vez. E, como já enfatizamos, você deve primeiro abordar direitos de decisão e informação, e depois projetar as mudanças necessárias em motivadores e estrutura para apoiar o novo projeto.

Para ajudar as empresas a compreender suas limitações e a construir o programa de melhoria que terá o maior impacto, desenvolvemos um simulador de mudança organizacional. Essa ferramenta interativa acompanha o traçador de perfis, permitindo que você experimente virtualmente diferentes fatores de um programa de mudança, para ver quais atingirão melhor o ponto fraco particular da sua empresa. (Para uma visão geral do processo de simulação, veja o quadro "Teste a transformação da sua organização", na página 182.)

Para ter uma noção do processo do início ao fim – desde responder ao traçador de perfis e formular sua estratégia a lançar sua transformação organizacional –, considere a experiência de uma companhia de seguros líder de mercado que chamaremos de Goodward Insurance. A Goodward era uma organização bem-sucedida com fortes reservas de capital e crescimento do faturamento e de clientes constantes. Ainda assim, sua liderança queria melhorar ainda mais a execução para realizar um ambicioso plano estratégico de cinco anos que incluía metas agressivas em crescimento de clientes, aumento de receita e redução de custos, os quais exigiriam um novo nível de trabalho em equipe.

Embora houvesse bolsões de colaboração entre unidades dentro da companhia, era muito mais comum que cada unidade focasse nos próprios objetivos, tornando difícil poupar recursos para apoiar as metas de outra unidade. Em muitos casos, havia pouco incentivo para fazê-lo: as metas da Unidade A poderiam exigir o envolvimento da Unidade B para ter sucesso, mas os objetivos da Unidade B poderiam não incluir apoiar os esforços da Unidade A.

A companhia tinha iniciado ao longo dos anos uma série de projetos que englobavam toda a empresa. Todos tinham sido completados dentro

Mapeando melhorias para os elementos fundamentais: alguns exemplos de táticas

Uma empresa pode tomar uma série de medidas para melhorar sua capacidade de executar a estratégia. As 14 listadas aqui são apenas alguns dos exemplos possíveis. Cada uma fortalece um ou mais dos elementos fundamentais que os executivos podem usar nesse aprimoramento: esclarecer direitos de decisão, melhorar o fluxo de informações, estabelecer os motivadores certos e reestruturar a organização.

- ■ Concentrar a equipe corporativa em apoiar tomadas de decisão da unidade de negócios.
- ■ Esclarecer e otimizar a tomada de decisões em cada nível operacional.
- ■ Fazer a matriz focar em questões estratégicas importantes.
- ■ □ Criar centros de excelência, consolidando funções similares em uma única unidade organizacional.
- ■ □ □ Designar donos de processos para coordenar atividades que cobrem várias funções organizacionais.
- ■ □ Estabelecer medidas de desempenho individual.
- □ Melhorar o fluxo de informações do campo para a matriz.
- □ Definir e distribuir métricas operacionais diárias para o campo ou a linha de frente.
- □ ■ Criar equipes multifuncionais.
- ■ Introduzir prêmios para desempenho diferenciado.
- ■ Expandir recompensas não monetárias para reconhecer funcionários de desempenho excepcional.
- □ ■ Aumentar a estabilidade nos cargos.
- □ ■ Instituir movimentações e rotações laterais.
- ■ Ampliar a abrangência do controle.

Elementos fundamentais: ■ Direitos de decisão ☐ Informação ■ Motivadores ■ Estrutura do tempo e do orçamento previstos, mas muitas vezes precisaram ser retrabalhados, pois as necessidades das partes interessadas não tinham sido levadas suficientemente em conta. Depois de lançar um centro de serviços compartilhados, por exemplo, a empresa precisou revisitar seu modelo e seus processos operacionais quando unidades começaram a contratar equipes auxiliares para focar em trabalhos prioritários que o centro não agilizava. O centro poderia decidir quais aplicativos de tecnologia, por exemplo, ele desenvolveria por conta própria em vez de estabelecer prioridades de acordo com o que era mais importante para a organização.

De modo similar, grandes lançamentos de produtos eram prejudicados pela coordenação insuficiente entre os departamentos. O pessoal do marketing desenvolvia novas opções de cobertura sem solicitar ao grupo de processamento de sinistros se ele tinha capacidade de processar os sinistros. Como não tinha, os processadores precisavam criar alternativas manuais caras quando os novos tipos de sinistro começavam a chegar em grande quantidade. O departamento de marketing tampouco perguntou ao departamento atuarial como esses produtos afetariam o perfil de riscos e as despesas com reembolso, e para alguns dos novos produtos os custos realmente aumentaram.

Para identificar as maiores barreiras para construir uma cultura de execução mais forte, a Goodward Insurance aplicou o questionário para diagnóstico em todos os seus mais de 7 mil funcionários e comparou as pontuações da organização nas 17 características com aquelas de companhias fortes em execução. Várias pesquisas anteriores (satisfação dos funcionários, entre outras) tinham obtido comentários qualitativos identificando as barreiras para a excelência na execução. Mas a pesquisa de diagnóstico deu à companhia dados quantificáveis que ela podia analisar por grupo e por nível gerencial a fim de determinar quais barreiras estavam prejudicando mais as pessoas efetivamente encarregadas da execução.

Foi descoberto que a gerência intermediária era muito mais pessimista do que os executivos do alto escalão nas suas avaliações da capacidade de execução da organização. As informações fornecidas por eles tornaram-se cruciais para o plano de mudança que acabou sendo adotado.

Por meio da pesquisa, a Goodward Insurance descobriu impedimentos à execução em três das mais influentes características organizacionais:

As informações não fluíam livremente entre as fronteiras organizacionais. Compartilhar informações nunca foi uma das marcas da Goodward, mas os gestores sempre tinham negligenciado o acúmulo de evidências do fluxo de informação ruim entre as divisões como sendo "problema de algum outro grupo". Os dados do diagnóstico organizacional, porém, expuseram essa negação como uma desculpa inadequada. Na verdade, quando o CEO revisou os resultados do traçador de perfis com seus subordinados diretos, ele ergueu o gráfico de fluxos de informação intergrupos e declarou: "Estamos discutindo esse problema há vários anos e ainda assim vocês dizem que é problema de outra pessoa, e não seu. Cerca de 67% dos nossos funcionários afirmaram que não acham que as informações fluam livremente entre as divisões. Isso não é um problema de um ou de outro – é nosso problema. Não se obtêm resultados tão baixos a não ser que estejam por toda parte. Estamos todos em uma situação difícil até solucionarmos isso."

Contribuindo para essa falta de um fluxo horizontal de informações, havia uma escassez de promoções laterais. Como a Goodward sempre promovera para cima em vez de para cima mas em outro departamento, a maioria dos gestores intermediários e seniores permanecia com um único grupo. Eles não estavam adequadamente informados das atividades dos outros grupos, tampouco tinham uma rede de contatos em toda a organização.

Informações importantes sobre o ambiente competitivo não chegavam rapidamente à matriz. Os dados do diagnóstico e pesquisas e entrevistas subsequentes com os gestores intermediários revelaram que a informação errada estava subindo pelo organograma. Decisões cotidianas comuns eram escaladas para o nível executivo – a equipe do alto escalão precisava aprovar decisões de contratação do nível intermediário e bônus de valores pequenos, por exemplo –, limitando a agilidade da Goodward em reagir a movimentos dos concorrentes, necessidades de clientes e mudanças no mercado mais amplo. Enquanto isso, informações mais importantes eram tão filtradas enquanto subiam na hierarquia que chegavam praticamente sem valor para veredito cruciais. Mesmo que gestores de níveis inferiores soubessem que certo projeto jamais daria certo por razões altamente válidas, eles não comunicavam essa visão sombria à equipe do alto escalão. Projetos sem chance de dar certo não apenas começavam como seguiam em frente. Por exemplo, a companhia tinha um projeto em andamento para criar novos incentivos para seus corretores. Embora tal abordagem tivesse sido tentada antes, sem sucesso, ninguém se manifestou nas reuniões nem impediu a realização do projeto porque ele era uma prioridade para os membros do alto escalão.

Ninguém tinha uma boa noção das decisões ou ações pelas quais era responsável. A ausência generalizada de um fluxo de informações se estendia aos direitos de decisão, pois poucos gestores compreendiam onde sua autoridade terminava e a de outra pessoa começava. A responsabilização até mesmo por decisões cotidianas não era clara e os gestores não sabiam a quem recorrer para obter esclarecimento. Naturalmente, a confusão sobre direitos de decisão levava à reconsideração das decisões. Um total de 55% dos funcionários que responderam à pesquisa sentiam que as decisões eram regularmente postas em dúvida na Goodward.

Os executivos da empresa reagiram imediatamente aos resultados do diagnóstico lançando um programa de mudança visando a todas as três áreas com problemas. O programa integrou mudanças precoces, muitas vezes simbólicas, a iniciativas de prazo mais longo, em um esforço para produzir um ímpeto e estimular a participação e o engajamento. Percebendo que uma atitude passivo-agressiva em relação a funcionários com altos cargos – porém sem liderança reconhecida – estava prejudicando o fluxo de informações, eles tomaram medidas para sinalizar sua intenção de criar uma cultura mais informal e aberta.

Uma mudança simbólica: a disposição dos assentos nas reuniões de gestão foi rearranjada. Os executivos do alto escalão costumavam se sentar em uma seção separada, com um espaço físico entre eles e o resto da sala carregado de simbolismo. Agora, eles se misturavam, tornando-se mais acessíveis e estimulando as pessoas a compartilhar informações informalmente. Foram marcados almoços regulares dos funcionários com membros da diretoria, em que as pessoas tinham uma chance de discutir a iniciativa geral de mudança na cultura, direitos de decisão, novos mecanismos para a comunicação entre unidades e assim por diante. Os assentos nesses eventos eram organizados de modo a assegurar que representantes de várias unidades estivessem presentes em cada mesa. Atividades para quebrar o

Teste a transformação da sua organização

Você sabe que sua organização poderia ter um desempenho melhor. Está diante de dezenas de alavancas que poderia acionar se tivesse tempo e recursos ilimitados. Mas não tem. Você opera no mundo real.

Como, portanto, você toma as decisões mais bem informadas e efetivas em termos de custo sobre quais iniciativas de mudança implementar? Desenvolvemos uma maneira de testar a eficácia de ações específicas (como esclarecer direitos de decisão, formar equipes multifuncionais ou expandir recompensas não monetárias) sem arriscar quantidades significativas de tempo e de dinheiro. Acesse www.simulator-orgeffectiveness.com (somente em inglês) para montar e experimentar vários programas de mudança organizacional de cinco passos e avaliar qual seria o mais eficaz e eficiente em melhorar a execução na sua empresa.

Você começa a simulação selecionando um de sete perfis organizacionais que mais se parece com o estado atual da sua organização. Se não tiver certeza, pode responder a um questionário de cinco minutos. Esse questionário on-line gera automaticamente um perfil organizacional e uma pontuação de referência para execução eficiente. (Embora 100 seja uma pontuação perfeita, ninguém é perfeito; até as empresas mais eficientes costumam ter uma pontuação na casa dos 60 ou 70.)

Tendo estabelecido sua pontuação de referência, você usa o simulador para elaborar um possível curso que gostaria de seguir para melhorar suas capacidades de decisão selecionando cinco de 28 ações possíveis. O ideal é que esses movimentos abordem diretamente os elos mais fracos no seu perfil organizacional. Para ajudar

gelo foram projetadas para estimular os indivíduos a aprender mais sobre o trabalho de outras unidades.

Enquanto isso, gestores seniores começaram o trabalho real de remediar problemas relacionados a fluxos de informação e direitos de decisão. Eles avaliaram as próprias redes informais para compreender como pessoas que tomavam decisões cruciais obtinham informações e identificaram lacunas críticas. O resultado foi uma nova estrutura para tomar decisões importantes que especifica claramente quem é responsável por cada decisão, quem deve fornecer informações, quem é responsável pelos resultados no final das contas e como os resultados são medidos. Outras iniciativas de longo prazo incluem:

você a fazer as escolhas certas, o simulador oferece insights que ajudam a esclarecer como uma ação proposta influencia fatores organizacionais particulares.

Depois que você fez suas seleções, o simulador executa os passos que você escolheu e os processa por meio de um sistema que os avalia usando relacionamentos empíricos identificados a partir de 31 empresas, representando mais de 26 mil análises de dados. Ele então gera um gráfico de barras indicando quanto a pontuação de execução da sua empresa melhorou e onde está agora em relação às organizações de melhor desempenho da nossa pesquisa e também as pontuações de pessoas que usaram o simulador a partir do mesmo perfil original que você traçou. Se quiser, você pode então avançar para a rodada seguinte e escolher outras cinco ações.

A beleza do simulador está em sua capacidade de considerar – sem consequências – o impacto na execução de infinitas combinações de ações possíveis. Cada simulação inclui apenas duas rodadas, mas você pode executar a simulação quantas vezes quiser. O simulador também tem sido usado para a concorrência entre equipes dentro de organizações, e descobrimos que ele gera um diálogo muito produtivo entre executivos do alto escalão.

Embora o simulador não possa capturar todas as situações únicas que uma organização pode enfrentar, ele é uma ferramenta útil para avaliar e construir um programa de transformação de organizações orientado e eficaz. Serve como um veículo para estimular a reflexão sobre o impacto de várias mudanças, economizando uma quantidade incalculável de tempo e de recursos no processo.

- Empurrar certas decisões mais para baixo na organização de modo a alinhar melhor os direitos de decisão com a melhor informação disponível. A maioria das decisões de contratação e de bônus, por exemplo, tem sido delegada para os gestores imediatos, desde que estejam dentro de limites preestabelecidos relacionados a número de contratações e níveis salariais. Ser claro quanto a quem precisa de qual informação é estimular o diálogo entre os grupos.
- Identificar e eliminar comitês duplicados.
- Empurrar métricas e pontuações para baixo no nível de grupo, para que, em vez de se concentrar em resolver o mistério de *quem* causou um problema, a gestão possa ir diretamente à raiz de *por que* o

problema ocorreu. Uma tabela de pontuação bem projetada registra não apenas resultados (como volume de vendas ou receita), mas também os principais indicadores desses resultados (tal como o número de ligações de clientes ou de planos de clientes concluídos). Como consequência, o foco das conversas da gestão mudou de tentar explicar o passado para planejar o futuro – antecipando e prevenindo problemas.

- Tornar o processo de planejamento mais inclusivo. Os grupos estão explicitamente mapeando as maneiras pelas quais suas iniciativas dependem umas das outras e afetam umas às outras; objetivos compartilhados pelo grupo são designados de acordo com esse mapeamento.
- Ampliar a trajetória de carreira da gerência de nível intermediário para enfatizar a importância de mudanças laterais para o avanço na carreira.

A Goodward Insurance acaba de embarcar nessa jornada. A seguradora distribuiu a responsabilidade por essas iniciativas entre vários grupos e níveis de gerenciamento para que esses esforços não se transformem eles mesmos em feudos. Uma melhoria sólida já começa a emergir na execução da companhia. A primeira evidência do sucesso veio de pesquisas de satisfação dos funcionários: as respostas da gerência intermediária às perguntas sobre níveis de colaboração entre unidades e clareza na tomada de decisões melhoraram de 20 a 25 pontos percentuais. E funcionários de alto desempenho já estão começando a trabalhar além de suas fronteiras para obter uma compreensão mais ampla do negócio inteiro, mesmo que isso não signifique um cargo melhor imediatamente.

A execução é um desafio notável e permanente. Mesmo nas empresas que são as melhores nesse quesito – que chamamos de "organizações resilientes" –, apenas dois terços dos funcionários concordam que decisões operacionais e estratégicas importantes são traduzidas rapidamente em ação. Enquanto as organizações continuarem a atacar seus problemas de execução principalmente ou somente com iniciativas estruturais ou motivacionais, elas continuarão a fracassar. Como vimos, podem desfrutar de resultados de curto prazo, mas, inevitavelmente, escorregarão de volta para os velhos hábitos porque não abordaram as raízes do insucesso. Esses fracassos podem ser quase sempre evitados assegurando que as pessoas realmente entendam pelo que são responsáveis e quem toma quais decisões – e, depois, dando a elas a informação de que precisam para arcar com suas responsabilidades. Com essas duas peças fundamentais no lugar, os elementos estruturais e motivacionais as seguirão.

Publicado originalmente em junho de 2008.

7

Usando o balanced scorecard como um sistema de gestão estratégica

Robert S. Kaplan e David P. Norton

À MEDIDA QUE EMPRESAS NO MUNDO todo se transformam para uma competição baseada em informação, sua capacidade de explorar ativos intangíveis torna-se muito mais decisiva do que sua capacidade de investir em ativos físicos e gerenciá-los. Há muitos anos, em reconhecimento a essa mudança, introduzimos um conceito que chamamos de balanced scorecard, ou indicadores balanceados de desempenho. O balanced scorecard complementava os índices financeiros tradicionais com critérios que mensuravam o desempenho a partir de três perspectivas adicionais – a dos clientes, a dos processos internos de negócios e a de aprendizado e crescimento. (Veja a ilustração "Traduzindo visão e estratégia: quatro perspectivas", na página 192.) Ele, portanto, permitia que as empresas acompanhassem os resultados financeiros enquanto, ao mesmo tempo, monitoravam o progresso em relação a construir as capacidades e adquirir os ativos intangíveis dos quais necessitariam para o crescimento futuro. O scorecard não era um substituto para métricas financeiras; era seu complemento.

Recentemente, temos visto algumas organizações irem além da nossa primeira visão do scorecard para descobrir seu valor como a pedra fundamental de um novo sistema de gestão estratégica. Utilizado dessa maneira, o scorecard aborda uma grave deficiência em sistemas tradicionais de gestão: sua incapacidade de relacionar a estratégia de longo prazo de uma companhia com suas ações de curto prazo.

A maioria dos sistemas de controle operacional e de gestão é construída em torno de métricas e metas financeiras, as quais têm pouca relação com o progresso da empresa em atingir objetivos estratégicos de longo prazo. Desse modo, a ênfase em medidas financeiras de curto prazo deixa uma lacuna entre o desenvolvimento de uma estratégia e sua implementação.

Os gestores que usam o balanced scorecard não precisam depender de métricas financeiras de curto prazo como os únicos indicadores do desempenho da empresa. O scorecard permite que eles introduzam quatro novos processos de gestão que, separadamente e em combinação, contribuem para relacionar objetivos estratégicos de longo prazo com ações de curto prazo. (Veja a ilustração "Estratégia de gestão: quatro processos", na página 193.)

O primeiro novo processo – *traduzir a visão* – ajuda os gestores a criar um consenso em torno da visão e da estratégia da organização. Apesar das melhores intenções daqueles no topo, declarações grandiosas sobre se tornar "o melhor do setor", "o fornecedor número um" ou uma "organização empoderada" não se traduzem com facilidade em termos operacionais de modo a fornecerem diretrizes úteis para a ação em nível local. Para que as pessoas atuem de acordo com as declarações de visão e de estratégia, essas afirmações devem ser expressadas como um conjunto integrado de objetivos e métricas – com o qual todos os executivos seniores estejam de acordo – que descreve os motivadores para o sucesso no longo prazo.

O segundo processo – *comunicar e estabelecer relações* – possibilita que os gestores comuniquem sua estratégia para cima e para baixo na hierarquia da organização e estabeleçam ligações entre ela e os objetivos departamentais e individuais. Tradicionalmente, os departamentos são avaliados por seu desempenho financeiro e os incentivos individuais estão amarrados a metas financeiras de curto prazo. O scorecard proporciona aos gestores uma maneira de assegurar que todos os níveis da organização compreendam a estratégia de longo prazo e que tanto os objetivos departamentais quanto os individuais estejam alinhados com ela.

O terceiro processo – *planejamento de negócios* – capacita as empresas a integrar seus negócios e planos financeiros. Quase todas as organizações hoje estão implementando uma variedade de programas de mudança, cada qual com seus defensores, gurus e consultores, e cada qual competindo pelo tempo, pela energia e pelos recursos dos executivos do alto escalão. Os gestores acham difícil integrar essas iniciativas diversas para atingir seus objetivos estratégicos – uma situação que leva a decepções frequentes com os resultados dos programas de mudança. Mas, quando os gestores usam os objetivos ambiciosos definidos por medidas do balanced scorecard como a base para mobilizar recursos e estabelecer prioridades, eles podem abraçar e coordenar apenas aquelas iniciativas que os movem na direção de seus objetivos estratégicos de longo prazo.

O quarto processo – *feedback e aprendizado* – dá às empresas a competência para o que chamamos de aprendizado estratégico. O feedback existente e os processos de revisão se concentram em verificar se a companhia, seus departamentos ou seus funcionários atingiram seus objetivos financeiros orçados. Com o balanced scorecard no centro de seus sistemas de gestão, uma empresa pode monitorar resultados no curto prazo a partir das três perspectivas adicionais – clientes, processos internos de negócios e aprendizado e crescimento – e avaliar a estratégia à luz do desempenho recente. Assim, o scorecard habilita as companhias a modificar estratégias de modo a refletir o aprendizado em tempo real.

Nenhuma das mais de 100 organizações que estudamos ou com as quais trabalhamos implementou seu primeiro balanced scorecard com a intenção de desenvolver um novo sistema de gestão estratégica. Mas, em cada uma delas, os executivos do alto escalão descobriram que o scorecard fornecia uma estrutura e, assim, um foco para muitos processos de gestão essenciais: definição de objetivos departamentais e individuais, planejamento de negócios, alocação de capital, iniciativas estratégicas e feedback e aprendizado. Antes, esses processos eram descoordenados e, com frequência,

> **Em resumo**
>
> Por que quase sempre os orçamentos possuem pouca relação direta com os objetivos estratégicos de longo prazo de uma empresa? Porque eles não levam itens suficientes em consideração. Um balanced scorecard incrementa as medidas financeiras tradicionais com parâmetros de desempenho em três áreas não financeiras cruciais:
>
> - o relacionamento de uma empresa com seus clientes;
> - seus processos internos principais;
> - seu aprendizado e seu crescimento.
>
> Quando medidas de desempenho são acrescentadas às métricas financeiras, o resultado é não apenas um panorama mais amplo da saúde e das atividades da empresa, mas também uma poderosa estrutura organizadora. Trata-se de um painel instrumental sofisticado para coordenar e aperfeiçoar as operações e os negócios de uma empresa para que todas as atividades estejam alinhadas com a estratégia.

voltados para objetivos operacionais de curto prazo. Depois de elaborarem o balanced scorecard, os executivos iniciaram um processo de mudança que foi muito além da ideia original de simplesmente ampliar as métricas de desempenho da empresa.

Por exemplo, uma companhia de seguros – vamos chamá-la de National Insurance – desenvolveu seu primeiro balanced scorecard para criar uma nova visão para si mesma como uma especialista em subscrições. Mas, quando a National começou a usá-lo, o scorecard permitiu ao CEO e à direção não apenas introduzir uma nova estratégia para a organização, mas também reformular o sistema de gestão da empresa. Posteriormente, o CEO comunicou aos funcionários que a National, a partir daquele momento, usaria o balanced scorecard e a filosofia que ele representava para gerenciar todo o negócio.

A National construiu seu novo sistema de gestão estratégica passo a passo ao longo de 30 meses, com cada passo representando uma melhoria incremental. (Veja o quadro "Como uma empresa construiu um sistema

Na prática

O balanced scorecard se apoia em quatro processos para relacionar atividades de curto prazo a objetivos de longo prazo:

1. Traduzir a visão

Ao se basear em mensurações, o balanced scorecard obriga os gestores a chegar a um acordo quanto às métricas que utilizarão para operacionalizar suas visões grandiosas.

Exemplo: Um banco articulou sua estratégia como "Fornecer um serviço superior a clientes-alvo". Mas o processo de escolher medidas operacionais das quatro áreas do scorecard fez os executivos se darem conta de que primeiro precisavam reconciliar visões divergentes de quem eram os clientes-alvo e o que constituía um serviço superior.

2. Comunicar e estabelecer relações

Quando um scorecard é disseminado para cima e para baixo na hierarquia organizacional, a estratégia torna-se uma ferramenta disponível para todos. À medida que o scorecard do nível superior desce até as unidades de negócios, objetivos e medidas estratégicas abrangentes são traduzidos em objetivos e medidas apropriadas para cada grupo específico. Amarrar essas metas ao desempenho e aos sistemas de compensação individuais gera "scorecards pessoais". Assim, os funcionários compreendem, em nível individual, como sua produtividade dá suporte à estratégia geral.

3. Planejamento de negócios

A maioria das empresas possui procedimentos separados (e, às vezes, unidades) para planejamento estratégico e geração de orçamentos. Não é de surpreender, portanto, que o planejamento de longo prazo típico seja, nas palavras de um executivo, "bom na teoria, mas ruim na prática". A disciplina de criar um balanced scorecard obriga as empresas a integrar as duas funções, assegurando assim que orçamentos financeiros de fato apoiem metas estratégicas. Depois de concordarem quanto às medidas de desempenho para as quatro perspectivas do scorecard, elas identificam os "motivadores" mais influentes dos resultados desejados e depois definem marcos (marcadores de etapas) dos resultados desejados para avaliar o progresso que fazem com esses motivadores.

4. Feedback e aprendizado

Ao fornecer um mecanismo para feedback e revisão estratégicos, o balanced scorecard ajuda a cultivar um tipo de aprendizado que muitas vezes falta às empresas: a capacidade de refletir a partir de inferências e ajustar teorias sobre relações de causa e efeito.

Feedback sobre produtos e serviços. Novo aprendizado sobre processos internos cruciais. Descobertas tecnológicas. Todas essas informações podem ser inseridas no scorecard, possibilitando que ajustes estratégicos sejam feitos continuamente. Assim, em qualquer ponto da implementação, os gestores podem saber se a estratégia está funcionando – e, se não estiver, por qual motivo.

de gestão estratégica...", na página 194.) A sequência repetitiva de ações capacitou a empresa a reconsiderar cada um dos quatro novos processos de gestão duas ou três vezes antes de o sistema se estabilizar e se tornar uma parte estabelecida do sistema de gestão geral da National. Assim, o CEO foi capaz de transformar a companhia de modo que todos pudessem se concentrar em objetivos estratégicos de longo prazo – algo que nenhuma estrutura puramente financeira poderia fazer.

Traduzir a visão

O CEO de uma companhia de engenharia e construção, depois de trabalhar com sua equipe de gestão por vários meses para desenvolver uma declaração de missão, recebeu um telefonema de um gerente de projetos em campo. "Quero que você saiba", disse o gerente, aflito, "que acredito na

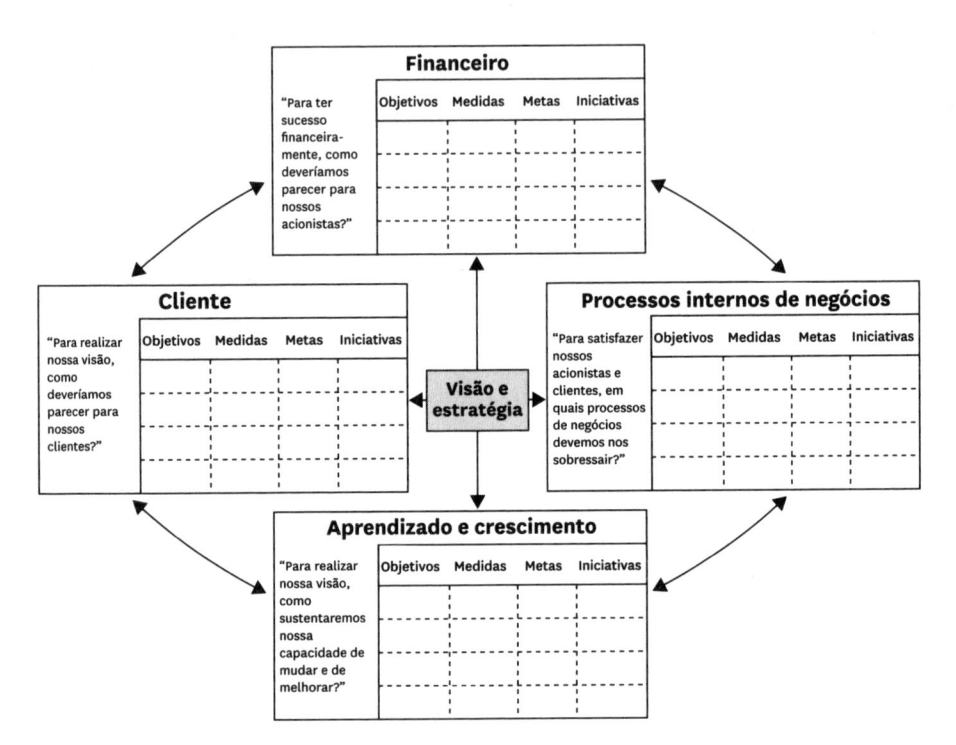

Traduzindo visão e estratégia: quatro perspectivas

Financeiro
"Para ter sucesso financeiramente, como deveríamos parecer para nossos acionistas?"
Objetivos	Medidas	Metas	Iniciativas

Cliente
"Para realizar nossa visão, como deveríamos parecer para nossos clientes?"
Objetivos	Medidas	Metas	Iniciativas

Processos internos de negócios
"Para satisfazer nossos acionistas e clientes, em quais processos de negócios devemos nos sobressair?"
Objetivos	Medidas	Metas	Iniciativas

Aprendizado e crescimento
"Para realizar nossa visão, como sustentaremos nossa capacidade de mudar e de melhorar?"
Objetivos	Medidas	Metas	Iniciativas

(centro: **Visão e estratégia**)

---

declaração de missão. Quero agir de acordo com ela. Estou aqui com meu cliente. O que devo fazer?"

A declaração de missão, como as de muitas outras organizações, anunciava a intenção de "usar funcionários de alta qualidade para fornecer serviços que superem as necessidades dos clientes". Mas o gerente de projetos em campo, com seus funcionários e seu cliente, não sabia como traduzir essas palavras nas ações apropriadas. O telefonema convenceu o CEO de que havia uma grande lacuna entre a declaração de missão e o conhecimento dos funcionários de como suas ações cotidianas poderiam contribuir para realizar a visão da companhia.

O Metro Bank (nome fictício), resultado da fusão entre dois concorrentes, encontrou uma lacuna parecida enquanto construía seu balanced scorecard. O grupo executivo sênior achava que tinha chegado a um consenso em relação à estratégia geral da nova organização: "Fornecer serviço

Estratégia de gestão: quatro processos

```
                    ┌─────────────────────┐
                    │  Traduzir a visão   │
                    │                     │
                    │ □ Esclarecer a visão│
                    │ □ Obter consenso    │
                    └─────────────────────┘
                              │
┌──────────────────┐    ┌───────────┐    ┌─────────────────────┐
│   Comunicar e    │    │           │    │ Feedback e aprendizado│
│estabelecer relações│──│ Balanced  │──│ □ Articular a visão │
│ □ Comunicar e educar│  │ scorecard │    │   compartilhada     │
│ □ Definir metas    │    │           │    │ □ Fornecer feedback │
│ □ Relacionar       │    └───────────┘    │   estratégico       │
│   recompensas a    │                     │ □ Facilitar a revisão│
│   medidas de       │                     │   da estratégia e o │
│   desempenho       │                     │   aprendizado       │
└──────────────────┘                     └─────────────────────┘
                              │
                    ┌─────────────────────┐
                    │   Planejamento      │
                    │   de negócios       │
                    │ □ Definir estratégias│
                    │ □ Alinhar iniciativas│
                    │   estratégicas      │
                    │ □ Alocar recursos   │
                    │ □ Estabelecer marcos│
                    │   (etapas)          │
                    └─────────────────────┘
```

superior para clientes-alvo". Pesquisas tinham revelado cinco segmentos básicos de mercado entre clientes existentes e potenciais, cada qual com necessidades diferentes. Enquanto formulavam as medidas para a seção de seu balanced scorecard referente à perspectiva do cliente, no entanto, ficou claro que, embora os 25 executivos concordassem com as palavras da estratégia, cada um tinha uma definição diferente de *serviço superior* e uma imagem diferente dos *clientes-alvo*.

O exercício de desenvolver medidas operacionais para as quatro perspectivas no scorecard do banco obrigou os 25 executivos a esclarecer o significado da declaração de estratégia. Por fim, eles concordaram em estimular o aumento da receita por meio de novos produtos e serviços, e também concordaram quanto aos três segmentos de clientes mais desejáveis. Desenvolveram medidas do scorecard para os produtos e serviços específicos que deveriam ser oferecidos para clientes nos segmentos-alvo, assim

Como uma empresa construiu um sistema de gestão estratégica...

2A Comunicar-se com gestores intermediários. As três camadas superiores de gestão (100 pessoas) são reunidas para aprender e discutir a nova estratégia. O balanced scorecard é o veículo de comunicação. *(meses 4-5)*

2B Desenvolver balanced scorecards para unidades de negócios. Usando o scorecard corporativo da matriz como modelo, cada unidade de negócios traduz sua estratégia no próprio scorecard. *(meses 6-9)*

5 Ajustar a visão. A revisão dos balanced scorecards das unidades de negócios identifica várias questões interligadas não incluídas inicialmente na estratégia corporativa. O scorecard corporativo é atualizado. *(mês 12)*

Período de tempo (em meses)

0	1	2	3	4	5	6	7	8	9	10	11	12

Ações

1 *Esclarecer a visão.* Dez membros de uma equipe executiva recém-formada trabalham juntos por três meses. Um balanced scorecard é desenvolvido para traduzir uma visão genérica em uma estratégia que é compreendida e pode ser comunicada. O processo ajuda a criar consenso e comprometimento com a estratégia.

3A *Eliminar investimentos não estratégicos.* Ao esclarecer prioridades estratégicas, o scorecard corporativo identifica muitos programas ativos que não estão contribuindo para a estratégia. *(mês 6)*

3B *Lançar programas de mudanças corporativas.* O scorecard corporativo identifica a necessidade de programas de mudança entre negócios. Eles são lançados enquanto as unidades de negócios preparam seus scorecards. *(mês 6)*

4 *Revisar os scorecards das unidades de negócios.* O CEO e a equipe executiva revisam os scorecards individuais das unidades. A revisão permite que o CEO tenha embasamento para ajudar a moldar estratégias para as unidades de negócios. *(meses 9-11)*

7 *Atualizar o plano e o orçamento de longo prazo.* Objetivos de cinco anos são estabelecidos para cada medida. Os investimentos necessários para atingir esses objetivos são identificados e disponibilizados. O primeiro ano do plano quinquenal define o primeiro orçamento anual.
(meses 15-17)

9 *Conduzir uma revisão estratégica anual.* No começo do terceiro ano, a estratégia inicial foi concretizada e a estratégia corporativa necessita de atualização. O comitê executivo lista 10 questões estratégicas. Cada unidade de negócios é solicitada a desenvolver uma posição para cada questão como um prelúdio para a atualização de sua estratégia e de seu scorecard.
(meses 25-26)

13	14	15	16	17	18	19	20	21	22	23	24	25	26

6A *Comunicar o balanced scorecard para toda a empresa.* Ao final de um ano, quando as equipes de gestão já estão confortáveis com a abordagem estratégica, o scorecard é disseminado para toda a organização.
(mês 12 em diante)

6B *Estabelecer objetivos de desempenho individuais.* As três camadas superiores de gestão ligam seus objetivos individuais e a remuneração de incentivos a seus scorecards.
(meses 13-14)

8 *Conduzir revisões mensais e trimestrais.* Depois que a matriz aprova os scorecards das unidades de negócios, tem início um processo de revisão mensal, complementado por revisões trimestrais que se concentram mais enfaticamente em questões estratégicas.
(mês 18 em diante)

10 *Relacionar o desempenho de todos ao balanced scorecard.* Todos os funcionários são solicitados a ligar seus objetivos individuais ao balanced scorecard. A remuneração de incentivos de toda a organização é relacionada ao balanced scorecard.
(meses 25-26)

> Nota: Os passos 7, 8, 9 e 10 são realizados em um cronograma regular. O balanced scorecard é agora uma parte rotineira do processo de gestão.

... em torno do balanced scorecard

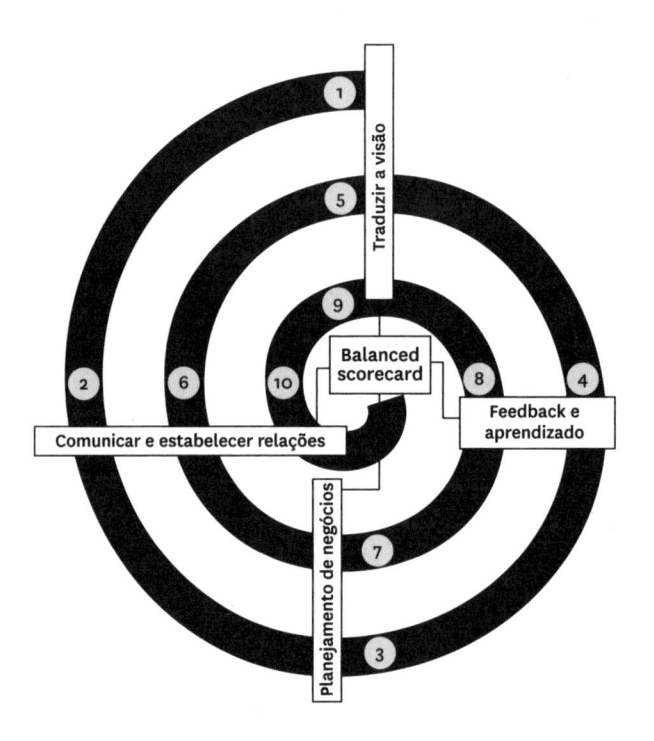

Balanced scorecard
- 1 — Traduzir a visão
- 2, 6, 10 — Comunicar e estabelecer relações
- 4, 8 — Feedback e aprendizado
- 3, 7 — Planejamento de negócios
- 5, 9

como para o relacionamento que o banco deveria construir com os clientes em cada segmento. O scorecard também destacou lacunas nas habilidades dos funcionários e em sistemas de informação de que o banco precisaria para fornecer as propostas de valor selecionadas para os clientes-alvo. Assim, criar um balanced scorecard obrigou os gestores do alto escalão do banco a chegar a um consenso e depois a traduzir sua visão em termos que tinham significado para as pessoas que realizariam a visão.

Comunicar e estabelecer relações

"As 10 pessoas mais relevantes do negócio agora compreendem a estratégia melhor do que nunca. É uma pena", reclamou um alto executivo de uma grande companhia de petróleo, "que não possamos colocar isso em uma garrafa para que todos possam compartilhar dela." Com o balanced scorecard, ele pode.

Uma empresa com que trabalhamos envolveu deliberadamente três camadas gerenciais na criação de seu balanced scorecard. O grupo executivo sênior formulou os objetivos financeiros e em relação aos clientes. Depois, ele mobilizou o talento e a informação nos dois níveis seguintes de gestão fazendo-os formular os processos internos de negócios e os objetivos de aprendizado e crescimento que motivariam a conquista dos objetivos financeiros e de clientes. Por exemplo, sabendo da importância de satisfazer as expectativas dos clientes quanto a entregas feitas dentro do prazo, o grupo mais abrangente identificou vários processos internos de negócios – como processamento de pedidos, programação e realização – nos quais a empresa precisava sobressair. Para fazer isso, ela teria que retreinar funcionários da linha de frente e melhorar os sistemas de informação disponíveis para eles. O grupo desenvolveu métricas de desempenho para os processos críticos e para capacidades de equipes e de sistemas.

Uma participação abrangente na criação de um scorecard leva mais tempo, mas oferece várias vantagens: as informações de um número maior de gestores são incorporadas aos objetivos internos; os gestores obtêm uma compreensão melhor dos objetivos estratégicos de longo prazo da empresa; e essa participação abrangente constrói um comprometimento mais forte em torno da realização desses objetivos. Mas fazer os gestores aceitarem a ideia do scorecard é apenas o primeiro passo para ligar ações individuais a objetivos corporativos.

O balanced scorecard indica para todos o que a organização está tentando realizar tanto para os acionistas quanto para os clientes. Mas, para alinhar os desempenhos individuais de funcionários com a estratégia geral, os usuários do scorecard geralmente se envolvem em três atividades: comunicar e educar, definir metas e relacionar recompensas a medidas de desempenho.

Comunicar e educar

O primeiro passo para implementar uma estratégia é educar aqueles que precisam executá-la. Enquanto algumas organizações optam por manter a estratégia em segredo, a maioria acredita que deve disseminá-la de cima a baixo. Um programa de comunicação abrangente compartilha com todos os funcionários a estratégia e os objetivos principais a que eles precisarão atender para que a estratégia dê certo. Eventos como distribuição de informativos e realização de assembleias gerais podem ser a plataforma de lançamento do programa. Algumas organizações afixam quadros de avisos que ilustram e explicam as medidas do balanced scorecard e depois os atualiza com resultados mensais. Outras usam softwares colaborativos e boletins eletrônicos para divulgar o scorecard a todos os funcionários e para estimular o diálogo sobre as métricas. A mesma mídia permite que funcionários façam sugestões para atingir ou exceder as metas.

O balanced scorecard, que nada mais é que a incorporação da estratégia da unidade de negócios, também deveria ser comunicado para cima na organização – para a sede corporativa (matriz) e para o quadro de diretores. Com ele, unidades de negócios podem quantificar e comunicar suas estratégias de longo prazo para a matriz usando um conjunto abrangente de medidas financeiras e não financeiras ligadas entre si. Essa comunicação informa aos executivos e à diretoria em termos específicos que estratégias de longo prazo projetadas para o sucesso estão em andamento. As medidas também fornecem a base para feedback e atribuição de responsabilidades. Atingir metas financeiras de curto prazo não deve configurar um desempenho satisfatório quando outras medidas indicam que a estratégia de longo prazo não está funcionando ou não está sendo bem implementada.

O balanced scorecard deve ser comunicado para acionistas externos? Acreditamos que, à medida que os executivos ganharem confiança na capacidade das medidas do balanced scorecard de monitorar o desempenho estratégico e prever o desempenho financeiro futuro, eles descobrirão maneiras de informar aos investidores externos sobre essas medidas sem revelar informações sensíveis que não devem chegar à concorrência.

A Skandia, uma firma de seguros e serviços financeiros baseada na Suécia, publica um suplemento ao seu relatório anual descrito como "um instrumento para nos ajudar a navegar rumo ao futuro e, assim, estimular a renovação e o desenvolvimento". O suplemento descreve a estratégia da Skandia e as métricas que ela usa para comunicar e avaliar a estratégia.

Também fornece um relatório do desempenho da empresa de acordo com essas métricas ao longo do ano. As métricas são customizadas para cada unidade operacional e incluem, por exemplo, participação no mercado, satisfação e retenção de clientes, competência dos funcionários, capacitação dos funcionários e emprego de tecnologia.

Comunicar o balanced scorecard promove comprometimento e responsabilização com a estratégia de longo prazo do negócio. Como declarou um executivo do Metro Bank: "O balanced scorecard gera ao mesmo tempo motivação e obrigações."

Definir metas

Uma consciência maior dos objetivos corporativos, no entanto, não é o suficiente para mudar o comportamento de muitas pessoas. De alguma maneira, os objetivos estratégicos e as medidas de alto nível da organização precisam ser traduzidos em objetivos e medidas para unidades operacionais e indivíduos.

Um grupo do setor de exploração de petróleo desenvolveu uma técnica para capacitar e estimular indivíduos a definir objetivos para eles próprios que fossem consistentes com os da organização. Ele criou um pequeno scorecard pessoal dobrável que os funcionários poderiam carregar no bolso da camisa ou na carteira. (Veja o quadro "O balanced scorecard pessoal", na página 201.) O scorecard contém três níveis de informação. O primeiro descreve objetivos, medidas e metas corporativas. O segundo deixa espaço para traduzir metas corporativas em metas para cada unidade de negócios. Para o terceiro nível, o grupo solicita tanto a indivíduos quanto a equipes que articulem quais de seus objetivos seriam consistentes com os objetivos da unidade de negócios e os da matriz, assim como quais iniciativas eles tomariam para atingir seus objetivos. Também pede a eles que estabeleçam até cinco métricas de desempenho para seus objetivos e determinem metas para cada métrica.

Esse scorecard pessoal ajuda a comunicar objetivos corporativos e de unidades de negócios para as pessoas e equipes que estão fazendo o trabalho, capacitando-as a traduzir os objetivos em tarefas e alvos significativos para si próprios. E ainda permite que mantenham essa informação sempre à mão – em seus bolsos.

Relacionar recompensas a medidas de desempenho

Sistemas de compensação deveriam estar ligados a medidas do balanced scorecard? Algumas empresas, acreditando que atrelar compensações financeiras a desempenho seja uma alavanca poderosa, agiram rapidamente para estabelecer essa relação. Por exemplo, uma companhia de petróleo que chamaremos de Pioneer Petroleum usa seu balanced scorecard como a única base para computar compensações de incentivo. A companhia atrela 60% dos bônus de seus executivos à realização de metas ambiciosas para uma média ponderada de quatro indicadores financeiros: retorno sobre o capital, lucratividade, fluxo de caixa e custo operacional. Ela baseia os 40% restantes em indicadores de satisfação dos clientes, satisfação dos vendedores, satisfação dos funcionários e responsabilidade ambiental (tais como uma mudança percentual nos níveis das emissões de poluentes para a água e a atmosfera). O CEO da Pioneer diz que atrelar a compensação ao scorecard ajudou a alinhar a companhia com sua estratégia. "Não sei de nenhum concorrente", comenta ele, "que tenha esse grau de alinhamento. E ele está produzindo resultados para nós."

Porém, por mais atraente e poderosa que seja essa relação, ela carrega riscos. Por exemplo, a companhia tem as medidas certas no *scoreboard*? Possui dados válidos e confiáveis para as medidas selecionadas? Poderiam surgir consequências não intencionais ou inesperadas por causa da maneira como as metas para as medidas são atendidas? São perguntas que as empresas deveriam se fazer.

Além disso, tradicionalmente as empresas lidam com múltiplos objetivos em uma fórmula de compensação, atribuindo pesos a cada objetivo e calculando a compensação de incentivo pela extensão em que cada objetivo foi atingido. Essa prática permite que compensações de incentivo substanciais sejam pagas se a unidade de negócios excede alguns objetivos, mesmo que fique aquém do esperado em outros. Uma abordagem melhor seria estabelecer patamares mínimos para um subconjunto crucial das medidas estratégicas. Indivíduos não receberiam nenhuma compensação de incentivo se o desempenho em determinado período ficasse aquém em qualquer patamar. Essa exigência deveria motivar as pessoas a atingir um desempenho mais equilibrado em termos de objetivos de curto e de longo prazo.

O balanced scorecard pessoal

Objetivos corporativos

- [ ] Dobrar o valor da empresa em sete anos.
- [ ] Aumentar o faturamento em uma média de 20% por ano.
- [ ] Atingir uma taxa interna de retorno 2% acima do custo de capital.
- [ ] Aumentar tanto a produção quanto as reservas em 20% na próxima década.

Metas corporativas					Medidas do scorecard	Metas para unidades de negócios					Objetivos e iniciativas de equipes/individuais
1995	1996	1997	1998	1999		1995	1996	1997	1998	1999	
					Financeiras						
100	120	160	180	250	Faturamento (em milhões de dólares)						1.
100	450	200	210	225	Fluxo de caixa líquido						
100	85	80	75	70	Despesas gerais e despesas operacionais						2.
					Operacionais						
100	75	73	70	64	Custo de produção por barril						
100	97	93	90	82	Custo de desenvolvimento por barril						3.
100	105	108	108	110	Produção total anual						
Medidas de equipes/individuais						**Metas**					
1.											4.
2.											
3.											
4.											5.
5.											

Nome:

Localização:

Algumas organizações, no entanto, reduziram sua ênfase em sistemas de incentivos de curto prazo baseados em fórmulas como resultado da introdução do balanced scorecard. Elas descobriram que o diálogo entre executivos e gestores sobre o scorecard – tanto para a formulação das medidas e dos objetivos quanto para a explicação de resultados reais versus metas – proporciona uma oportunidade melhor de observar o desempenho e as capacidades do gestor. Com um conhecimento maior das competências de seus gestores, fica mais fácil para os executivos definir recompensas de incentivos subjetivamente e defender essas avaliações subjetivas – um processo que é menos suscetível aos jogos e distorções associados a regras explícitas baseadas em fórmulas.

Uma empresa que estudamos adota uma posição intermediária. Ela fundamenta o bônus para gestores de unidades de negócios em dois critérios com o mesmo peso: a realização de um objetivo financeiro – valor econômico agregado – ao longo de um período de três anos e uma avaliação subjetiva do desempenho deles em medidas retiradas do balanced scorecard das perspectivas de clientes, de processos de negócios internos e de aprendizado e crescimento.

Não há dúvida de que o balanced scorecard tem um papel a desempenhar na determinação de compensações de incentivo. Precisamente qual deve ser esse papel se tornará mais claro à medida que mais empresas experimentarem atrelar recompensas a medidas do scorecard.

Planejamento de negócios

"Melhor na teoria do que na prática": foi assim que um executivo sênior descreveu o processo de planejamento de longo prazo da sua empresa. Ele poderia ter dito o mesmo de muitas outras companhias, porque seus sistemas de gestão baseados em finanças fracassam em atrelar programas de mudança e alocação de recursos a prioridades estratégicas de longo prazo.

O problema é que a maioria das empresas tem procedimentos e unidades organizacionais separados para planejamento estratégico e para alocação de recursos e geração de orçamentos. Para formular seus planos estratégicos, os executivos saem de seus escritórios anualmente e se engajam por vários dias em discussões ativas facilitadas por gestores seniores de planejamento e desenvolvimento ou consultores externos. O resultado desse exercício é um plano estratégico articulando onde a empresa espera (ou deseja, ou reza para) estar em três, cinco e 10 anos. Em geral, esses planos ficam na gaveta dos executivos pelos 12 meses seguintes.

Enquanto isso, um processo separado de alocação de recursos e geração de orçamentos conduzido pela equipe financeira estabelece metas financeiras para receitas, despesas, lucros e investimentos para o próximo ano fiscal. O orçamento produzido consiste quase em sua totalidade de números que normalmente possuem pouca relação com as metas do plano estratégico.

Qual documento os gestores da matriz discutem em suas reuniões mensais e trimestrais durante o ano seguinte? Em geral, apenas o orçamento, porque as revisões periódicas se concentram em uma comparação entre resultados reais e orçados para cada item do documento. Então quando o plano estratégico é discutido? Provavelmente só na próxima reunião anual fora dos escritórios, quando os executivos traçarem um novo conjunto de planos de três, cinco e 10 anos.

O próprio exercício de criar um balanced scorecard obriga as empresas a integrar planejamento estratégico e processos orçamentários e, portanto, ajuda a assegurar que seus orçamentos apoiem suas estratégias. Os usuários do scorecard selecionam medidas de progresso de todas as quatro perspectivas e estabelecem metas para cada uma delas. Depois eles determinam quais ações os impelirão na direção de suas metas, identificam as medidas que aplicarão a esses motivadores das quatro perspectivas e estabelecem os marcos de curto prazo que servirão de referência para seu progresso pelos caminhos estratégicos que selecionaram. Portanto, elaborar um scorecard capacita uma empresa a atrelar seus orçamentos financeiros a seus objetivos estratégicos.

Por exemplo, uma divisão da Style Company (nome fictício) comprometeu-se a atingir um objetivo aparentemente impossível articulado pelo CEO: dobrar o faturamento em cinco anos. Pelas previsões inseridas no plano estratégico existente da organização faltava 1 bilhão de dólares para a realização desse objetivo. Os gestores da divisão, depois de considerarem vários cenários, concordaram com aumentos específicos em cinco motivadores de desempenho diferentes: o número de novas lojas abertas, o número de novos clientes atraídos para as lojas novas e as existentes, a porcentagem de frequentadores em cada loja convertidos em compradores reais, a porção mantida de clientes existentes e o ticket médio.

Depois de ajudarem a definir os principais motivadores de aumento da receita e se comprometerem com metas para cada um deles, os gestores da divisão acabaram ficando confortáveis com o objetivo ambicioso do CEO.

O processo de elaborar um balanced scorecard – esclarecendo os objetivos estratégicos e depois identificando os poucos motivadores críticos – também cria uma estrutura para administrar vários programas de mudança de uma organização. Essas iniciativas – reengenharia, capacitação de funcionários, gestão baseada em tempo e gestão da qualidade total, entre outras – prometem gerar resultados, mas também competem entre si por recursos escassos, incluindo o mais escasso de todos: o tempo e a atenção dos gestores do alto escalão.

Por exemplo, pouco depois da fusão que o criou, o Metro Bank lançou mais de 70 iniciativas diferentes. As iniciativas tinham a intenção de produzir uma instituição mais competitiva e bem-sucedida, mas elas estavam inadequadamente integradas à estratégia geral. Depois de construírem seu balanced scorecard, os gestores do Metro Bank abandonaram muitos desses programas – como um esforço de marketing voltado para indivíduos com patrimônio líquido muito alto – e consolidaram outros em iniciativas que estavam mais bem alinhadas com os objetivos estratégicos do banco. Por exemplo, os gestores substituíram um programa que visava ampliar habilidades de vendas de produtos baratos por uma grande iniciativa que visava capacitar vendedores a se tornarem consultores financeiros de confiança, capazes de vender uma vasta gama de produtos recém-introduzidos para os três segmentos de clientes selecionados. O banco fez as duas mudanças porque o scorecard o capacitou a ter um entendimento melhor dos programas exigidos para atingir seus objetivos estratégicos.

Depois que a estratégia é definida e os motivadores são identificados, o scorecard influencia os gestores a se concentrarem em melhorar ou reestruturar os processos mais relevantes para o sucesso estratégico da organização. É assim que o scorecard liga e alinha mais claramente ações e estratégia.

O passo final para unir estratégia e ações é estabelecer metas de curto prazo, ou marcos, específicas para as medidas do balanced scorecard.

Marcos são expressões tangíveis das crenças dos gestores sobre quando e em que grau seus programas atuais afetarão essas medidas.

Ao estabelecer marcos, os gestores estão expandindo o processo orçamentário tradicional para incorporar objetivos tanto estratégicos quanto financeiros. Um planejamento financeiro detalhado permanece importante, mas objetivos financeiros por si sós ignoram as outras três perspectivas do balanced scorecard. Em um processo integrado de planejamento e criação de orçamento, os executivos continuam incluindo o desempenho financeiro de curto prazo no orçamento, mas também introduzem metas de curto prazo para medidas nas perspectivas do cliente, dos processos de negócios internos e de aprendizado e crescimento. Com esses marcos definidos, os gestores podem continuar a testar tanto a teoria subjacente à estratégia quanto a implementação da estratégia.

No final do processo de planejamento de negócios, os gestores devem ter estabelecido metas para os objetivos de longo prazo que gostariam de realizar em todas as quatro perspectivas do scorecard; eles devem ter identificado as iniciativas estratégicas exigidas e alocado os recursos necessários para essas iniciativas; e devem ter estabelecido marcos para as medidas que sinalizam o progresso rumo à realização de seus objetivos estratégicos.

Feedback e aprendizado

"Com o balanced scorecard", disse-nos o CEO de uma firma de engenharia, "posso testar minha estratégia continuamente. É como fazer pesquisa em tempo real." Esta é exatamente a funcionalidade que o scorecard proporciona aos gestores do alto escalão: a capacidade de saber em qualquer ponto de sua implementação se a estratégia que eles formularam está de fato funcionando e, se não estiver, por qual motivo.

Os três primeiros processos de gestão – traduzir a visão, comunicar e estabelecer relações, e planejamento de negócios – são vitais para implementar uma estratégia, mas não são suficientes em um mundo imprevisível. Juntos, eles formam um importante processo de aprendizado de ciclo único – ciclo único no sentido de que o objetivo permanece constante e qualquer desvio da trajetória planejada é visto como um defeito a ser remediado. Esse processo de ciclo único não exige nem facilita o reexame nem da estratégia nem das técnicas usadas para implementá-la à luz das condições atuais.

A maioria das empresas hoje opera em um ambiente turbulento com estratégias complexas que, embora válidas quando foram lançadas, podem perder a validade conforme as condições do negócio mudam. Nesse tipo de ambiente, no qual novas ameaças e oportunidades surgem constantemente, as empresas devem se tornar capazes do que Chris Argyris chama de *aprendizado de ciclo duplo* – o aprendizado que produz uma mudança nas premissas e teorias das pessoas sobre relações de causa e efeito. (Leia o artigo "Teaching Smart People How to Learn" [Ensinando pessoas inteligentes a aprender], *Harvard Business Review*, maio-junho de 1991.)

Revisões de orçamento e outras ferramentas de gestão baseadas em finanças não podem engajar executivos seniores em um aprendizado de ciclo duplo – primeiro, porque essas ferramentas abordam o desempenho a partir de apenas uma perspectiva, e, segundo, porque não envolvem aprendizado estratégico. Aprendizado estratégico consiste em obter feedback, testar as hipóteses nas quais a estratégia foi baseada e fazer os ajustes necessários.

O balanced scorecard fornece três elementos que são essenciais para o aprendizado estratégico. Primeiro, articula a visão compartilhada da empresa, definindo em termos claros e operacionais os resultados que ela, como uma equipe, está tentando atingir. Ele comunica um modelo holístico que une esforços e realizações individuais aos objetivos das unidades de negócios.

Segundo, o scorecard fornece o sistema essencial de feedback estratégico. Uma estratégia de negócios pode ser vista como um conjunto de hipóteses sobre relações de causa e efeito. Um sistema de feedback estratégico deve ser capaz de testar, validar e modificar as hipóteses imbuídas na estratégia de uma unidade de negócios. Ao estabelecer objetivos de curto prazo, ou marcos, dentro do processo de planejamento de negócios, os executivos estão prevendo a relação entre mudanças em motivadores de desempenho e mudanças associadas em um ou mais objetivos especificados. Por exemplo, os executivos do Metro Bank estimaram a quantidade de tempo que levaria para melhorias no treinamento e na disponibilidade de sistemas de informações darem resultado e os funcionários poderem vender diversos produtos financeiros com eficácia para clientes existentes e novos. Eles também estimaram quão grande seria o efeito dessa capacidade de vendas.

Outra organização tentou validar suas relações hipotéticas de causa e efeito no balanced scorecard mensurando a força das ligações entre medidas nas diferentes perspectivas. (Veja o quadro "Como uma empresa relacionou as medidas das quatro perspectivas", na página 208.) Ela encontrou correlações significativas entre o moral dos funcionários – uma medida na perspectiva aprendizado e crescimento – e a satisfação dos clientes – uma importante medida da perspectiva do cliente. A satisfação dos clientes, por sua vez, estava correlacionada com um pagamento mais rápido de faturas – uma relação que levou a uma substancial redução em contas a receber e, portanto, a um retorno mais alto sobre o capital empregado. A empresa também encontrou correlações entre o moral dos funcionários e o número de sugestões feitas por eles (duas medidas de crescimento e aprendizado), assim como entre um número maior de sugestões e menos retrabalho (uma medida de processos internos de negócios).

Evidências de correlações tão fortes quanto essas ajudam a confirmar a estratégia de negócios da empresa. No entanto, se as correlações esperadas não são encontradas com o passar do tempo, essa deve ser uma indicação para os executivos de que a teoria por trás da estratégia da unidade pode não estar funcionando como eles tinham previsto.

Especialmente em organizações grandes, acumular dados suficientes para documentar correlações significativas e causalidade entre medidas do balanced scorecard pode levar muito tempo – meses ou anos. No curto prazo, a avaliação dos gestores do impacto estratégico pode depender de julgamentos subjetivos ou qualitativos. No entanto, à medida que mais evidências se acumularem, as organizações poderão ser capazes de fornecer estimativas de relações de causa e efeito a partir de bases mais objetivas. Mas apenas fazer os gestores pensarem sistematicamente sobre as premissas por trás da sua estratégia já é um avanço em relação à prática atual de tomar decisões baseadas em resultados operacionais de curto prazo.

Terceiro, o scorecard facilita a revisão da estratégia, que é essencial para o aprendizado estratégico. Tradicionalmente, as empresas usam as reuniões mensais ou trimestrais entre executivos da matriz e das divisões para analisar os resultados financeiros do período mais recente. A discussão é focada

Como uma empresa relacionou as medidas das quatro perspectivas

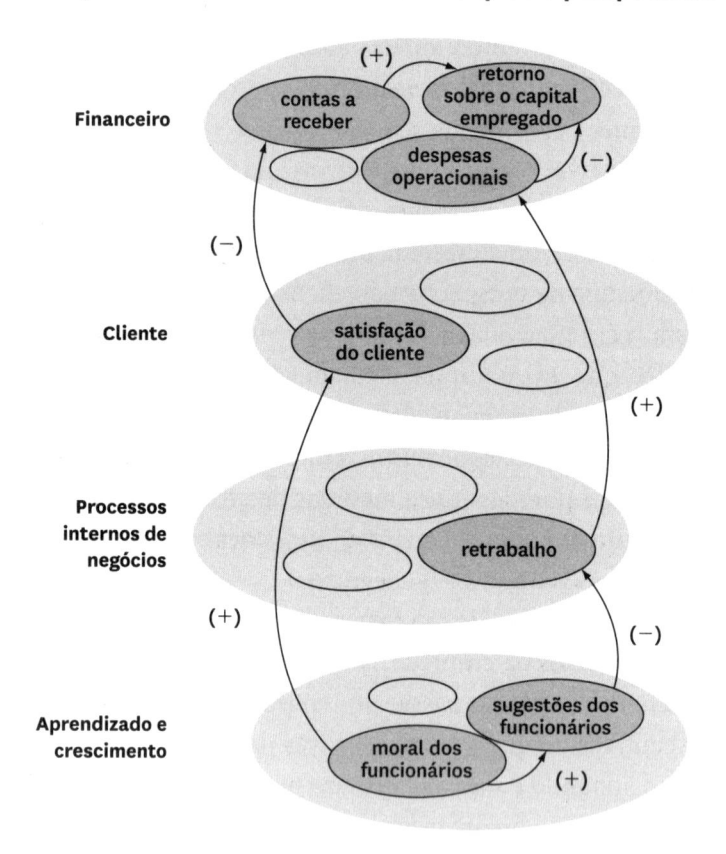

Financeiro: (+) contas a receber, retorno sobre o capital empregado, despesas operacionais (−)

Cliente: satisfação do cliente

Processos internos de negócios: retrabalho

Aprendizado e crescimento: moral dos funcionários, sugestões dos funcionários

no desempenho passado e em explicações de por que objetivos financeiros não foram atingidos. O balanced scorecard, com sua especificação das relações causais entre motivadores de desempenho e objetivos, permite que executivos da matriz e das unidades de negócios usem suas sessões de revisão periódicas para avaliar a validade da estratégia de cada unidade e a qualidade de sua execução. Se os funcionários e gestores da unidade fizeram sua parte quanto aos motivadores de desempenho (treinamento de funcionários, disponibilidade de sistemas de informações e novos produtos e serviços financeiros, por exemplo), então seu fracasso em atingir os resultados esperados (mais vendas para clientes-alvo, por exemplo) indica que a teoria por trás da estratégia pode não ser válida. Números decepcionantes de vendas são um alerta antecipado.

Os gestores deveriam levar a sério essas provas que invalidam sua teoria e reconsiderar suas conclusões compartilhadas sobre condições de mercado, proposta de valor para o cliente, comportamento dos concorrentes e competências internas. O resultado dessa revisão pode ser a decisão de reafirmar a confiança deles na estratégia atual mas ajustar a relação quantitativa entre as medidas estratégicas no balanced scorecard. Mas eles também podem concluir que a unidade precisa de uma estratégia diferente (um exemplo de aprendizado de ciclo duplo) à luz dos novos conhecimentos sobre as condições do mercado e as competências internas. De todo modo, o scorecard terá estimulado os executivos principais a aprender sobre a viabilidade de sua estratégia. Essa capacidade de possibilitar o aprendizado organizacional no nível executivo – aprendizado estratégico – é o que distingue o balanced scorecard, tornando-o inestimável para aqueles que desejam criar um sistema de gestão estratégica.

Rumo a um novo sistema de gestão estratégica

Muitas organizações adotaram os conceitos iniciais do balanced scorecard para melhorar seus sistemas de avaliação de desempenho. Elas atingiram resultados tangíveis, porém limitados. Adotar esses conceitos proporcionou esclarecimento, consenso e foco nos aprimoramentos de desempenho desejados. Mais recentemente, temos visto empresas expandirem seu uso do balanced scorecard, empregando-o como a fundação de um sistema de gestão estratégica integrado e com iterações. Elas estão usando o scorecard para:

- esclarecer e atualizar estratégias;
- comunicar a estratégia para toda a empresa;
- alinhar objetivos das unidades e individuais com a estratégia;
- relacionar objetivos estratégicos a metas de longo prazo e orçamentos anuais;
- identificar e alinhar iniciativas estratégicas;
- conduzir revisões de desempenho periódicas para aprender sobre a estratégia e aprimorá-la.

O balanced scorecard permite a uma empresa alinhar seus processos de gestão e fazer a organização inteira focar em implementar estratégias de longo prazo. Na National Insurance, o scorecard forneceu ao CEO e a seus gestores uma estrutura central em torno da qual podiam redesenhar cada peça do sistema de gestão da empresa. E, por causa das ligações de causa e efeito inerentes à estrutura do scorecard, mudanças em um componente do sistema reforçaram mudanças anteriores feitas em outras partes. Portanto, cada mudança feita ao longo do período de 30 meses contribuiu para o ímpeto que manteve a organização avançando na direção combinada.

Sem um balanced scorecard, a maioria das organizações é incapaz de atingir uma consistência de visão e de ação similar enquanto tenta mudar de direção e introduzir novas estratégias e processos. O balanced scorecard fornece uma estrutura para administrar a implementação de estratégias enquanto também permite que a própria estratégia evolua em resposta a mudanças nos ambientes competitivo, de mercado e tecnológico da empresa.

Publicado originalmente em janeiro de 1996.

8

Transforme estratégia de executivos em ação na linha de frente

Orit Gadiesh e James L. Gilbert

TODOS RECONHECEMOS OS BENEFÍCIOS de impelir a tomada de decisões a sair da sala do CEO e se espalhar pelos demais níveis de uma organização. Oportunidades de negócios passageiras podem ser agarradas rapidamente. Produtos e serviços passam a refletir melhor as mudanças sutis nas preferências dos clientes. Funcionários empoderados são motivados a inovar e a assumir riscos.

No entanto, apesar de o valor dessa abordagem ser claro, particularmente em um ambiente de negócios volátil, existe também um risco embutido: uma organização na qual todos são tomadores de decisões corre o risco de ficar fora de controle. Dentro de uma mesma empresa, é complicado conseguir alcançar ao mesmo tempo tomadas de decisão descentralizadas e uma ação estratégica coerente. Ainda assim, algumas delas – como General

Electric, America Online, Vanguard, Dell, Walmart, Southwest Airlines e eBay – fizeram justamente isso.

Essas empresas empregam o que chamamos de *princípio estratégico*, uma expressão marcante e executável que sintetiza a estratégia corporativa de uma companhia em sua essência única e a comunica a toda a organização. (Para uma lista dos princípios estratégicos de algumas empresas, veja o quadro "Tudo em uma frase", na página 219.)

Essa ferramenta serviria bem a qualquer empresa, mas ela se tornou particularmente útil no ambiente de negócios de mudanças rápidas e constantes de hoje. De fato, em nossos trabalhos e conversas com mais de 50 CEOs ao longo dos dois últimos anos, passamos a apreciar o poder do princípio estratégico – sua capacidade de ajudar organizações a manter o foco estratégico enquanto cultivam a flexibilidade entre os funcionários que viabiliza a inovação e uma resposta rápida a oportunidades. E é provável que os princípios estratégicos se tornem ainda mais cruciais para o sucesso corporativo nos próximos anos.

Síntese e comunicação

Para compreender melhor o que é um princípio estratégico e como ele pode ser usado, consideremos uma analogia militar: as regras para envolvimento em batalha. Por exemplo, as tripulações do almirante Lord Nelson nas guerras do século XVIII entre Inglaterra e França eram guiadas por um princípio estratégico simples: não importa o que fizer, emparelhe com um navio inimigo.

O treinamento e a experiência da Marinha Real davam aos capitães a vantagem toda vez que se envolviam em um confronto um a um contra qualquer um dos navios inferiores da Europa continental. Assim, Nelson rejeitava a prática comum de um almirante tentar controlar uma frota por meio do uso de sinais com bandeiras, julgando-a inviável. Em vez disso, ele dava a seus capitães parâmetros estratégicos – eles sabiam que precisavam enfrentar navios rivais um contra um –, deixando que determinassem como exatamente iriam se envolver no combate. Usando um princípio estratégico em vez de sinais explícitos para comandar suas forças, Nelson derrotou sistematicamente os franceses, incluindo uma grande vitória na

Em resumo

A Southwest Airlines continua voando. O preço de suas ações subiu um total de 21.000% entre 1972 e 1992 e saltou 300% entre 1995 e 2000.

Por que a Southwest teve sucesso, enquanto tantas outras companhias aéreas fracassaram? Porque ela permanece fiel ao seu poderoso **princípio estratégico:** "Atender às necessidades de clientes por viagens curtas a tarifas competitivas com o preço de viajar de carro." Essa frase concisa, memorável e orientada para a ação sintetiza a estratégia única da Southwest e a comunica a toda a companhia.

Um **princípio estratégico** eficaz permite que uma empresa, simultaneamente:

- mantenha o foco estratégico;
- capacite os funcionários a inovar e correr riscos;
- agarre oportunidades transitórias;
- crie produtos e serviços que atendam a mudanças sutis nas necessidades dos clientes.

No mundo de mudanças rápidas de hoje, as organizações devem integrar tomadas de decisões descentralizadas *com* ação estratégica coerente. Um **princípio estratégico** bem elaborado, implementado habilmente, permite que elas atinjam esse delicado equilíbrio.

---

escuridão da noite, quando sinais teriam sido inúteis. A regra de envolvimento em combate de Nelson era simples o bastante para que todos os seus oficiais e marinheiros a soubessem de cor. E foi duradoura, uma diretiva válida que funcionou até as capacidades navais relativas da Inglaterra e de seus rivais mudarem.

Sintetizar a estratégia de uma empresa em uma frase concisa, memorável e prescritiva é importante porque uma estratégia de negócios brilhante, como uma abordagem perspicaz de uma campanha de guerra, tem pouca utilidade a menos que as pessoas a entendam bem o suficiente para aplicá-la – tanto em decisões previstas quanto em oportunidades imprevistas.

Na prática

Atributos de princípios estratégicos poderosos

Um princípio estratégico bem-sucedido:

- Força escolhas entre recursos concorrentes (trade-offs).

    Exemplo: A expansão de 1983 da Southwest Airlines para a área de tráfego intenso de Denver *parecia* conveniente. Mas atrasos incomumente longos ali por conta do clima e do tempo de taxiamento teriam forçado a Southwest a aumentar o valor das passagens, impedindo-a de ser fiel ao seu princípio estratégico de oferecer tarifas aéreas competitivas com o custo de viajar de carro. A companhia retirou-se de Denver.

- Testa a solidez estratégica de decisões específicas relacionando os insights dos líderes com o senso prático dos operadores.

    Exemplo: O princípio estratégico da AOL, "Conectividade do consumidor em primeiro lugar, a qualquer hora, em qualquer lugar", testou a sabedoria de uma poderosa decisão de negócios: expandir a rede global da AOL por meio de alianças com parceiros locais em vez de usar sua tecnologia em todos os lugares. A compreensão da cultura local pelos parceiros aumentou muito a conectividade dos clientes.

- Define limites claros dentro dos quais os funcionários operam e experimentam.

    Exemplo: No Vanguard Group, gigante de fundos mútuos, os funcionários da linha de frente conceberam uma ideia poderosa: permitir que os clientes acessem suas contas pela internet, mas limitando as negociações on-line. Esse passo manteve os custos do Vanguard baixos, permitindo que a empresa se ativesse ao seu princípio estratégico: "Valor imbatível para os investidores-proprietários."

Como criar e comunicar seu princípio estratégico

Capturar e comunicar a essência da estratégia da sua empresa em uma frase simples, memorável e executável não é fácil. Estes passos podem ajudar:

1. **Faça um rascunho de um princípio estratégico funcional.** Resuma sua *estratégia corporativa* – seu plano de alocar recursos escassos para gerar valor que distingue você dos concorrentes – em uma frase curta. Essa frase se torna seu *princípio estratégico* funcional.

2. **Teste sua resistência.** Um bom princípio estratégico é duradouro. Pergunte: nosso princípio estratégico funcional captura a essência atemporal do valor competitivo único da nossa empresa?

3. **Teste seu poder comunicativo.** Pergunte: a frase é clara, concisa e memorável? Você se sentiria confortável pintando-a nas laterais dos caminhões da sua empresa, como faz a Walmart?

4. **Teste sua capacidade de promover e orientar ação.** Pergunte: o princípio exibe os três atributos essenciais: forçar escolhas, testar a sensatez de movimentos de negócios, definir limites para a experimentação dos funcionários?

5. **Comunique-o.** Comunique seu princípio estratégico consistente, simples e repetidamente. Você saberá que teve sucesso quando os funcionários, assim como escritores da área de negócios, alunos de MBA e concorrentes, todos souberem o seu princípio de cor.

Em nosso trabalho, com frequência vemos exemplos da regra 80-100: você estará em uma posição melhor com uma estratégia que está 80% certa e 100% implementada do que com uma que está 100% certa mas não motiva ação consistente em toda a empresa. Um princípio estratégico pode ajudar a equilibrar essa proporção.

A beleza de ter um princípio estratégico corporativo é fazer com que todos em uma organização – tanto os executivos nos setores que lidam com os clientes quanto os funcionários nas unidades de negócios – possam trabalhar conscientemente rumo ao mesmo objetivo estratégico sem rigidez na maneira como cada um faz isso. As decisões nem sempre precisam fazer a lenta viagem de ida e volta até a diretoria. Quando um princípio estratégico é bem elaborado e comunicado com eficácia, os gestores em todos os níveis são dignos de confiança para tomar decisões que levam a estratégia da empresa adiante em vez de miná-la.

Pelo que dissemos até agora, um princípio estratégico pode se parecer com uma declaração de missão. Mas, enquanto ambos ajudam os funcionários a entender o direcionamento de uma empresa, os dois são ferramentas diferentes que comunicam coisas diferentes. Uma declaração de missão informa a *cultura* de uma empresa. Um princípio estratégico motiva a *estratégia*. Uma declaração de missão é *aspiracional*: ela dá às pessoas algo pelo qual almejar. Um princípio estratégico é *orientado para a ação*: ele permite que as pessoas façam algo agora. Uma declaração de missão tem o objetivo de *inspirar* os funcionários na linha de frente. Um princípio estratégico os capacita a *agir* rapidamente dando-lhes uma orientação explícita para fazer escolhas estrategicamente consistentes.

Considere a diferença entre a declaração de missão da GE e seu princípio estratégico. A declaração de missão da empresa exorta os líderes – "sempre com integridade inabalável" – a serem "apaixonadamente focados em motivar o sucesso do cliente" e a "criar um ambiente de flexibilidade, empolgação, informalidade e confiança", entre outras coisas. A linguagem é aspiracional e emocional. Em contraste, o princípio estratégico bem conhecido da GE – "Ser o número um ou número dois em cada setor no qual concorremos ou cair fora" – é orientado para a ação. A primeira parte da frase é um desafio estratégico explícito e a segunda não deixa dúvidas nas mentes dos gestores sobre o que deveriam fazer.

Três atributos determinantes

Um princípio estratégico, sendo a síntese da estratégia de uma companhia, deve guiar a alocação de recursos escassos – capital, tempo, atenção da gestão, mão de obra e marca – da empresa com o objetivo de construir uma vantagem competitiva sustentável. Ele precisa dizer a uma empresa o que fazer e, igualmente importante, o que não fazer. Mais especificamente, um princípio estratégico eficaz faz o seguinte:

- força escolhas entre demandas que competem por recursos;
- testa a solidez estratégica de uma ação específica;
- estabelece limites claros dentro dos quais os funcionários devem operar, enquanto lhes dá a liberdade de experimentar dentro dessas restrições.

Essas três qualidades podem ser vistas no princípio estratégico da AOL. O presidente executivo Steve Case dizia que a interação pessoal on-line é a alma da internet, e ele posicionou a AOL para criar essa interação. Assim, o princípio estratégico da AOL nos anos que antecederam sua fusão com a Time Warner era "Conectividade do consumidor em primeiro lugar, a qualquer hora, em qualquer lugar".

Esse princípio estratégico ajudou a AOL a fazer escolhas difíceis ao alocar seus recursos. Por exemplo, em 1997 a empresa precisava de dinheiro para crescer, então vendeu sua infraestrutura de redes e terceirizou essa função – um movimento arriscado em uma época na qual parecia que a propriedade de redes poderia ser a chave para o sucesso na internet. Mantendo-se fiel ao seu princípio estratégico, a AOL preferiu gastar seu tempo e seu dinheiro em melhorar a conectividade do site, focando sobretudo em acesso, navegação e interação. Como resultado, ela evitou investir no que acabou se revelando um negócio de retornos relativamente baixos.

O princípio estratégico também ajudou a AOL a testar se um movimento de negócios específico fazia sentido estrategicamente. Por exemplo, a empresa de internet optou por expandir sua rede global por meio de acordos com parceiros locais, ainda que essa abordagem pudesse levar mais tempo do que simplesmente transferir sua própria tecnologia e seu know-how. A AOL reconhecia que um parceiro local compreende melhor a cultura e a comunidade nativas, o que é essencial para se conectar com os clientes.

Finalmente, o princípio estratégico da AOL estimulou experimentações focadas em campo definindo claramente a liberdade dos funcionários para tomar iniciativas. Por exemplo, a ex-vice-presidente de marketing, Jan Brandt, enviou pelo correio mais de 250 milhões de disquetes da AOL para consumidores nos Estados Unidos. A campanha inovadora tornou a empresa um dos nomes mais conhecidos no ciberespaço – tudo porque Brandt, guiada pelo princípio de conectar consumidores, investiu seus recursos em fortalecer a comunidade-alvo da AOL em vez de desperdiçar tempo e dinheiro com anúncios.

Como ilustra a experiência da AOL, um princípio estratégico forte pode nortear decisões corporativas de alto nível – aquelas envolvendo desinvestimentos, por exemplo –, assim como decisões tomadas por chefes de departamento ou por outros mais abaixo na organização. Também libera o CEO do envolvimento constante com a implementação de suas ordens estratégicas. "A genialidade de um grande líder está em deixar atrás de si uma situação com a qual o bom senso, sem a graça da genialidade, pode lidar com sucesso", disse o jornalista e pensador político Walter Lippman. Arranhe a superfície de uma série de organizações de alto desempenho e você descobrirá que os princípios estratégicos estão conectando os insights estratégicos dos líderes com o senso pragmático dos operadores.

Agora mais do que nunca

No passado, um princípio estratégico era algo bom de se ter, mas mal era necessário, a menos que uma empresa se encontrasse em uma situação de negócios difícil. Hoje, muitas organizações enfrentam simultaneamente quatro situações que tornam um princípio estratégico crucial para o sucesso: descentralização, crescimento rápido, mudanças tecnológicas e instabilidade institucional.

Pelas razões mencionadas antes, a *descentralização* está se tornando comum em companhias de todos os tipos; portanto, existe a necessidade correspondente de um mecanismo para assegurar uma ação estratégica coerente. Especialmente no caso de conglomerados diversificados, nos quais a estratégia é formada em cada uma das unidades de negócios, um princípio estratégico pode ajudar executivos a manter a consistência enquanto dá aos gestores de cada unidade a liberdade de customizar suas estratégias para atender às próprias necessidades. Também pode esclarecer o valor central em empresas tão abrangentes. Por exemplo, o princípio estratégico de longa data da GE de sempre ser o número um ou o número dois em um setor oferece uma lógica poderosa para mostrar como um conglomerado pode criar valor e ainda assim dar liberdade estratégica considerável às unidades de negócios.

Um princípio estratégico também é essencial quando uma empresa está experimentando *crescimento rápido*. Nesses períodos, acontece cada vez mais de gestores menos experientes serem forçados a tomar decisões sobre questões difíceis para as quais pode não haver precedentes. Um princípio estratégico claro e conciso pode ajudar a compensar essa falta de experiência. Isso é particularmente relevante quando uma startup está crescendo rapidamente em um setor estabelecido. Por exemplo, conforme a Southwest Airlines começou a crescer depressa, ela poderia ter sido tentada a imitar as estratégias (que acabaram fracassando) de seus rivais se não tivesse o próprio princípio estratégico a seguir: "Atender às necessidades de viagens curtas dos clientes a tarifas competitivas com o custo de viajar de carro." Da mesma forma, o eBay, cujo princípio é "focar em comunidades de compra e venda", poderia ter sido tentado, como muitos marketplaces na internet, a diversificar para todo tipo de serviço. Mas o eBay escolheu terceirizar certos serviços – por exemplo, gerenciamento das fotos que os vendedores

---

Tudo em uma frase

Várias empresas sintetizaram sua estratégia em uma frase, usando-a para motivar ações estratégicas consistentes em todos os níveis.

Empresa	Princípio estratégico
America Online	Conectividade do consumidor em primeiro lugar, a qualquer hora, em qualquer lugar
Dell	Ser direto
eBay	Focar em comunidades de compra e venda
General Electric	Ser o número um ou o número dois em todos setores nos quais competimos ou cair fora
Southwest Airlines	Atender às necessidades de viagens curtas dos clientes a tarifas competitivas com o custo de viajar de carro
Vanguard	Valor imbatível para o investidor-proprietário
Walmart	Preços baixos todos os dias

Bain & Company: estudo de caso de um princípio estratégico

O lugar no qual mais aprendi sobre princípios estratégicos foi nas trincheiras da Bain & Company, quando quase falimos.

Bill Bain fundou a Bain & Company na década de 1970 baseado em uma ideia simples mas poderosa: "O produto de um consultor deve ser *resultados para o cliente – e não relatórios.*" Com o tempo, essa regra de entregar resultados através de estratégia tornou-se o princípio estratégico de Bain. E continua sendo hoje.

Essa diretriz estimula ação específica, como um princípio estratégico deveria fazer. Isso significa que, desde o começo de um projeto, você está constantemente pensando sobre como uma recomendação será implementada. Também exige que diga a verdade aos clientes, mesmo que seja difícil, porque você não pode atingir resultados ocultando problemas. E esse princípio estratégico é obedecido: Bain sempre mediu o desempenho dos associados de acordo com os resultados que eles conquistam para seus clientes, e não apenas em faturamento para a firma.

Essa foi a empresa na qual ingressei. E, por muitos anos, ela cresceu rapidamente, sempre guiada por esse princípio estratégico. Então, há pouco mais de uma década, os sócios fundadores decidiram pegar seu dinheiro e venderam 30% da firma para um plano de opção de ações para funcionários. Isso nos deixou com centenas de milhões de dólares em dívidas e dezenas de milhões de dólares em pagamentos de juros. O movimento, cujos detalhes, inicialmente, não foram revelados para o restante de nós, era fundamentado na premissa de que a empresa manteria seu índice de crescimento anual de 50%, o que não podia ser sustentado no tamanho que tínhamos adquirido. Quando o crescimento desacelerou, os detalhes vieram à luz.

Os sócios não fundadores enfrentavam uma escolha crucial. Todos tinham ofertas atraentes. Os concorrentes e a imprensa disseram que não sobreviveríamos.

colocam no site para ilustrar os itens que colocam para leiloar – enquanto continua a investir em outros como o Billpoint, que permite que vendedores aceitem pagamentos via cartão de crédito dos compradores. O princípio estratégico do eBay tem assegurado que a empresa inteira permaneça concentrada no negócio principal de comércio.

O ritmo impressionante de *mudanças tecnológicas* – especialmente a partir da última década do século XX – tem sido custoso para empresas que não possuem um princípio estratégico. Nunca antes no mundo dos

Recém-contratados e clientes estavam atentos. Para resumir a história, sentamo-nos em torno de uma mesa na sala de conferências e decidimos dar a volta por cima. A chave para fazer isso, decidimos, era permanecermos fiéis ao nosso princípio estratégico.

O que se seguiu foram dois anos durante os quais aderir àquele objetivo foi dolorosamente difícil. Mas fazer isso nos obrigou a realizar escolhas importantes. Em um caso, bem no meio da crise, saímos de um contrato grande que era inconsistente com nosso princípio. Acreditávamos que os projetos que o cliente estava determinado a realizar não poderiam produzir resultados significativos para a companhia. Hoje, todos acreditamos que, se tivéssemos nos desviado do nosso princípio naquela ocasião, não estaríamos aqui.

Mais recentemente, nosso princípio estratégico nos libertou para explorarmos outros empreendimentos. Há sete anos, por exemplo, nos interessamos em consultoria para fundos de *private equity*, um negócio bastante diferente de atender clientes corporativos. Inicialmente, tivemos dificuldade com o conceito, mas logo percebemos que ele se encaixava em nosso princípio de fornecer resultados através de estratégia, só que para um novo segmento de clientes. Sabíamos que podíamos confiar nos nossos colegas que estavam formando a nova iniciativa para que agissem de modo consistente com os objetivos mais abrangentes da empresa, pois o princípio estratégico era fundamental para a perspectiva deles. A força do nosso princípio compartilhado nos permitiu experimentar e, por fim, desenvolver uma nova área de atuação bem-sucedida.

Nosso princípio continua possibilitando que os associados desenvolvam novas áreas, mercados e interesses rapidamente e sem desestruturar a firma. Ele nos deu a capacidade de evoluir e resistir.

– Orit Gadiesh

---

negócios houve mais incerteza combinada com tamanha ênfase em velocidade. Os gestores em setores de alta tecnologia, em particular, precisam reagir imediatamente a desenvolvimentos repentinos e inesperados. Com frequência, a soma das reações em toda a organização acaba definindo seu curso estratégico. Um princípio estratégico – por exemplo, a regra da Dell de vender diretamente para usuários finais – ajuda a assegurar que as decisões tomadas por gerentes na linha de frente em tais circunstâncias contribuam para uma estratégia consistente e coerente.

Por fim, um princípio estratégico pode ajudar a garantir continuidade durante períodos de *instabilidade institucional*. Um exemplo cada vez mais comum de confusão nessa era de CEOs de mandatos curtos é a sucessão na liderança. Um novo CEO pode trazer consigo uma nova estratégia – mas não necessariamente um novo princípio estratégico. Por exemplo, quando Jack Brennan assumiu o posto de presidente e CEO do Vanguard em 1996, a transição estratégica foi fluida, apesar de alguma tensão em torno da transição de liderança. Ele manteve o princípio estratégico da empresa de fundos mútuos – "Valor imbatível para o investidor-proprietário" –, permitindo assim que os gestores perseguissem seus objetivos estratégicos sem muitas das distrações tantas vezes associadas a mudanças de liderança. (Sobre nossa experiência com instabilidade institucional e princípios estratégicos, veja o quadro "Bain & Company: estudo de caso de um princípio estratégico", na página 220.)

Princípios estratégicos em ação

Princípios estratégicos e seus benefícios podem ser mais bem compreendidos quando vemos os resultados que eles criam.

Forçando escolhas na Southwest Airlines

A Southwest Airlines é uma das grandes histórias de sucesso do setor de transporte aéreo. Ela é a única companhia aérea que não perdeu dinheiro no último quarto do século XX. O valor de suas ações subiu um total de 21.000% entre 1972 e 1992, e aumentou 300% entre 1995 e 2000, um período bastante difícil para o setor. Para a maioria das companhias, um crescimento tão rápido geraria problemas: legiões de funcionários na linha de frente pegando o bastão de tomada de decisões dos executivos principais e, inevitavelmente, tropeçando. Mas, no caso da Southwest, os funcionários têm consistentemente feito escolhas de acordo com o princípio estratégico da companhia.

O processo para tomar decisões importantes e complicadas sobre questões como projetos de redes, oferta de serviços, seleção e definição de preço de rotas, projeto de cabines e procedimentos de emissão de passagens é objetivo. Isso se dá porque as escolhas exigidas pelo princípio estratégico são claras. Por exemplo, em 1983 a Southwest iniciou as viagens para Denver, um destino com potencial de alto tráfego e aparentemente uma expansão lógica da presença da companhia no sudoeste dos Estados Unidos. No entanto, ela experimentou atrasos mais longos e consistentes no aeroporto Stapleton, de Denver, do que em qualquer outro lugar. Esses atrasos não eram causados por uma lentidão na preparação para decolagem no portão, mas por um tempo maior de taxiamento na pista e aviões voando em círculos por causa do mau tempo. A Southwest precisava decidir se o crescimento potencial de servir o mercado de Denver compensava os custos mais altos associados aos atrasos, que se refletiriam em passagens mais caras. Ela se voltou para seu princípio estratégico: a companhia aérea seria capaz de manter tarifas competitivas com o custo de viajar de carro? Pelo menos em Denver, claramente não poderia. A Southwest retirou-se de Stapleton três anos depois de inaugurar os serviços ali e não retornou.

Testando ação na AOL

Grande parte da capacidade da AOL de se mover tão rápido e tão longe por terrenos não percorridos estava em sua prática de testar movimentos potenciais em relação ao seu princípio estratégico. Funcionários que viam oportunidades atraentes podiam perguntar a si mesmos se agarrar uma ou muitas levaria a uma maior conectividade dos consumidores ou a uma distribuição mais abrangente. Veja, por exemplo, a gerente Katherine Borescnik, presidente de programação na AOL. Há muitos anos, ela percebera um aumento de atividade – chame isso de conectividade do consumidor – em torno de newsletters criadas por dois analistas de ações irreverentes e assinantes da AOL. Ela ofereceu aos analistas a oportunidade de criarem seu site de finanças, que se tornou o Motley Fool, um ponto de conexão e de informação para usuários que faziam investimentos por conta própria.

E o princípio estratégico da AOL ia ainda mais fundo na organização. As centenas de aquisições e negócios que a AOL fez no final dos anos 1990 envolveram muitos funcionários. Enquanto os executivos do alto escalão tomavam as decisões finais, funcionários na base primeiro faziam uma triagem das oportunidades em relação ao princípio estratégico da empresa. Além disso, os esforços de integração depois de aquisições, embora coreografados no topo, eram executados por um grupo de gestores que asseguravam que os planos estivessem de acordo com o princípio estratégico. "Tivemos sucesso, tanto nos nossos negócios quanto na nossa integração, porque nossas aquisições foram todas motivadas pelo foco em como os clientes se comunicam e se conectam", disse Ken Novack, vice-presidente da AOL Time Warner de 1998 a 2003.

A fusão gigantesca da AOL com a Time Warner claramente levou adiante o princípio estratégico da AOL de possibilitar conexões "a qualquer hora, em qualquer lugar", acrescentando acesso a TV e a TV a cabo ao acesso discado no computador.

Experimentando dentro dos limites no Vanguard

O Vanguard Group, que tinha 565 bilhões de dólares em ativos sob sua gestão em 2001, tornou-se silenciosamente um gigante no setor de fundos mútuos. A estratégia da empresa é uma reação à incapacidade da maioria dos fundos mútuos de superar o índice Standard & Poor's 500, muitas vezes por causa do custo de suas atividades de marketing, das despesas gerais e do custo de transações frequentes. Para opor-se a isso, o Vanguard desencoraja os investidores a fazerem transações frequentes e mantém suas despesas gerais e seus custos de publicidade muito abaixo da média do setor. Ele repassa as economias direto para os investidores, que são os proprietários do fundo, uma vez que o Vanguard é uma associação de socorro mútuo, e não uma empresa de capital aberto.

Embora essa tenha sido a estratégia na fundação do Vanguard, durante anos a instituição não a comunicou abertamente aos funcionários. Como resultado, muitas vezes eles sugeriam iniciativas que não estavam de acordo com a estratégia fundamental da companhia. "Gestores intermediários chegavam segurando o jornal e dizendo: 'Veja o que a Fidelity acabou de fazer. E se a gente fizer o mesmo?'", diz Jack Brennan. Não estava claro para eles que a estratégia do Vanguard era muito diferente da de sua rival, que possui custos mais altos e não é de propriedade mútua. Ao longo dos anos, o Vanguard tem investido uma energia considerável em elaborar um princípio estratégico e em utilizá-lo para disseminar a estratégia da empresa. Agora que sabem que os funcionários entendem a estratégia, os gestores confiam neles para conduzirem iniciativas próprias.

Considere a reação do Vanguard a uma forte tendência em distribuição de fundos dirigidos a pequenos investidores: a emergência do canal on-line. Pesquisas do setor indicaram que a maioria dos investidores queria acesso às suas contas pela internet e que assessores on-line eram mais ativos do que os off-line. Assim, o Vanguard escolheu integrar a internet ao seu serviço de uma maneira que reforçasse sua estratégia de manter os custos baixos: basicamente, ela permite que os clientes acessem suas contas on-line, mas limita as negociações via web. Merece destaque o fato de que as ideias originais para as iniciativas on-line do Vanguard, incluindo empreendimentos com a AOL, foram concebidas por funcionários da linha de frente, e não por executivos do alto escalão.

Brennan diz que o princípio estratégico da empresa afeta todo o processo de gestão, incluindo contratações, treinamento, avaliação de desempenho e incentivos. Ele destaca um benefício oculto de se ter um princípio estratégico forte: "Você é mais eficiente e pode operar com uma equipe de gestão mais enxuta porque todos seguem a mesma cartilha."

Como criar um princípio estratégico

Alguns dos melhores e mais notáveis exemplos de princípios estratégicos vêm de empresas que foram fundadas com base neles, como eBay, Dell, Vanguard, Southwest Airlines e Walmart ("Preços baixos todos os dias"). Os fundadores dessas companhias adotaram um princípio estratégico claro que resumia a essência do que se tornaria uma estratégia de negócios completa. Eles atraíram investidores que acreditavam nele, contrataram funcionários que aderiram a ele e visaram clientes que o desejavam.

Líderes de multinacionais de vida longa, como a GE, elaboraram seus princípios estratégicos em uma conjuntura decisiva: quando aumentar a complexidade corporativa ameaçava confundir prioridades na linha de frente e obscurecer a essência que realmente distingue sua estratégia da dos rivais.

Empresas nessa segunda categoria, que representam a maioria das que provavelmente contemplariam criar um princípio estratégico, estão diante de um exercício difícil. Identificar a essência da sua estratégia para que ela possa ser traduzida em uma frase simples e memorável não é uma tarefa simples. Podemos chamar de genômica corporativa: o princípio deve isolar e capturar o equivalente corporativo do código genético que diferencia sua empresa das concorrentes. É um pouco como identificar os 2% de DNA que separam o homem do macaco – ou, ainda mais difícil e apropriado, o 0,1% de DNA que diferencia cada ser humano.

Existem diferentes maneiras de identificar os elementos que devem ser englobados em um princípio estratégico, mas tenha em mente que uma estratégia corporativa representa um plano para efetivamente alocar recursos escassos a fim de atingir uma vantagem competitiva sustentável. Os gestores precisam perguntar a si mesmos: como minha empresa distribui esses recursos para criar valor de uma maneira única, uma que a diferencie das concorrentes? Tente resumir a ideia em uma frase curta que capte o ponto de diferenciação da sua empresa.

Depois que essa ideia tiver sido expressada em uma frase, teste o princípio estratégico em sua natureza duradoura. Ele dá conta do que você pretende fazer apenas pelos próximos três ou cinco anos ou captura uma essência mais atemporal? Depois, teste o princípio estratégico em seu poder comunicativo. Ele é claro, conciso e memorável? Você sentiria orgulho de pintá-lo na lateral de um caminhão, como a Walmart faz?

Por fim, teste o princípio em sua capacidade de promover e orientar ação. Em particular, avalie se ele exibe os três atributos de um princípio estratégico eficaz: ele forçará escolhas difíceis? Servirá como um teste para a sensatez de um movimento de negócios específico, especialmente um que poderá promover lucros no curto prazo às custas da estratégia de longo prazo? Ele define limites dentro dos quais, não obstante, as pessoas serão livres para experimentar?

Dada a importância de acertar seu princípio estratégico, é sábio levar essas perguntas a executivos e funcionários durante um período de incubação, no intuito de obter feedback. Quando você estiver certo de que a declaração é precisa e convincente, dissemine-a por toda a organização.

Obviamente, assim como uma estratégia brilhante não tem valor a menos que seja implementada, um princípio estratégico poderoso não tem utilidade a menos que seja comunicado efetivamente. Quando Jack Welch, o renomado CEO, fala sobre alinhar os funcionários em torno da estratégia e dos valores da GE, ele enfatiza a necessidade de consistência, simplicidade e repetição. A abordagem não é chamativa nem complicada, mas exige uma disciplina enorme e não poderia ser mais importante. Welch evangelizou de forma tão abrangente o princípio da GE de "ser o número um ou o número dois" que os funcionários não são os únicos a fazer coro. O mesmo pode ser dito da maioria dos escritores de negócios, estudantes de MBA e gestores de outras empresas.

Quando repensar é necessário

Nenhuma estratégia é eterna, assim como nenhum princípio estratégico. Mas, mesmo que os elementos da sua estratégia mudem, a essência dela provavelmente permanecerá a mesma. Portanto, sua estratégia pode se alterar substancialmente conforme a demografia e a necessidade dos seus clientes se alteram. Ela pode precisar ser modificada em face das mudanças nos custos e ativos da sua empresa comparados com os dos concorrentes. Meias-vidas estratégicas estão encurtando e, em geral, estratégias deveriam ser revistas a cada trimestre e atualizadas a cada ano. Mas, embora valha a pena revisitar seu princípio estratégico toda vez que você reexaminar sua estratégia, é provável que ele só seja alterado quando houver uma mudança significativa na economia e nas oportunidades do seu mercado causadas por, digamos, uma nova legislação ou uma tecnologia ou um modelo de negócios completamente novos.

Ainda assim, seu princípio estratégico pode precisar apenas de refinamento ou de expansão. O princípio estratégico da GE foi ampliado, mas não substituído, desde quando Welch o definiu em 1981.

O Vanguard toma medidas específicas para assegurar que a direção fornecida por seu princípio estratégico permaneça atualizada. Por exemplo, como parte de um processo interno de revisão dos problemas, os gestores são divididos em grupos para criticar e defender decisões passadas e políticas atuais. Em determinada época, o grupo reconsiderou duas grandes políticas estratégicas: as proibições de abrir filiais e de adquirir firmas de gestão financeira. Depois de muito debate, as políticas permaneceram em vigor. Segundo o CEO Brennan: "Às vezes, o maior benefício de revisitarmos nosso princípio estratégico é reconfirmar o que já estamos fazendo."

Ao mesmo tempo, o Vanguard tem o processo para identificar quando mudanças são necessárias.

Princípios fundamentais

Muitos participantes da enquete anual da Bain com executivos sobre a utilidade de ferramentas de gestão citam o papel crucial que uma declaração de missão pode desempenhar no sucesso de uma empresa. Concordamos que uma declaração de missão é vital para divulgar os valores de uma organização e construir uma cultura corporativa robusta. Mas ela ainda deixa uma grande lacuna no portfólio de comunicações gerenciais de uma empresa. Pelo menos tão importante quanto uma declaração de missão é algo que expresse a estratégia de uma companhia – ou seja, um princípio estratégico.

A capacidade de uma empresa de colocar seus funcionários da linha de frente para executar a estratégia sem uma supervisão central intensa é vital à medida que o ritmo das mudanças tecnológicas se acelera e que as organizações crescem rapidamente e se tornam cada vez mais descentralizadas. Para motivar esse comportamento, uma empresa precisa passar uma instrução abrangente o suficiente para estimular um comportamento empreendedor, mas específica o suficiente para alinhar as iniciativas dos funcionários com a estratégia da empresa.

Embora não seja uma analogia perfeita, a Constituição dos Estados Unidos é, de certa forma, como um princípio estratégico. Ela articula e incorpora a essência da "estratégia" do país – assegurar liberdade e justiça para todos os seus cidadãos – enquanto fornece orientação para aqueles que elaboram as leis e regulamentações que implementam a estratégia. Embora nenhuma empresa tenha liberdade e justiça no seu âmago, os elementos de uma estratégia eficaz são tão centrais para o êxito de uma organização quanto esses conceitos são para a prosperidade dos Estados Unidos. E, em ambos os casos, o sucesso só será obtido se a estratégia fundamental for comunicada ampla e efetivamente.

Coleman Mark, consultor da Bain, colaborou neste artigo.

Publicado originalmente em maio de 2001.

9

Como converter uma estratégia ótima em um ótimo desempenho

Michael C. Mankins e Richard Steele

HÁ TRÊS ANOS, A EQUIPE DE LIDERANÇA de um grande fabricante passou meses desenvolvendo uma nova estratégia para sua sucursal na Europa. Nos últimos cinco anos, seis novos concorrentes tinham entrado no mercado, cada um lançando mão da última palavra em tecnologia de fabricação de baixo custo e cortando preços para conquistar participação. O desempenho da unidade europeia – que um dia fora a joia da coroa do portfólio da empresa – tinha se deteriorado a ponto de a diretoria estar considerando seriamente se desfazer dela.

Para reverter a operação, a equipe de liderança da unidade recomendara uma nova e ousada "estratégia de soluções" – que alavancaria a base instalada do negócio para fomentar o crescimento em serviços de pós-venda e financiamento de equipamentos. As previsões financeiras eram empolgantes; a estratégia prometia restaurar a posição de liderança no setor. Impressionada, a diretoria executiva aprovou o plano rapidamente, concordando em fornecer à unidade todos os recursos dos quais ela precisava para tornar a recuperação uma realidade.

Hoje, no entanto, o desempenho da unidade não chega nem perto do que a equipe de liderança tinha projetado. As receitas, embora melhores do que antes, permanecem bem abaixo do custo de capital da empresa. As receitas e os lucros que os gestores tinham esperado de serviços e financiamento não se materializaram e a posição de custos do negócio continua atrás da dos principais concorrentes.

Na conclusão de uma recente revisão da estratégia e do desempenho do negócio, a diretora-geral da empresa permaneceu firme e jurou que seguiria em frente. "É tudo uma questão de execução", ela declarou. "A estratégia que estamos seguindo é a correta. Só não chegamos aos números esperados. Tudo que precisamos fazer é trabalhar com mais empenho, trabalhar com mais inteligência."

O CEO da matriz não tinha tanta certeza. Ele se perguntou se o desempenho medíocre da unidade estaria mais relacionado com uma estratégia equivocada do que com uma execução ruim. Mais importante, o que ele deveria fazer para obter um desempenho melhor da unidade? Deveria seguir a instrução da diretora e manter o curso – focando mais intensamente a organização em execução – ou deveria estimular a equipe de liderança a investigar novas opções estratégicas? Se o problema era a execução, o que ele poderia fazer para ajudar o negócio a melhorar seu desempenho? Ou era uma questão de limitar as perdas e vender o negócio? Ele deixou a reunião de revisão frustrado e confuso, nem um pouco confiante de que o negócio apresentaria o desempenho que seus gestores tinham previsto no plano estratégico.

Fale com qualquer CEO e você provavelmente ouvirá frustrações parecidas. Isso porque, apesar da enorme quantidade de tempo e energia investida em desenvolvimento estratégico na maioria das empresas, poucas têm o que mostrar como resultado do esforço que foi despendido. Nossa pesquisa sugere que, em média, as empresas apresentam apenas 63% do desempenho financeiro que suas estratégias prometem. Ainda pior, as causas dessa lacuna entre estratégia e desempenho são praticamente invisíveis

Em resumo

As estratégias da maioria das empresas proporcionam apenas 63% do valor financeiro prometido. Por quê? Líderes pressionam por uma melhor execução quando na verdade precisam de uma estratégia melhor. Ou elaboram uma nova estratégia quando o desempenho é o verdadeiro ponto fraco.

Como evitar esses erros? Veja o planejamento e a execução da estratégia como duas coisas indissociáveis – depois, eleve o nível para ambas simultaneamente. Comece aplicando sete regras objetivas, entre elas: manter sua estratégia simples e concreta, tomar decisões de mobilização de recursos no começo do processo de planejamento e monitorar continuamente o desempenho enquanto põe em prática seu plano estratégico.

Ao seguir essas regras, você reduz a probabilidade de quedas no desempenho. E, mesmo que sua estratégia ainda tropece, poderá determinar rapidamente se o problema está na própria estratégia, no seu plano para segui-la ou no processo de execução. A recompensa? Fazer os ajustes *corretos* no meio do percurso – prontamente. E, como companhias de alto desempenho como Cisco Systems, Dow Chemical e 3M descobriram, o desempenho financeiro da sua empresa poderá aumentar entre 60% e 100%.

---

para os gestores do alto escalão. Assim, os líderes puxam as alavancas erradas nas suas tentativas de reverter o desempenho – pressionando por uma execução melhor quando na verdade precisam de uma estratégia melhor, ou optando por mudar de direção quando realmente deveriam focar a organização em execução. O resultado: energia desperdiçada, tempo perdido e desempenho insatisfatório persistente.

No entanto, como nossa pesquisa também mostra, um grupo seleto de companhias de alto desempenho conseguiu eliminar a lacuna entre estratégia e desempenho por meio de planejamento *e* execução melhores. Essas organizações – Barclays, Cisco Systems, Dow Chemical, 3M e Roche, para citar algumas – desenvolvem planos realistas solidamente baseados na economia

Na prática

Sete regras para a execução bem-sucedida de uma estratégia:

- **Mantenha a simplicidade.** Evite descrições longas de objetivos grandiosos. Em vez disso, descreva com clareza o que sua empresa fará e não fará.

    Exemplo: Os executivos do gigante banco de investimento europeu Barclays Capital declararam que não competiriam com grandes bancos de investimento dos Estados Unidos ou em segmentos não lucrativos do mercado de capitais. Em vez disso, eles posicionaram o Barclays para a necessidade crescente dos investidores por renda fixa.

- **Questione premissas.** Certifique-se de que as premissas subjacentes aos seus planos estratégicos de longo prazo reflitam a economia real do mercado e o desempenho verdadeiro da sua organização em relação à concorrência.

    Exemplo: Em dificuldades, o conglomerado Tyco designou equipes multifuncionais em cada unidade de negócios para analisar continuamente a lucratividade de seus mercados e suas ofertas, seus custos e seu posicionamento de preços em relação aos concorrentes. As equipes se reuniam quinzenalmente com os executivos para discutir suas descobertas. O processo reformulado gerou um planejamento mais realista e contribuiu para a grande reviravolta da Tyco.

- **Fale a mesma língua.** Os líderes das unidades e as equipes de estratégia, de marketing e de finanças devem recorrer ao mesmo modelo para avaliar o desempenho. Por exemplo, algumas empresas de alto desempenho usam benchmarking para estimar o *pool* de lucros disponível em cada mercado a que sua empresa atende, o potencial de crescimento do *pool* e a porção provável que a empresa terá dele, de acordo com sua fatia de mercado e sua lucratividade. Ao usarem a abordagem compartilhada, os executivos facilmente chegam a um acordo quanto às projeções financeiras.

- **Discuta a mobilização de recursos com antecedência.** Desafie unidades de negócios indagando quando precisarão de novos recursos para executar sua estratégia. Ao fazer perguntas como "De quanto tempo precisam para formar a nova equipe de vendas?" e "Em quanto tempo os concorrentes reagirão?", você cria previsões e planos mais factíveis.

- **Identifique as prioridades.** Apresentar o desempenho projetado exige algumas medidas cruciais tomadas na hora certa, da maneira certa. Torne as prioridades estratégicas explícitas para que todos saibam em que devem se concentrar.

- **Monitore o desempenho continuamente.** Rastreie resultados em tempo real e compare-os com seu planejamento, redefinindo premissas e realocando recursos conforme a necessidade. Você corrigirá falhas em seu plano e em sua execução – e evitará confundir os dois.

- **Desenvolva competências de execução.** Nenhuma estratégia pode ser melhor do que as pessoas que a devem implementar. Faça da seleção e do desenvolvimento de gestores uma prioridade.

Exemplo: A equipe executiva do Barclays assume a responsabilidade por todas as contratações. Os membros analisam as contratações potenciais uns dos outros e recompensam recém-chegados talentosos por uma execução de excelência. Além disso, funcionários de alto desempenho não são penalizados se seu negócio entra em novos mercados com rendimentos iniciais mais baixos.

subjacente de seus mercados e depois usam os planos para impulsionar a execução. Seus processos disciplinados de planejamento e execução diminuem a probabilidade de elas enfrentarem uma queda no desempenho real. E, no caso de haver uma queda, seus processos lhes permitem discernir a causa rapidamente e adotar medidas corretivas. Embora as práticas dessas companhias tenham um escopo abrangente – indo de formas únicas de planejamento a processos integrados para empregar e monitorar recursos –, nossa experiência sugere que elas podem ser aplicadas por qualquer negócio a fim de ajudar a elaborar ótimos planos e transformá-los em um ótimo desempenho.

A lacuna entre estratégia e desempenho

No outono de 2004, nossa firma de consultoria, a Marakon Associates, em colaboração com a Economist Intelligent Unit, fez uma pesquisa com executivos seniores de 197 empresas em todo o mundo cujas vendas excediam 500 milhões de dólares. Queríamos ver se as organizações eram bem-sucedidas em traduzir suas estratégias em desempenho – especificamente, até que ponto eram eficazes em cumprir as projeções financeiras definidas em seus planos estratégicos. E, quando elas ficavam abaixo do previsto, quais eram as causas mais comuns e quais ações eram mais efetivas em eliminar a lacuna entre estratégia e desempenho. Nossas descobertas foram reveladoras – e preocupantes.

Embora os executivos de nossa pesquisa concorram em mercados de produtos e regiões bem diferentes, eles têm em comum muitas preocupações sobre planejamento e execução. Praticamente todos lutam para concretizar as previsões de desempenho financeiro em seus planos de longo prazo. Além disso, os processos que eles usam para desenvolver planos estratégicos e monitorar o desempenho tornam difícil discernir se a lacuna entre estratégia e desempenho é fruto de um planejamento ruim, uma execução ruim, ambos ou nenhum dos dois. Especificamente, descobrimos que:

As empresas raramente comparam o desempenho real com o projetado em planos de longo prazo

Em nossa experiência, menos de 15% das empresas adotam a prática regular de voltar e comparar os resultados do negócio com a previsão de

Para onde vai o desempenho

Este gráfico mostra a perda de desempenho média sugerida pelas classificações de importância que os gestores em nossa pesquisa deram a problemas específicos no processo de planejamento e execução.

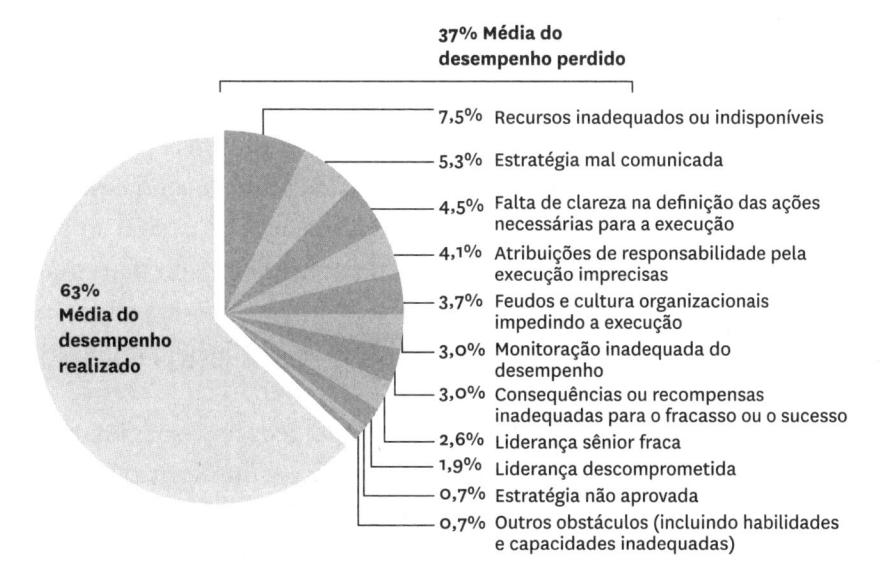

63% Média do desempenho realizado

37% Média do desempenho perdido

- 7,5% Recursos inadequados ou indisponíveis
- 5,3% Estratégia mal comunicada
- 4,5% Falta de clareza na definição das ações necessárias para a execução
- 4,1% Atribuições de responsabilidade pela execução imprecisas
- 3,7% Feudos e cultura organizacionais impedindo a execução
- 3,0% Monitoração inadequada do desempenho
- 3,0% Consequências ou recompensas inadequadas para o fracasso ou o sucesso
- 2,6% Liderança sênior fraca
- 1,9% Liderança descomprometida
- 0,7% Estratégia não aprovada
- 0,7% Outros obstáculos (incluindo habilidades e capacidades inadequadas)

desempenho para cada unidade que constava em seus planos estratégicos de anos anteriores. Como consequência, os executivos não conseguem saber com facilidade se as projeções que embasam suas decisões de capital-investimento e de portfólio-estratégia são de fato uma estimativa do desempenho real. Mais importante, eles correm o risco de incorporar a mesma desconexão entre resultados e previsões em suas decisões de investimento futuras. Na verdade, o fato de tão poucas empresas compararem o desempenho atual com o projetado pode ajudar a explicar por que tantas delas insistem em financiar estratégias perdedoras em vez de procurar por novas e melhores opções.

Resultados plurianuais raramente correspondem às projeções

Quando as empresas de fato comparam o desempenho real com as projeções ao longo de vários anos, o que quase sempre emerge é um gráfico que um de nossos clientes descreveu recentemente como uma série de "persianas na diagonal", em que as projeções de desempenho de cada ano, quando vistas lado a lado, parecem cortinas do tipo persianas penduradas diagonalmente. (Veja o quadro "As persianas do negócio", na página 237.) Se as coisas estão indo razoavelmente bem, o ponto de partida de cada nova "lâmina" do ano pode ser um pouco mais alto do que o ponto de partida do ano anterior, mas raramente o desempenho coincide com a projeção do ano anterior. A implicação óbvia: ano após ano de desempenho abaixo do planejado.

O fenômeno das persianas gera uma série de problemas relacionados. Primeiro, como as previsões financeiras do plano não são confiáveis, a gestão sênior não pode atrelar com confiança a alocação de capital ao planejamento estratégico. Consequentemente, o desenvolvimento da estratégia e a alocação de recursos se dissociam, e o plano operacional anual (ou o orçamento) acaba conduzindo os investimentos e a estratégia de longo prazo da empresa.

Segundo, a gestão de portfólio sai dos trilhos. Sem previsões financeiras confiáveis, a gestão sênior não tem como saber se um negócio específico vale mais para a empresa e seus acionistas do que para compradores em potencial. Como resultado, negócios que destroem valor para os acionistas permanecem tempo demais no portfólio (na esperança de que seu desempenho se reverterá em algum momento) e negócios que criam valores vão ficando quase sem capital e outros recursos.

Terceiro, previsões financeiras malfeitas complicam as comunicações com a comunidade investidora. De fato, para evitar ficar sem dinheiro no final do trimestre, o diretor financeiro e o chefe de relacionamento com investidores frequentemente impõem um "contingenciamento" ou uma "margem de segurança" acima da previsão consolidando planos de unidades de negócios. Como esse contingenciamento de cima para baixo é errado com a mesma frequência que é certo, a empresa corre o risco de que as previsões financeiras malfeitas prejudiquem sua reputação entre analistas e investidores.

Muito valor é perdido na tradução

Dada a má qualidade das previsões financeiras na maioria dos planos estratégicos, não é de surpreender que boa parte das empresas fracasse em alcançar o valor potencial de sua estratégia. Como já mencionamos, nossa pesquisa indica que, na média, a maioria das estratégias proporciona apenas 63% de seu desempenho financeiro potencial. E mais de um terço dos executivos entrevistados colocou esse número em menos de 50%. Em outras palavras, se a gestão realizasse o potencial pleno de sua estratégia atual, o aumento no valor poderia ser de 60% a 100%!

Como ilustrado no quadro "Para onde vai o desempenho", na página 235, a lacuna entre estratégia e desempenho pode ser atribuída a uma combinação de fatores, tais como planos mal formulados, recursos mal aplicados,

---

As persianas do negócio

Este gráfico ilustra uma dinâmica comum a muitas empresas. Em janeiro de 2001, a gestão aprova um plano estratégico (Plano 2001) que projeta um desempenho modesto para o primeiro ano e um alto nível de desempenho depois, como mostrado na primeira linha sólida. Por superar a meta do primeiro ano, a gestão da unidade é elogiada e generosamente recompensada. Um novo plano é então preparado, projetando resultados pouco inspiradores para o primeiro ano e, novamente, prometendo uma taxa rápida de melhora no desempenho posteriormente, como mostrado pela segunda linha sólida (Plano 2002). Isso também só tem sucesso parcial, então um novo plano é elaborado, e assim por diante. O índice real de melhoria no desempenho pode ser visto unindo os pontos iniciais de cada plano (a linha pontilhada).

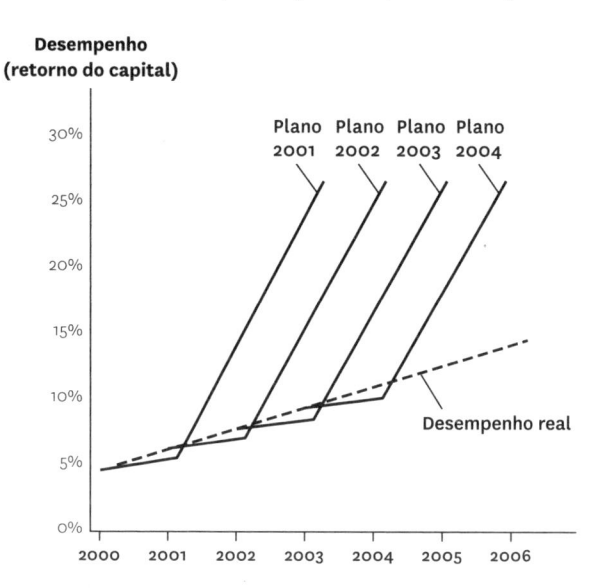

problemas de comunicação e responsabilização por resultados limitada. Para fazer o planejamento, a gestão começa com uma estratégia que ela acredita que gerará certo nível de desempenho financeiro e valor com o passar do tempo (100%, como destacado no exemplo). Mas, de acordo com os executivos que entrevistamos, o fracasso em ter os recursos certos no lugar certo e na hora certa elimina cerca de 7,5% do valor potencial da estratégia, 5,3% são perdidos para comunicação malfeita, 4,5% para planejamento de ações insatisfatório, 4,1% para atribuições de responsabilidade imprecisas e assim por diante. Obviamente, essas estimativas refletem uma média da experiência dos executivos que entrevistamos e podem não ser representativas de todas as empresas ou de todas as estratégias. Ainda assim, elas destacam os problemas nos quais os gestores devem se concentrar enquanto revisam os processos de suas empresas para planejar e executar estratégias.

O que emerge dos resultados de nossas pesquisas é uma sequência de eventos que transcorre mais ou menos assim: estratégias são aprovadas mas mal comunicadas. Isso, por sua vez, torna praticamente impossível a tradução da estratégia em ações específicas e planejamento de recursos. Níveis inferiores na organização não sabem o que precisam fazer, quando precisam fazê-lo ou quais recursos serão necessários para apresentar o desempenho que a gestão executiva espera. Consequentemente, os resultados esperados nunca se materializam. E, como ninguém é responsabilizado pelos resultados abaixo das previsões (déficits), o ciclo de desempenho inferior é repetido, com frequência por muitos anos.

Gargalos de desempenho são frequentemente invisíveis para a alta gestão

Os processos que a maioria das empresas usa para desenvolver planos, alocar recursos e avaliar o desempenho dificultam o trabalho da alta gestão de discernir se a lacuna entre estratégia e desempenho vem de um mau planejamento, uma má execução, ambos ou de nenhum dos dois. Como tantos planos incorporam projeções exageradamente ambiciosas, as organizações muitas vezes desconsideram déficits de desempenho como mais uma previsão equivocada – o famoso gráfico no formato de taco de hóquei. E, quando os planos são realistas e o desempenho fica aquém do esperado, os executivos têm poucos sinais de aviso antecipados. Eles com frequência não têm como saber se ações cruciais foram desempenhadas como esperado, se recursos foram empregados dentro do cronograma, se os concorrentes reagiram como previsto e por aí vai. Infelizmente, sem informações claras sobre como e por que o desempenho está abaixo do esperado, é quase impossível para a alta gestão tomar medidas corretivas apropriadas.

A lacuna entre estratégia e desempenho promove uma cultura de subdesempenho

Em muitas empresas, problemas de planejamento e de execução são reforçados – e até ampliados – por uma mudança insidiosa na cultura. Pela nossa experiência, essa mudança ocorre sutil mas rapidamente e, depois de enraizada, é muito difícil de ser revertida. Primeiro, planos nada realistas criam a expectativa em toda a organização de que planos simplesmente não serão realizados. Então, à medida que a expectativa se torna experiência, a norma passa a ser que compromissos de desempenho não serão mantidos. Assim, os compromissos deixam de ser promessas vinculativas com consequências reais. Em vez de se esforçarem para assegurar que os compromissos sejam mantidos, os gestores, esperando o fracasso, buscam proteger a si mesmos dos efeitos colaterais. Eles passam o tempo cobrindo seus rastros em vez de identificarem ações para melhorar o desempenho. A organização torna-se menos autocrítica e menos intelectualmente honesta sobre suas limitações. Como consequência, perde sua capacidade de desempenho.

Eliminando a lacuna entre estratégia e desempenho

Por mais significativa que seja a lacuna entre estratégia e desempenho na maioria das empresas, a gestão pode eliminá-la. Uma série de companhias de alto desempenho encontrou maneiras de realizar mais do potencial de suas estratégias. Em vez de focar em melhorar seus processos de planejamento e execução separadamente para eliminar a lacuna, elas trabalham nos dois lados da equação, elevando padrões tanto para planejamento quanto para execução simultaneamente e criando ligações claras entre eles.

Nossa pesquisa e experiência em trabalhar com muitas dessas organizações sugere que elas seguem sete regras que se aplicam a planejamento e execução. Ao obedecê-las, elas se tornam capazes de avaliar objetivamente qualquer déficit de desempenho e determinar se ele vem da estratégia, do plano, da execução ou das competências dos funcionários. E as mesmas regras que lhes permitem detectar problemas cedo também as ajudam a evitar déficits de desempenho antes de mais nada. Essas regras talvez pareçam simples – até mesmo óbvias –, mas, quando observadas estrita e coletivamente, podem transformar tanto a qualidade da estratégia de uma empresa quanto sua habilidade de entregar bons resultados.

Regra 1: Mantenha simples, torne concreto

Na maioria das empresas, estratégia é um conceito altamente abstrato – com frequência confundido com visão ou aspiração – e não é algo que pode ser facilmente comunicado ou traduzido em ação. Mas, sem uma noção clara de para onde a empresa está seguindo e por quê, os níveis inferiores da organização não conseguem realizar planos executáveis. Em resumo, a relação entre estratégia e desempenho não pode ser estabelecida porque a estratégia em si não é suficientemente concreta.

Para começar o processo de planejamento e execução da maneira correta, companhias de alto desempenho evitam descrições longas e arrastadas de objetivos grandiosos e, em vez disso, usam linguagem simples para descrever seu curso de ação. Bob Diamond, presidente executivo do Barclays Capital, um dos bancos de investimento de crescimento mais rápido e melhor desempenho da Europa, coloca desta maneira: "Temos sido muito claros quanto ao que faremos e ao que não faremos. Sabíamos que não enfrentaríamos os maiores bancos de investimento dos Estados Unidos. Comunicamos que não competiríamos dessa maneira e que não participaríamos de segmentos não lucrativos nos mercados de capital, mas, em vez disso, nos posicionaríamos pelo euro, pela necessidade crescente de renda fixa e pelo fim da lei que separava bancos comerciais de bancos de investimento. Assegurando que todos soubessem qual é a estratégia e como ela se diferenciava, fomos capazes de passar mais tempo realizando tarefas que são cruciais para executar essa estratégia."

Quando são claras quanto ao que a estratégia é e não é, empresas como o Barclays mantêm todos seguindo na mesma direção. Mais importante, elas salvaguardam o desempenho que suas contrapartes perdem por causa de comunicações ineficientes, seu planejamento de recursos e de ação torna-se mais eficiente e é mais fácil atribuir responsabilidades.

Regra 2: Questione premissas, não previsões

Em muitas empresas, o plano estratégico de uma unidade de negócios é pouco mais do que um acordo negociado – o resultado de barganhar com a matriz por metas de desempenho e previsões financeiras. O planejamento, portanto, é sobretudo um processo político, com a gerência das unidades defendendo projeções de lucro menores a curto prazo (para assegurar bônus anuais mais altos) e a alta gestão fazendo pressão por mais alcance de longo prazo (para satisfazer a diretoria e outros interessados externos). Não surpreende que as previsões que emergem dessas negociações quase sempre minimizam o que cada unidade pode realizar no curto prazo e maximizam o que pode ser realisticamente esperado a longo prazo – os gráficos na forma de taco de hóquei com os quais os CEOs estão tão familiarizados.

Mesmo em empresas nas quais o processo de planejamento é isolado das preocupações políticas de avaliação de desempenho e compensações, a abordagem usada para gerar projeções financeiras com frequência possui vieses embutidos. Na verdade, previsões financeiras frequentemente ocorrem em isolamento completo das funções de marketing ou de estratégia. O departamento de finanças de uma unidade de negócios prepara uma previsão detalhada cujas premissas de curto prazo podem ser realistas, ainda que conservadoras, mas cujas premissas de longo prazo são muito desinformadas. Por exemplo, previsões de receitas costumam ser baseadas em estimativas grosseiras sobre definição de preços médios, crescimento do mercado e fatia de mercado. Projeções de custos de longo prazo e de necessidade de capital se baseiam em uma premissa sobre ganhos de produtividade anual – apropriadamente atrelados, talvez, a algum programa de eficiência para toda a empresa. A alta gestão tem dificuldade em destrinchar essas previsões. Cada item de informação pode ser completamente justificável, mas o plano e as projeções gerais possuem um viés claro para cima – tornando-os inúteis para conduzir a execução estratégica.

Organizações de alto desempenho veem o planejamento de maneira totalmente diferente. Elas querem que suas previsões conduzam o trabalho que já fazem. Para tornar isso possível, precisam assegurar que as premissas por trás de seus planos de longo prazo reflitam tanto a economia real de seus mercados quanto a experiência de desempenho da companhia em relação aos concorrentes. Ed Breen, CEO da Tyco, trazido para dar uma virada na empresa em julho de 2002, credita à contribuição de um processo repaginado de elaboração de planos a recuperação radical da Tyco. Quando Breen entrou na companhia, a Tyco era um labirinto de 42 unidades de negócios e várias centenas de centros de lucro, construído ao longo de muitos anos por meio de diversas aquisições. Poucos dos negócios da Tyco tinham planos completos e quase nenhum tinha previsões financeiras confiáveis.

Para ter uma noção das operações complexas do conglomerado, Breen designou equipes multifuncionais para cada unidade, com profissionais de estratégia, marketing e finanças, no intuito de desenvolver informações detalhadas sobre a lucratividade dos mercados primários da Tyco, assim como sobre ofertas de produtos ou serviços, custos e posicionamento de preços em relação à concorrência. As equipes se reuniam de 15 em 15 dias com executivos corporativos durante os primeiros seis meses de Breen para revisar e discutir as descobertas. Essas discussões se concentravam nas premissas que motivariam o desempenho financeiro de longo prazo de cada unidade, e não nas previsões financeiras propriamente ditas. Na verdade, depois que se chegava a um acordo quanto às premissas sobre as tendências do mercado, era fácil para o departamento financeiro central da Tyco preparar previsões externamente orientadas e internamente consistentes para cada unidade.

Separar o processo de construir premissas do de preparar projeções financeiras ajuda a fundamentar na realidade econômica o diálogo entre as unidades e a matriz. As unidades não podem se esconder atrás de detalhes enganosos e os executivos da matriz não podem fazer pressão por objetivos que não são realistas. Além disso, a discussão baseada em fatos resultante desse tipo de abordagem constrói confiança entre a gestão superior e cada unidade e remove barreiras a uma execução rápida e eficaz. "Quando você descobre os elementos fundamentais e os motivadores de desempenho de maneira detalhada", diz Bob Diamond, "pode dar um passo para trás, sem precisar gerenciar os detalhes. A equipe sabe com quais problemas é capaz de lidar, quais precisam ser sinalizados para mim e quais realmente precisamos resolver juntos."

Regra 3: Use uma estrutura rigorosa, fale uma língua comum

Para ser produtivo, o diálogo entre a matriz e as unidades de negócios sobre tendências e premissas de mercado deve ser conduzido dentro de uma estrutura rigorosa. Muitas das empresas às quais prestamos consultoria usam o conceito de *pools* de lucros, inspirado nas teorias da competição de Michael Porter e de outros. Nessa estrutura, o desempenho financeiro de longo prazo de um negócio está atrelado ao *pool* de lucros total em cada mercado no qual atua e à sua fatia de cada *pool* de lucros – os quais, por sua vez, estão atrelados à fatia de mercado e à lucratividade relativa do negócio versus concorrentes em cada mercado.

Nessa abordagem, o primeiro passo é a matriz e a equipe da unidade concordarem quanto ao tamanho e ao crescimento de cada *pool* de lucros. Mercados de concorrência feroz, tais como celulose e papel ou companhias aéreas comerciais, possuem *pools* de lucros totais pequenos (ou negativos). Mercados menos competitivos, como os de refrigerantes ou a indústria farmacêutica, possuem *pools* de lucros totais grandes. Achamos útil estimar diretamente o tamanho de cada *pool* de lucros – por meio de benchmarking detalhado – e depois prever mudanças no tamanho e no crescimento do *pool*. Cada unidade de negócios então avalia qual fatia do *pool* de lucros total ela pode realisticamente capturar com o tempo, dado seus modelo de negócios e posicionamento.

Negócios com vantagem competitiva podem capturar uma fatia grande do *pool* de lucros – ganhando ou sustentando uma grande fatia do mercado, gerando lucratividade acima da média, ou ambos. Negócios com desvantagem competitiva, em contraste, tipicamente capturam uma fatia insignificante do *pool* de lucros. Depois que a unidade e a matriz concordam quanto à provável fatia do *pool* que o negócio capturará com o tempo, a matriz pode criar com facilidade as projeções financeiras que servirão como o roteiro da unidade.

Em nosso ponto de vista, a estrutura específica que uma empresa usa para basear seus planos estratégicos não é tão importante. O crucial é que a estrutura estabeleça uma linguagem comum para o diálogo entre a matriz e as unidades – uma linguagem que os departamentos de estratégia, de marketing e de finanças compreendam e utilizem. Sem uma estrutura rigorosa para relacionar o desempenho de um negócio no mercado com seu desempenho financeiro ao longo do tempo, é muito difícil para a alta gestão determinar se as projeções financeiras que acompanham o plano estratégico de uma unidade são sensatos e realisticamente atingíveis. Como resultado, a gestão não pode saber com segurança se um déficit de desempenho é resultado de uma execução ruim ou de um plano pouco realista e sem fundamentos.

Regra 4: Discuta a mobilização de recursos com antecedência

As empresas podem criar previsões mais realistas e planos mais executáveis se discutirem antecipadamente o nível e o momento da implementação de recursos críticos. Na Cisco Systems, por exemplo, uma equipe multifuncional revisa esses aspectos ainda no estágio de planejamento. Essas equipes reúnem-se regularmente com o presidente executivo, o diretor financeiro, o vice-presidente de operações e os outros membros da equipe executiva da Cisco para discutir suas descobertas e fazer recomendações. Quando se chega a um acordo sobre alocação de recursos e em qual momento isso ocorrerá no nível da unidade, esses elementos são levados em conta no plano de dois anos da empresa. A Cisco então monitora a implementação real de recursos de cada unidade (assim como seu desempenho) em uma base mensal para se assegurar de que as coisas estão correndo de acordo com o plano e que este está gerando os resultados esperados.

Desafiar unidades de negócios indagando quando novos recursos precisam ser alocados concentra o diálogo de planejamento no que realmente precisa acontecer em toda a empresa para que a estratégia de cada unidade seja executada. Invariavelmente, surgem perguntas fundamentais, como: quanto tempo levará para mudarmos os padrões de compras dos clientes? Com que velocidade poderemos empregar nossa nova força de vendas? Com que rapidez os concorrentes reagirão? São perguntas difíceis, mas responder a elas torna factíveis as previsões e os planos a que elas dizem respeito.

Além disso, uma avaliação antecipada das necessidades de recursos também leva clareza a discussões sobre tendências e motivadores de mercado, melhorando a qualidade do plano estratégico e tornando-o muito mais executável. Por exemplo, no processo de falar sobre os recursos necessários para uma expansão no mercado de cabos, de crescimento rápido, a Cisco percebeu que o crescimento adicional exigiria mais engenheiros especializados para melhorar produtos existentes e desenvolver novas características. Portanto, em vez de contar com as funções existentes para fornecer esses recursos de baixo para cima, a gestão selecionou um número específico de engenheiros especializados para apoiar o crescimento em cabos. A organização de planejamento financeiro da Cisco monitora cuidadosamente o número de engenheiros alocados, o ritmo do desenvolvimento de novas características e as receitas geradas pelo negócio para assegurar que a estratégia permaneça no caminho certo.

Regra 5: Identifique claramente as prioridades

Para executar com êxito qualquer estratégia, os gestores precisam tomar milhares de decisões táticas e colocá-las em ação. Mas nem todas as táticas são igualmente importantes. Na maioria dos casos, alguns passos cruciais devem ser seguidos – na hora certa e da maneira certa – para atingir o desempenho planejado. Companhias líderes tornam essas prioridades explícitas para que cada executivo tenha uma noção clara de para onde deve dirigir seus esforços.

Na Textron, um conglomerado industrial de 10 bilhões de dólares, cada unidade de negócios identifica "prioridades de melhoria" em função das quais deve agir para alcançar o desempenho descrito em seu plano estratégico. Cada prioridade de melhoria é traduzida em itens de ação com atribuição de responsabilidades, cronogramas e indicadores-chave de desempenho claramente definidos que permitem aos executivos dizer em que medida uma unidade está cumprindo uma prioridade. Prioridades de melhoria e itens de ação percorrem todos os níveis da empresa – do comitê de gestão (formado pelos cinco principais executivos da Textron) até os níveis mais baixos de cada uma das 10 unidades de negócios da empresa. Lewis Campbell, seu CEO, resume desta maneira a abordagem da Textron: "Todos precisam saber o seguinte: 'Se eu tenho apenas uma hora para trabalhar, é nisso que vou me concentrar.' Nosso processo de implementação de objetivos deixa claro quais são as responsabilidades e prioridades de cada indivíduo."

A gigante suíça da indústria farmacêutica Roche chega ao ponto de transformar seus planos de negócios em detalhados contratos de desempenho que especificam explicitamente os passos necessários e os riscos que devem ser gerenciados para realizar os planos. Todos esses contratos incluem uma "pauta de realização", que lista 5 a 10 prioridades críticas com maior impacto no desempenho. Ao manter uma pauta de realização em cada nível da empresa, o CEO Franz Humer e sua equipe de liderança asseguram que "todos na Roche compreendam exatamente o que combinamos fazer em um nível estratégico e que nossa estratégia seja traduzida em prioridades de execução claras. Nossa pauta de realização nos ajuda a perseverar com as decisões estratégicas que tomamos para que a execução seja de fato possibilitada. Não podemos controlar a implementação a partir da sede, mas podemos chegar a um acordo quanto às prioridades, comunicar incansavelmente e responsabilizar os gestores por executarem de acordo com o que foi combinado".

Regra 6: Monitore o desempenho continuamente

Executivos experientes sabem quase que por instinto se um negócio demandou recursos de mais, de menos ou justamente na quantidade necessária para realizar o trabalho. Eles desenvolvem essa capacidade com o tempo – essencialmente, através de tentativa e erro. Companhias de alto desempenho usam o acompanhamento de desempenho em tempo real para ajudar a acelerar esse processo de tentativa e erro. Elas monitoram de forma contínua seus padrões de mobilização de recursos e seus resultados em relação ao plano, usando feedback constante para redefinir premissas de planejamento e realocar recursos. Essa informação em tempo real permite que a gestão identifique e remedeie falhas no plano e déficits na execução – e evite confundir uns com os outros.

Na Textron, por exemplo, cada indicador-chave de desempenho é cuidadosamente monitorado e revisões regulares das operações levam as informações sobre déficits de desempenho – ou sobre acontecimentos que acendem um alerta – a todos os escalões de gestão. Isso fornece ao CEO, ao diretor financeiro e aos outros membros do comitê de gestão da Textron os dados de que precisam para detectar e corrigir falhas na execução.

Uma abordagem parecida desempenhou um papel importante na recuperação da Dow Chemical. Em dezembro de 2001, com o desempenho em queda livre, a diretoria da Dow pediu a Bill Stavropoulos (seu CEO de 1993 a 1999) que retomasse o leme da companhia. Stavropoulos e Andrew Liveris (o atual CEO, na época diretor de operações) concentraram imediatamente a equipe de liderança superior inteira da Dow na execução, por meio de um projeto que chamaram de Motivação de Melhoria de Desempenho. Eles começaram definindo métricas claras de desempenho para cada uma das 79 unidades de negócios da Dow. O desempenho nessas métricas cruciais era confrontado com os planos semanalmente e a equipe de liderança inteira discutia qualquer discrepância séria logo no início da manhã de toda segunda-feira. Como Liveris nos disse, as sessões semanais de monitoramento "forçavam todos a viver os detalhes da execução" e permitiam que "a organização inteira soubesse como estava nosso desempenho".

O monitoramento contínuo do desempenho é de grande importância em setores muito voláteis, nos quais acontecimentos fora do controle de qualquer pessoa podem tornar um plano irrelevante. Sob o CEO Alan Mulally, a equipe de liderança da Boeing Commercial Airplanes realiza semanalmente revisões de desempenho dos negócios para comparar os resultados da divisão com seu plano plurianual. Ao monitorar a mobilização de recursos como um forte indicador para saber se um plano está sendo executado com eficácia, a equipe de liderança da BCA pode fazer correções de curso a cada semana em vez de esperar a chegada dos resultados trimestrais.

Além disso, ao monitorar proativamente os motivadores primários de desempenho (tais como padrões de tráfego de passageiros, receitas e coeficientes de ocupação de companhias aéreas e novas encomendas de aviões), a BCA está mais apta a desenvolver e aplicar contramedidas quando os acontecimentos desviam seus planos do curso. Durante a epidemia de SARS no final de 2002, por exemplo, a equipe de liderança da BCA agiu para mitigar as consequências adversas da doença no plano operacional dos negócios uma semana após o surto inicial. O declínio abrupto no tráfego aéreo para Hong Kong, Cingapura e outros centros de negócios asiáticos indicou que o número de futuras entregas de aviões para a região cairia – talvez acentuadamente. A partir dessa previsão, a BCA reduziu a escala de seus planos de produção de médio prazo (adiando a aceleração prevista de alguns programas e acelerando o fechamento de outros) e ajustou seu plano operacional plurianual para refletir o impacto financeiro previsto.

Regra 7: Recompense e desenvolva competências de execução

Nenhuma lista de regras dentro desse tópico estaria completa sem o lembrete de que as empresas precisam motivar e desenvolver suas equipes; no final das contas, nenhum processo pode ser melhor do que as pessoas que precisam fazê-lo funcionar. Não é de surpreender, portanto, que quase todas as companhias que estudamos insistiram que a seleção e o desenvolvimento de gestores eram ingredientes essenciais do seu sucesso. E, embora melhorar as competências da força de trabalho de uma empresa não seja uma tarefa fácil – com frequência levando muitos anos para dar resultado –, essas habilidades, uma vez construídas, podem motivar um planejamento e uma execução superiores por décadas.

Para Bob Diamond, do Barclays, nada é mais importante do que "assegurar que a empresa contrate apenas profissionais de excelência". No seu entender, "os custos ocultos de más decisões de contratação são enormes; portanto, apesar do fato de estarmos dobrando de tamanho, insistimos que, como uma equipe superior, assumamos a responsabilidade por todas as contratações. Nenhum parecer é mais duro que o de um júri formado pelos nossos pares, portanto analisamos as contratações pessoais uns dos outros e nos desafiamos a continuar subindo o nível".

É igualmente importante que contratados talentosos sejam recompensados por uma execução superior. Para reforçar seus valores fundamentais de "cliente", "meritocracia", "equipe" e "integridade", o Barclays Capital tem esquemas de pagamento inovadores que "protegem" as recompensas. Funcionários de destaque não perdem só porque o negócio deles está entrando em novos mercados com rendimentos mais baixos durante a fase inicial. Diamond diz: "É muito ruim para a cultura se você não cumpre o que prometeu para pessoas que fizeram a parte delas [...] Assegure-se de ser consistente e justo, a menos que queira perder seu pessoal mais produtivo."

Empresas fortes em execução também enfatizam o desenvolvimento. Logo depois de se tornar CEO da 3M, Jim McNerney e sua equipe da alta gestão passaram 18 meses elaborando um novo modelo de liderança para a empresa. Debates desafiadores entre membros da equipe sênior levaram a um acordo quanto a seis "atributos de liderança" – a capacidade de "traçar o curso", "energizar e inspirar os outros", "demonstrar ética, integridade e conformidade", "cumprir resultados", "elevar o nível" e "inovar engenhosamente". A liderança da 3M concordou que esses seis atributos eram essenciais para que a companhia se tornasse hábil em execução e conhecida pela responsabilização. Hoje, os líderes dão a esse modelo os créditos por ajudar a 3M a sustentar e até a melhorar seu desempenho constantemente forte.

O prêmio por fechar a lacuna entre estratégia e desempenho é enorme – um aumento no desempenho entre 60% e 100% para a maioria das empresas. Mas isso quase certamente subestima os verdadeiros benefícios. Organizações que criam ligações fortes entre suas estratégias, seus planos e, por fim, seu desempenho muitas vezes experimentam um efeito multiplicador da cultura. Com o tempo, à medida que transformam suas estratégias em um ótimo desempenho, os líderes dessas organizações tornam-se muito mais confiantes nas próprias capacidades e muito mais dispostos a assumir os compromissos de longo prazo que inspiram e transformam companhias de excelência. Por sua vez, os gestores que mantêm seus compromissos são recompensados – com progressão mais rápida e salários mais altos –, reforçando os comportamentos necessários para impelir qualquer negócio adiante.

Por fim, uma cultura de desempenho superior emerge. Os investidores começam a dar à gestão o benefício da dúvida quando se trata de movimentos ousados e cumprimento de desempenho. O resultado é uma valorização das ações da companhia – um que recompensa ainda mais comprometimentos de longo prazo e cumprimento de desempenho. Em pouco tempo, a reputação da empresa entre novas contratações potenciais aumenta e é criado um círculo virtuoso no qual talento gera desempenho, desempenho gera recompensas e recompensas geram ainda mais talento. Em resumo, eliminar a lacuna entre estratégia e desempenho não é apenas uma fonte de melhoria imediata de desempenho, mas também um importante motivador de mudanças culturais com um impacto grande e duradouro nas capacidades, nas estratégias e na competitividade da organização.

Publicado originalmente em julho de 2005.

10

Quem toma a decisão?

Como papéis de decisão claros melhoram o desempenho organizacional

Paul Rogers e Marcia Blenko

DECISÕES SÃO A MOEDA CORRENTE NO MUNDO dos negócios. Todo sucesso, todo contratempo, toda oportunidade aproveitada ou perdida é resultado de uma decisão que alguém tomou ou deixou de tomar. Em muitas empresas, as decisões ficam empacadas em vários níveis, ameaçando o desempenho da organização inteira. Não importa em qual setor você está, o tamanho ou a reputação de sua companhia ou como sua estratégia é inteligente: se você não consegue tomar as decisões certas rápida e efetivamente, e executar essas decisões com consistência, seu negócio perderá terreno.

Na verdade, tomar boas decisões e fazê-las acontecer rapidamente são as marcas das organizações de alto desempenho. Quando entrevistamos executivos em 350 companhias globais sobre sua eficiência organizacional, apenas 15% disseram que têm uma organização que ajuda o negócio a superar o desempenho dos concorrentes. O que coloca essas empresas líderes de desempenho à parte é a qualidade, a velocidade e a execução de suas tomadas de decisão.

As organizações mais eficientes pontuam bem nas grandes decisões estratégicas – em quais mercados entrar ou dos quais sair, quais negócios vender ou comprar, onde alocar capital e talento. Mas elas brilham de verdade quando se trata das decisões operacionais vitais que exigem consistência e velocidade – como motivar inovação de produtos, a melhor maneira de posicionar marcas ou como gerenciar parceiros de canais de distribuição.

Mesmo em lugares respeitados por sua capacidade de tomar decisões, porém, pode haver ambiguidade sobre quem é responsável por quais decisões. Como resultado, o processo inteiro de tomada de decisões pode empacar, geralmente em um de quatro gargalos: global versus local, matriz versus unidade de negócios, departamento versus departamento e parceiros internos versus parceiros externos.

O primeiro desses gargalos, tomada de decisões *global versus local*, pode ocorrer em quase todo processo de negócios e todo departamento relevante. Decisões sobre construção de marcas e desenvolvimento de produtos frequentemente ficam presas aqui quando as empresas lutam sobre qual o nível de autoridade os negócios locais deveriam ter para personalizar produtos para seus mercados. O marketing traz outra questão global versus local clássica – os mercados locais deveriam ter o poder de determinar preços e propaganda?

O segundo gargalo, tomada de decisões *matriz versus unidade de negócios*, tende a afligir a empresa controladora e suas subsidiárias. Unidades de negócios estão na linha de frente, próximas do consumidor; a matriz vê o quadro geral, define objetivos abrangentes e mantém a organização focada em vencer. Onde deve estar o poder da tomada de decisões? Um grande investimento de capital deveria, por exemplo, depender da aprovação da unidade de negócios que será dona dele ou é a sede que deveria tomar a decisão final?

Tomadas de decisão *departamento versus departamento* representam talvez o gargalo mais comum. Por exemplo, todo fabricante tem que fazer um malabarismo com desenvolvimento de produto e marketing durante o projeto de um novo produto. Quem deve decidir o quê? Decisões envolvendo vários departamentos com muita frequência resultam em soluções de contrapartidas ineficazes, as quais frequentemente precisam ser revisitadas porque as pessoas certas não estavam envolvidas desde o começo.

O quarto gargalo de tomadas de decisões, *parceiros internos versus externos*, tornou-se familiar com a ascensão de operações como terceirização, *joint ventures*, alianças estratégicas e franchising. Nesses arranjos, as empresas precisam ser absolutamente claras sobre quais decisões podem ser atribuídas ao parceiro externo (geralmente, aquelas sobre a execução de uma estratégia) e quais devem continuar a ser feitas internamente (decisões sobre a estratégia propriamente dita). No caso da terceirização, por exemplo, comerciantes de uma marca de calçados e vestuário uma vez presumiram que os fornecedores internacionais poderiam ser responsáveis por decisões sobre os salários dos funcionários das fábricas e suas condições de trabalho. Um grande erro.

Eliminando os gargalos

O passo mais importante para solucionar os gargalos na tomada de decisões é atribuir papéis e responsabilidades claros. Bons tomadores de decisões reconhecem quais as que realmente importam para o desempenho. Eles levam em consideração quem deve recomendar um caminho específico, quem precisa aprová-lo, quem deve apresentar informações, quem tem a responsabilidade final por tomar a decisão e quem é responsável por dar seguimento a ela. Eles fazem do processo uma rotina. O resultado é uma coordenação melhor e tempos de resposta mais rápidos.

Há uma série de métodos usados pelas empresas para esclarecer papéis de decisão e atribuir responsabilidades. Temos empregado uma abordagem chamada RAPID, que evoluiu ao longo dos anos, para ajudar centenas de companhias a desenvolver diretrizes claras de tomada de decisão. Ela com certeza não é uma panaceia (um tomador de decisões indeciso, por exemplo, pode arruinar qualquer bom sistema), mas é um começo importante. As letras em RAPID representam os papéis primários em qualquer tomada de decisão, embora esses papéis não sejam executados exatamente nesta ordem: recomendar, aprovar, praticar, informar e decidir. (Veja o quadro "Um manual para a tomada de decisões", na página 258.)

Em resumo

Decisões são a moeda corrente do mundo dos negócios. Todo sucesso, todo contratempo, toda oportunidade aproveitada ou perdida é fruto de uma decisão que alguém tomou – ou deixou de tomar. No entanto, em muitos casos as decisões empacam em vários níveis – prejudicando o desempenho da organização inteira.

Isso acontece quando não se define com clareza quem é responsável por quais decisões. Em uma montadora de automóveis com problemas para entregar novos modelos, membros do departamento de marketing e desenvolvedores de produtos achavam que eram responsáveis por decidir quais seriam as características-padrão e as cores dos novos modelos. O resultado? Conflito sobre quem tinha a palavra final, revisões de decisões intermináveis e prazos estourados que levavam a vendas perdidas.

Como esclarecer de quem é a responsabilidade pelas decisões? Atribua papéis claros às decisões que mais afetam o desempenho da sua empresa – tais como em quais mercados entrar, onde alocar capital e como motivar a inovação de produtos. Pense em "RAPID": quem deve **r**ecomendar um curso de ação em uma decisão crucial? Quem deve **a**provar uma recomendação antes que ela possa ser levada adiante? Quem **p**raticará as ações necessárias para implementar a decisão? Quem precisa dar **i**nformações para determinar a viabilidade da proposta? Quem **d**ecide, ou seja, traz a decisão a um fim e compromete a organização a implementá-la?

Ao esclarecer os papéis de decisão, você faz as escolhas *certas* – rápida e efetivamente.

As pessoas que *recomendam* um curso de ação são responsáveis por fazer uma proposta ou oferecer alternativas. Elas precisam de dados e de análise para apoiar suas recomendações, assim como bom senso sobre o que é plausível, praticável e eficaz.

As pessoas que *aprovam* uma recomendação são aquelas que precisam autorizá-la antes que ela possa ser levada adiante. Se elas vetam uma proposta, devem ou trabalhar com o recomendante para chegar a uma alternativa, ou elevar a questão para alguém com poder de decisão. Para que

Na prática

O modelo de decisões RAPID

Para cada decisão estratégica, atribua os seguintes papéis e responsabilidades:

Pessoas que...	São responsáveis por...
Recomendam	• Realizar uma proposta sobre uma decisão crucial, obter informações e fornecer dados e análise para fazer uma escolha sensata de maneira oportuna. • Consultar provedores de informações, ouvir e incorporar suas visões, e conquistar a adesão deles.
Aprovam	• Negociar uma proposta modificada com o recomendante se tiverem preocupações em relação à proposta original. • Encaminhar questões não resolvidas para o decisor se o "A" e o "R" não conseguirem resolver as diferenças. • Se necessário, exercer poder de veto quanto à recomendação.
Praticam	• Executar uma decisão depois que ela é tomada. • Assegurar que a decisão seja implementada pronta e efetivamente.
Informam	• Fornecer ao recomendante fatos relevantes que ajudem a esclarecer a viabilidade da proposta e suas implicações práticas.
Decidem	• Servir como o único ponto de responsabilização. • Trazer a decisão a uma conclusão resolvendo qualquer impasse no processo de tomada dessa decisão. • Engajar a organização na implementação da decisão.

Armadilhas do papel de decisor

Ao designar papéis de decisor:

- Garanta que apenas uma pessoa seja o decisor. Se duas ou mais pessoas pensam que estão encarregadas de uma decisão, a situação vira um cabo de guerra.

- Atente para uma proliferação de "As". Gente demais com poder de veto pode paralisar os recomendantes. Se muitas pessoas devem aprovar, você provavelmente não conduziu as decisões suficientemente para baixo na sua organização.

- Evite atribuir "Is" demais. Quando muitos funcionários dão informações, pelo menos alguns deles não estão fazendo contribuições significativas.

O modelo RAPID em ação

Exemplo: Na cadeia de lojas de departamentos inglesa John Lewis, os compradores da empresa queriam aumentar as vendas e reduzir a complexidade oferecendo menos modelos de moedores de sal e de pimenta. A empresa lançou o conjunto de produtos otimizado sem envolver a equipe de vendas. E as vendas caíram. Ao visitar as lojas, os compradores viram que os vendedores (que não compreendiam a estratégia por trás da recomendação) tinham diminuído pela metade o espaço nas prateleiras para equipará-lo à redução na gama de produtos em vez de manterem o mesmo espaço porém estocando mais desses produtos.

Para resolver o problema, a empresa deu aos compradores o poder de decisão "D" sobre quanto espaço as categorias de produto deveriam ter. A equipe de vendas tinha o "A": se as alocações de espaço não fizessem sentido para eles, eles poderiam forçar negociações adicionais. Eles também tinham o "P", implementando a organização dos produtos nas lojas.

Depois que os papéis de decisão foram esclarecidos, a venda de moedores de sal e de pimenta excedeu os níveis originais.

tomadas de decisão funcionem sem percalços, apenas umas poucas pessoas devem ter esse poder de veto. Elas podem ser os executivos responsáveis por conformidade jurídica ou regulatória ou os chefes de unidades cujas operações serão significativamente afetadas pela decisão.

As pessoas com a responsabilidade de *informar* são consultadas sobre a recomendação. Seu papel é fornecer os fatos relevantes que são a base de qualquer boa decisão: em que medida a proposta é prática? A fabricação pode acomodar a mudança no design? Quando há discordância ou visões contrastantes, é importante trazer os informantes à mesa na hora certa. O recomendante não tem nenhuma obrigação de agir em função da informação que recebe, mas espera-se que a leve em consideração – particularmente porque as pessoas que fornecem informações geralmente estão entre as que devem implementar uma decisão. O consenso é um objetivo válido, mas, como um padrão para tomadas de decisão, pode ser um obstáculo à ação ou uma receita para uma concessão ao menor denominador comum. Um objetivo mais prático é fazer com que todos se envolvam para aceitar a decisão.

Então, uma pessoa vai *decidir*. O tomador de decisões é o único ponto de responsabilização que deve concluir a decisão e engajar a companhia para trabalhar em função dela. Para ser forte e eficaz, o decisor precisa de boa capacidade crítica para julgar negócios, noção dos trade-offs relevantes, propensão a agir e percepção aguçada da organização que executará o que foi decidido.

O papel final no processo envolve as pessoas que colocarão a decisão em *prática*. Elas asseguram que a decisão seja implementada pronta e efetivamente. É uma atribuição crucial. Com muita frequência, uma boa decisão executada rapidamente supera uma decisão brilhante implementada tarde demais ou de forma insatisfatória.

A abordagem RAPID pode ser usada para ajudar a reformular toda a maneira como uma organização funciona ou visar a um único gargalo. Algumas empresas recorrem a ela para as 10 ou 20 decisões mais importantes, ou apenas para o CEO e seus subordinados diretos. Outras a empregam em toda a organização – para melhorar o atendimento ao cliente, esclarecendo papéis de decisão na linha de frente, por exemplo. Quando as pessoas veem um processo eficiente para tomar decisões, elas disseminam a ideia. Por exemplo, depois que os gestores do alto escalão em um grande varejista dos Estados Unidos usaram RAPID para solucionar um conjunto complicado de decisões corporativas, eles prontamente inseriram o processo em seus departamentos.

Para ver o processo em ação, observe como quatro empresas resolveram seus gargalos de tomada de decisões.

Global versus local

Toda companhia grande hoje opera em mercados globais, comprando matérias-primas em um lugar, enviando-as para outro e vendendo produtos finalizados em todo o mundo. A maioria está tentando construir simultaneamente presença local e expertise, e conquistar economias de escala. A tomada de decisões nesse ambiente está longe de ser objetiva. Com frequência, as decisões atravessam as fronteiras entre gestores globais e locais, e às vezes atravessam uma camada regional no meio: quais investimentos otimizarão nossa cadeia de suprimentos? Até que ponto deveríamos padronizar produtos ou personalizá-los para mercados locais?

O truque em tomadas de decisão é evitar se tornar descuidadamente global ou extremamente local. Se a autoridade da tomada de decisões inclina-se demais para executivos globais, as preferências dos clientes locais podem ser facilmente negligenciadas, minando a eficiência e a agilidade de operações locais. Mas, com excesso de autoridade local, uma companhia estará propensa a perder economias de escala cruciais ou oportunidades com clientes de escala global.

Para atingir o equilíbrio, uma empresa deve reconhecer suas fontes de valor mais importantes e ter certeza de que os papéis de decisão estejam alinhados com elas. Esse foi o desafio enfrentado por Martin Broughton, ex-CEO da British American Tobacco (BAT), a segunda maior companhia de tabaco do mundo. Em 1993, quando ele foi nomeado CEO, a BAT estava perdendo terreno para seu concorrente mais próximo. Broughton sabia que a empresa precisava tirar mais vantagem de sua escala global, mas papéis de decisão e responsabilidades estavam em desacordo com esse objetivo. Quatro unidades operacionais regionais administravam a si mesmas de forma autônoma, raramente colaborando e às vezes até competindo

Um manual para a tomada de decisões

Um bom processo de tomada de decisões depende da atribuição de papéis claros e específicos. Parece bastante simples, mas muitas empresas têm dificuldades para tomar decisões porque pessoas demais se sentem responsabilizadas – ou então ninguém se sente. A abordagem RAPID e outras ferramentas usadas para analisar tomadas de decisão dão a equipes de gestão um método para designar papéis e envolver as pessoas relevantes. O segredo é deixar claro quem tem informação, quem decide e quem executa.

As cinco letras em RAPID correspondem aos cinco papéis fundamentais na tomada de decisões: recomendar, aprovar, praticar, informar e decidir. Como você verá, os papéis não são desempenhados fixamente nessa ordem – tomamos algumas liberdades para criar uma sigla mais sonora.

Recomendar

Indivíduos com esse papel são responsáveis por fazer uma proposta, reunir informações e fornecer os dados e a análise apropriados para se tomar uma decisão sensata de maneira oportuna. No percurso de desenvolver uma proposta, recomendantes consultam as pessoas que fornecem informações, não apenas ouvindo e incorporando suas visões, mas também conquistando aceitação no caminho. Recomendantes devem ter habilidades analíticas, bom senso e inteligência organizacional.

Aprovar

Os profissionais exercendo esse papel possuem poder de veto – sim ou não – sobre a recomendação. Exercitar o veto dispara um debate entre eles e os recomendantes, que devem apresentar uma proposta modificada. Se isso leva tempo demais ou se as duas partes simplesmente não conseguem chegar a um acordo, eles podem encaminhar a questão para o decisor.

Informar

Os informantes são consultados sobre a decisão. Como quase sempre eles estão envolvidos com a implementação, os recomendantes possuem forte interesse em

---

entre si. Atingir consistência em várias marcas globais se provou ser difícil, e as sinergias de custos entre as unidades operacionais não estavam claras. Conhecedores do setor brincavam dizendo: "Há sete grandes companhias de tabaco no mundo, e quatro delas são a British American Tobacco." Broughton se comprometeu a mudar o final da piada.

levar a sério seus conselhos. Nenhuma informação é vinculante, mas isso não deveria minar sua importância. Se as pessoas certas não estiverem envolvidas e motivadas, a decisão fica muito mais propensa a tropeçar durante a execução.

Decidir

Esse é o papel do tomador de decisões formal. No final das contas, é aquele responsabilizado pela decisão, para o bem ou para o mal, e que tem a autoridade de resolver qualquer impasse no processo de tomada de decisões e de engajar a organização para entrar em ação.

Praticar

Depois que uma decisão é tomada, uma pessoa ou um grupo de pessoas será responsável por colocá-la em prática ou executá-la. Em algumas situações, os responsáveis por implementar uma decisão são os mesmos que a recomendaram.

Tomar nota dos papéis e atribuir responsabilidade são passos essenciais, mas uma boa tomada de decisão também exige o processo certo. Regras demais podem fazer o processo desmoronar sob o próprio peso. O processo mais eficaz é baseado em especificidades, porém simples o bastante para ser adaptado se necessário.

Quando o processo é desacelerado, o entrave pode com frequência apontar para um de três pontos problemáticos. O primeiro é a falta de clareza em relação a quem tem o poder de decisão. Se mais de um indivíduo pensa que é o decisor em uma situação específica, a decisão ficará presa em um cabo de guerra. O oposto pode ser igualmente prejudicial: ninguém é responsável por decisões cruciais e o negócio sofre. Segundo, uma proliferação de pessoas com poder de veto pode tornar a vida difícil para os recomendantes. Se uma empresa tem gente demais no papel de "aprovar", isso geralmente significa que decisões não são encaminhadas suficientemente para baixo na organização. Terceiro, se houver muitas pessoas dando informações, isso é um sinal de que pelo menos algumas delas não estão fazendo uma contribuição significativa.

O CEO vislumbrou uma organização que poderia tirar vantagem das oportunidades oferecidas por um negócio global – marcas globais que concorreriam com vencedores estabelecidos como o Marlboro, do Altria Group; compras globais de matérias-primas importantes, incluindo tabaco; e mais consistência em inovação e gestão de clientes. Mas Broughton não queria que a empresa perdesse sua agilidade e seu apetite competitivo em mercados locais ao passar muito poder de decisão para executivos globais.

O primeiro passo era esclarecer os papéis para as decisões mais importantes. O setor de compras se tornou um campo de provas. Antes, cada unidade operacional identificava os próprios fornecedores e negociava contratos para todas as matérias-primas. Sob Broughton, uma equipe de compras global foi montada na sede e recebeu autoridade para escolher fornecedores e negociar os preços e a qualidade dos insumos, incluindo tabaco no atacado e certos tipos de embalagem. As equipes de compras regionais agora recebiam informações das estratégias para matérias-primas, mas, no final das contas, tinham que implementar a decisão do outro grupo. Assim que a equipe global assinava contratos com fornecedores, a responsabilidade passava para as equipes regionais, que resolviam os detalhes de entregas e de serviços com os fornecedores em suas regiões. Para insumos que não ofereciam economias de escala globais (filtros mentolados para o mercado norte-americano, por exemplo), as equipes regionais mantinham sua autoridade de tomada de decisões.

À medida que o esforço para reformular a tomada de decisões em compras ganhava ímpeto, a empresa começou a esclarecer papéis em todas as suas grandes decisões. O processo não foi fácil. Uma companhia do tamanho da British American Tobacco tem um número enorme de engrenagens, e desenvolver um sistema prático para tomar decisões exige um grande esforço em muitas frentes. Além disso, autoridade para a tomada de decisões é poder e, com frequência, as pessoas relutam em abrir mão dele.

É crucial para os indivíduos que viverão com o novo sistema que eles ajudem a projetá-lo. Na BAT, Broughton criou grupos de trabalho conduzidos por funcionários selecionados, implícita ou explicitamente, para papéis de liderança no futuro. Por exemplo, Paul Adams, que acabou sucedendo Broughton como CEO, foi solicitado a liderar o grupo responsável por reformular o processo de tomada de decisões para a gestão de marcas e produtos. Na época, Adams era um chefe regional em uma das unidades operacionais. No tocante a outros executivos seniores, incluindo alguns de seus subordinados diretos, Broughton especificou que o papel deles era fornecer informações, e não vetar recomendações. Ele não cometeu o erro comum de buscar consenso, o que costuma ser um obstáculo para a ação.

Em vez disso, deixou claro que o objetivo não era decidir se deveria mudar o processo de tomada de decisões, mas conquistar adesões sobre como fazê-lo da maneira mais eficaz possível.

Os novos papéis de decisão forneceram os alicerces de que a empresa necessitava para operar com sucesso em uma base global enquanto mantinha a flexibilidade no nível local. O foco e a eficiência de sua tomada de decisões se refletiram nos resultados da empresa: depois da reformulação no processo de tomada de decisões, a British American Tobacco experimentou quase 10 anos de crescimento bem acima dos níveis de seus concorrentes em vendas, lucros e valor de mercado. A empresa passou a ter uma das ações de melhor desempenho no mercado britânico e ressurgiu como um importante participante global no setor de tabaco.

Matriz versus unidade de negócios

A primeira regra para tomar boas decisões é envolver as pessoas certas no nível certo da organização. Na BAT, para obter economias de escala, sua equipe global precisava se apropriar de alguns poderes de decisão das divisões regionais. Para muitas companhias, um exercício de equilíbrio parecido ocorre entre executivos na matriz e gestores nas unidades de negócios. Se decisões demais fluírem para o centro, a tomada de decisões pode empacar. O problema é diferente, mas não menos crítico, se as decisões que são encaminhadas aos executivos seniores forem as erradas.

Essa costuma ser uma das dores do crescimento. Em organizações pequenas e médias, uma única equipe de gestão – às vezes um único líder – lida efetivamente com todas as decisões importantes. Conforme a empresa cresce e suas operações se tornam mais complexas, os executivos seniores podem não mais dominar os detalhes necessários para tomar decisões sobre todos os negócios.

Uma mudança no estilo de gestão, quase sempre provocada pela chegada de um novo CEO, pode criar tensões similares. Em um grande varejista inglês, por exemplo, a equipe sênior estava acostumada a ter o fundador tomando todas as decisões cruciais. Quando seu sucessor começou a procurar consenso em questões importantes, a equipe de repente ficou incerta em relação ao próprio papel e muitas decisões empacaram. É uma situação comum, mas ainda assim a maioria das equipes de gestão e dos conselhos administrativos não especifica como a autoridade para tomada de decisões deveria mudar conforme a empresa muda.

Uma oportunidade de crescimento chamou a atenção da Wyeth (na época conhecida como American Home Products) para essa questão no final do ano 2000. Por meio de crescimento orgânico, aquisições e parcerias, a divisão farmacêutica da Wyeth desenvolvera três negócios consideráveis: biotecnologia, vacinas e produtos farmacêuticos tradicionais. Embora cada negócio tivesse suas dinâmicas de mercado, suas exigências operacionais e seu foco de pesquisa, as decisões mais importantes eram empurradas para cima até um grupo de executivos seniores. "Estávamos usando generalistas (e não especialistas) em todas as questões", contou Joseph M. Mahady, presidente de negócios globais e da América do Norte da Wyeth. "Era um sinal de que não estávamos tomando as melhores decisões."

O problema se materializou quando os gestores do negócio de biotecnologia viram uma oportunidade vital – mas perecível – de estabelecer uma posição de liderança com o Enbrel, um medicamento promissor para artrite reumatoide. Concorrentes estavam trabalhando na mesma classe de medicamento, portanto a Wyeth precisava agir rapidamente. Isso significava expandir a capacidade de produção construindo uma nova fábrica, que ficaria localizada no parque industrial Grange Castle, em Dublin, na Irlanda.

A decisão, por qualquer critério, era complexa. Depois de aprovada pelos reguladores, a instalação seria a maior fábrica de biotecnologia do mundo – e o maior investimento de capital que a Wyeth já tinha feito. No entanto, o pico da demanda pelo medicamento não era fácil de determinar. Além disso, a Wyeth planejava comercializar o Enbrel em parceria com a Immunex (hoje uma parte da Amgen). Em suas deliberações sobre a fábrica, portanto, a Wyeth precisava levar em conta as necessidades de desenvolver seu conhecimento técnico, questões de transferência de tecnologia e um ambiente competitivo incerto.

Informações relativas à decisão foram filtradas lentamente para cima através de uma malha de comitês sobrepostos, deixando os executivos seniores ávidos por um entendimento mais detalhado das questões. Dada a estreita janela de oportunidade, a Wyeth agiu rapidamente, passando de uma primeira olhada no projeto Grange Castle à implementação em seis meses. Mas, no meio desse processo, os executivos da Wyeth Pharmaceuticals viram o problema maior: a empresa precisava de um sistema que empurrasse mais decisões para baixo, para as unidades de negócios, onde o conhecimento operacional era maior, e elevasse as decisões que exigiam informações da equipe sênior, tais como estratégias de marketing e capacidade de produção.

Em um curto espaço de tempo, a Wyeth deu autoridade para muitas decisões aos gestores das unidades de negócios, deixando os executivos seniores com poder de veto sobre algumas das questões mais delicadas relativas a Grange Castle. Mas, depois que a decisão de investimento foi tomada, o poder para muitas decisões subsequentes sobre o negócio do Enbrel ficou nas mãos de Cavan Redmond, vice-presidente executivo e diretor-geral da divisão de biotecnologia da Wyeth, e de sua nova equipe de gestão. Redmond reuniu informações de gestores em produção, marketing, previsões, finanças e pesquisa e desenvolvimento de biotecnologia e, rapidamente, definiu os cronogramas complexos necessários para colaborar com a Immunex. A responsabilidade pela execução permaneceu firme com a unidade de negócios, como sempre. Mas agora Redmond, apoiado por sua equipe, também tinha autoridade para tomar decisões importantes.

Grange Castle está dando resultados positivos por enquanto. O Enbrel está entre as marcas líderes para artrite reumatoide, com 1,7 bilhão de dólares em vendas no primeiro semestre de 2005. E o metabolismo da Wyeth para tomar decisões se acelerou. Recentemente, quando a agência reguladora de medicamentos dos Estados Unidos (FDA) concedeu prioridade de revisão para seu novo medicamento Tygacil, por causa da eficácia do antibiótico contra infecções resistentes a medicamentos, a Wyeth demonstrou seus novos reflexos. Para manter o Tygacil num processo acelerado, a empresa precisou orquestrar uma série de passos críticos – aprimorar a tecnologia do processo, alinhar suprimentos, assegurar controle de qualidade e mobilizar capacidade de produção. As decisões vitais foram tomadas um ou dois níveis abaixo na divisão de biotecnologia, onde estava o conhecimento especializado. "Em vez de debater se era possível colocar o produto na fábrica, tínhamos os sistemas de decisão implantados para conduzi-lo acima e abaixo pelas unidades de negócios e avançarmos rapidamente", disse Mahady. O medicamento foi aprovado pela agência em junho de 2005 e entrou em produção apenas três dias depois.

Departamento versus departamento

Decisões que envolvem mais de um departamento são algumas das mais importantes com as quais uma organização se depara. Na verdade, a colaboração entre departamentos tornou-se um axioma nos negócios, essencial para se chegar às melhores respostas para a empresa e seus clientes. Mas tomadas de decisão fluidas que ultrapassam os limites de equipes de departamentos permanecem um desafio constante, até mesmo para companhias conhecidas por fazerem isso bem, como a Toyota e a Dell. Por exemplo, se uma equipe que acha que é mais eficiente tomar uma decisão sem consultar outros departamentos acaba deixando passar informações relevantes ou sendo rejeitada por outra equipe que acredite – correta ou incorretamente – que ela deveria ter sido incluída no processo. Muitas das decisões que ultrapassam os limites departamentais são, pela própria natureza, as mais difíceis de orquestrar, e isso pode prolongar o processo e levar a brigas entre feudos e a uma indecisão custosa.

O tema aqui é uma falta de clareza quanto a quem tem o poder de decisão. Por exemplo, em uma montadora de automóveis que estava perdendo seus prazos para lançar novos modelos – e pagando o preço com a queda nas vendas – foi descoberto que o departamento de marketing e os desenvolvedores de produtos estavam confusos sobre qual função era responsável por tomar decisões sobre características-padrão e cores para os novos modelos. Quando perguntamos aos membros da equipe de marketing quem tinha o poder de decisão sobre quais características deveriam ser o padrão, 83% disseram que eram eles. Quando fizemos a mesma pergunta aos desenvolvedores de produtos, 64% disseram que a responsabilidade era deles.

A dificuldade prática de conectar sem percalços departamentos em uma tomada de decisão surge com frequência em varejistas. A John Lewis, principal rede de lojas de departamentos do Reino Unido, pode esperar razoavelmente superar esse tipo de desafio com mais agilidade que outros varejistas. Spedan Lewis, que construiu o negócio no início do século XX, foi um pioneiro em participação acionária para os funcionários. Uma forte ligação entre gestores e subordinados permeava cada aspecto das operações da loja e permaneceu vital para a empresa conforme ela crescia até se tornar o maior negócio de participação acionária dos funcionários no Reino Unido, com 59.600 funcionários e mais de 5 bilhões de libras em faturamento em 2004.

Mesmo na John Lewis, porém, com sua herança de cooperação e trabalho em equipe, tomadas de decisão que ultrapassam limites departamentais podem ser complicadas. Pegue moedores de sal e de pimenta, por exemplo. A empresa, que se orgulha de ter uma ótima seleção de produtos, trabalhava com quase 50 variedades de moedores de sal e de pimenta, enquanto a maioria dos concorrentes tinha cerca de 20. Seu departamento de compras viu uma oportunidade de aumentar as vendas e reduzir a complexidade oferecendo um número menor de produtos populares e bem escolhidos em cada faixa de preço e estilo.

Quando a John Lewis lançou a nova linha, as vendas caíram. Isso não fez sentido para os compradores, até que eles visitaram as lojas e viram como os produtos eram exibidos. Os compradores tinham tomado sua decisão sem envolver plenamente a equipe de vendas, que, portanto, não compreendeu a estratégia por trás da nova seleção. Como resultado, os vendedores tinham reduzido o espaço nas prateleiras pela metade para equipará-lo à redução na variedade em vez de dedicar a mesma quantidade de espaço nas prateleiras para estocar mais do mesmo produto.

Para solucionar o problema de comunicação, a John Lewis precisou esclarecer os papéis de decisão. O setor de compras ficou com o poder de decisão sobre quanto espaço deveria ser alocado a cada categoria de produto. No entanto, se a alocação de espaço não fizesse sentido para a equipe de vendas, esta tinha autoridade para manifestar suas preocupações e forçar uma nova rodada de negociações. Também tinha responsabilidade por implementar a disposição dos produtos nas lojas. Quando o problema de comunicação foi resolvido e o espaço nas prateleiras foi restaurado, as vendas dos moedores de sal e de pimenta subiram muito acima dos níveis originais.

Elaborar um processo de tomada de decisões que conectava as equipes de compras e de vendas de moedores de sal e de pimenta foi relativamente fácil; implementá-lo em todo o negócio foi mais desafiador. Moedores de

A organização impelida por decisões

A principal característica das organizações de alto desempenho é sua capacidade de tomar boas decisões e de executá-las rapidamente. Empresas bem-sucedidas tendem a seguir alguns princípios claros.

Certas decisões importam mais do que outras

As decisões que são cruciais para agregar valor para o negócio são as que mais importam. Algumas delas serão as grandes decisões estratégicas, mas igualmente importantes são as decisões operacionais críticas que impelem o negócio no dia a dia e são vitais para uma execução eficaz.

O objetivo é a ação

Boas tomadas de decisão não terminam com uma decisão, mas com a implementação. O objetivo não deve ser o consenso, que com frequência se torna um obstáculo para a ação, e sim a adesão.

A ambiguidade é o inimigo

Responsabilidades claras são essenciais: quem contribui com informações, quem toma a decisão e quem a executa? Sem clareza, impasses e atrasos serão os resultados mais prováveis. Clareza não necessariamente significa concentrar autoridade em algumas pessoas; significa definir quem tem informações, quem tem responsabilidade por tomar decisões e quem é encarregado de executá-las.

---

sal e de pimenta são apenas uma das centenas de categorias de produtos vendidas pela John Lewis. Esse elemento de escala é uma razão pela qual gargalos que ultrapassam os limites departamentais não são fáceis de desobstruir. Departamentos diferentes possuem incentivos e objetivos diferentes, os quais com frequência entram em conflito. Quando se trata de uma disputa entre dois departamentos, pode haver boas razões para colocar o poder de decisão tanto em um quanto em outro – compras ou vendas, marketing ou desenvolvimento de produtos.

Nesse caso, assim como em muitos outros, alguém precisa pensar objetivamente sobre onde o valor é criado e atribuir os papéis de decisão correspondentes. Na verdade, eliminar gargalos que ultrapassam limites departamentais tem menos a ver com mudar responsabilidades de tomada de decisões entre departamentos e mais a ver com assegurar que as

Velocidade e adaptabilidade são decisivas

Uma empresa que toma boas decisões rapidamente possui um metabolismo mais acelerado, o que lhe permite agir em função de oportunidades e superar obstáculos. As melhores tomadoras de decisões criam um ambiente no qual as pessoas podem se reunir de maneira rápida e eficiente para tomar as decisões mais importantes.

Papéis de decisão valem mais que o organograma

Nenhuma estrutura de tomada de decisões será perfeita para todas as decisões. A chave é envolver as pessoas certas no nível certo na parte certa de uma organização na hora certa.

Uma organização bem alinhada fortalece os papéis

Papéis de decisão claros são fundamentais, mas não são o suficiente. Se uma organização não reforça a abordagem correta para a tomada de decisões por meio de suas medidas e incentivos, fluxos de informação e cultura, o comportamento não se tornará rotineiro.

A prática supera a pregação

Envolva quem viverá com os novos papéis de decisão no desenvolvimento deles. O próprio processo de pensar sobre novos comportamentos em decisões motiva as pessoas a adotá-los.

---

pessoas com informações relevantes possam compartilhá-las. O tomador de decisões é importante, é claro, porém ainda mais importante é projetar um sistema que alinhe a tomada de decisões e faça disso uma rotina.

Parceiros internos versus parceiros externos

A tomada de decisões dentro de uma organização já é bastante difícil. Tentar tomar decisões envolvendo organizações diferentes em continentes diferentes acrescenta camadas de complexidade que podem afundar a melhor estratégia. Companhias que terceirizam funções em busca de vantagens de custo e de qualidade enfrentam exatamente esse desafio. Quais decisões devem ser tomadas internamente? Quais podem ser delegadas a parceiros terceirizados?

Um diagnóstico de decisões

Considere as últimas três decisões significativas nas quais você esteve envolvido e faça a si mesmo as seguintes perguntas:

1. As decisões foram acertadas?
2. Foram tomadas com a velocidade apropriada?
3. Foram bem executadas?
4. As pessoas certas estavam envolvidas, da maneira certa?
5. Estava claro para cada decisão...
   - quem recomendaria uma solução?
   - quem forneceria informações?
   - quem tinha a palavra final?
   - quem seria responsável pela execução?
6. Os papéis de decisão, o processo e o cronograma foram respeitados?
7. As decisões foram baseadas em fatos pertinentes?
8. Quando havia fatos ou opiniões divergentes, estava claro quem tinha o poder de decisão?
9. Os tomadores de decisão estavam no nível apropriado na empresa?
10. As medidas e os incentivos da organização encorajaram as pessoas envolvidas a tomar a decisão certa?

Essas questões também são relevantes para parceiros estratégicos – um banco global trabalhando com um prestador de serviços de TI em um projeto de desenvolvimento de sistemas, por exemplo, ou uma empresa de mídia que adquire conteúdo de um estúdio – e para organizações conduzindo parte de seus negócios por meio de franqueados. Não existe resposta certa sobre quem deveria ter o poder de decidir o quê. Mas a abordagem errada é presumir que arranjos contratuais possam fornecer a resposta.

Uma empresa de equipamentos para uso ao ar livre baseada nos Estados Unidos descobriu isso quando decidiu aumentar a produção de aquecedores a gás para ambientes externos para o segmento mais baixo do mercado. A empresa tivera alguns sucessos fabricando produtos de alto nível na China, mas, com o advento de lojas que ofereciam grandes descontos, como

Walmart, Target e Home Depot, ela se deu conta de que precisaria mover mais da sua produção para outro país a fim de abastecer esses varejistas com ofertas de custo mais baixo. O cronograma permitia pouca margem para erros: a empresa começou a equipar fábricas entre abril e junho de 2004, esperando estar pronta para abastecer o mercado para o Natal.

Imediatamente houve problemas. Embora os parceiros fabricantes chineses compreendessem os custos, eles tinham pouca noção do que os americanos queriam. Quando projetos caros chegaram da sede nos Estados Unidos, os gestores da fábrica chinesa realizaram concessões para atender às metas de custos contratadas. Eles usaram um material de qualidade inferior, que perdia a cor. Colocaram o interruptor de ligar e desligar em um lugar que era inconveniente para o usuário, porém mais fácil de produzir. Em vez de fazer certas partes de uma única peça de metal, soldaram materiais, o que dava uma aparência péssima.

Para resolver essas questões, os executivos americanos precisaram definir limites claros sobre quais decisões deveriam ser tomadas em cada lado do oceano. A empresa dividiu os processos de design e de fabricação em cinco passos e analisou como as decisões eram tomadas a cada passo. Também foi muito mais explícita em relação ao que as especificações de fabricação incluiriam e ao que esperavam que os fabricantes fizessem com elas. O objetivo não era somente esclarecer papéis de decisão, mas assegurar que aqueles papéis correspondessem diretamente às fontes de criação de valor para o negócio. Se uma decisão fosse afetar o visual e o acionamento do produto finalizado, a sede precisaria autorizá-la. Mas, se uma decisão não afetasse a experiência do consumidor, ela poderia ser tomada na China. Caso, por exemplo, engenheiros chineses achassem um material mais barato que não comprometesse o visual, o acionamento e a funcionalidade, eles poderiam fazer a mudança por conta própria.

Para ajudar a realizar a transição para esse sistema, a empresa deslocou uma equipe de engenheiros para a China a fim de assegurarem uma entrega sem percalços das especificações e tomarem decisões sobre questões que se tornariam complexas e consumiriam tempo se levadas para o escritório central. Executivos de marketing na matriz insistiam que um cliente não deveria precisar de mais de 10 minutos e de não mais de seis passos para montar o produto em casa. Os engenheiros da empresa na China, junto com a equipe de produção chinesa, tinham informações sobre essa exigência de montagem e eram responsáveis pela execução. Mas o poder de decisão estava com a sede, e essa exigência tornou-se um fator importante de design. Decisões sobre logística, no entanto, ficaram a cargo da equipe de engenharia na China: ela decidiria como embalar os aquecedores para que mais de um terço da encomenda coubesse em um contêiner, o que reduziu substancialmente os custos de transporte.

Se os gestores de repente percebem que estão passando menos tempo sentados em reuniões se perguntando por que estão ali, esse é um bom sinal de que a empresa melhorou seu processo de tomada de decisões. Quando as reuniões começarem com uma compreensão mútua sobre quem é responsável por fornecer informações valiosas e quem tem o poder de decisão, o metabolismo de tomada de decisões de uma organização ganhará um novo impulso.

Nenhuma alavanca sozinha transforma uma organização com problemas em tomar decisões em uma impelida por decisões, é claro, e nenhum plano de ação pode cobrir todas as contingências e mudanças de negócios que uma empresa está sujeita a encontrar. As companhias de maior sucesso usam ferramentas simples que as ajudam a reconhecer gargalos potenciais e a refletir sobre papéis de decisão e responsabilidades a cada mudança no ambiente de negócios. Não é algo fácil de fazer (e também não é fácil de ser imitado), mas, ao seguir alguns passos muito práticos, qualquer empresa pode se tornar mais eficaz, começando pela sua próxima decisão.

Publicado originalmente em janeiro de 2006.

Autores

CLAYTON M. CHRISTENSEN foi professor de administração da Harvard Business School e é autor de *O dilema da inovação*.

DAVID P. NORTON é fundador e presidente da Balanced Scorecard Collaborative, Palladium Group, sediada em Massachusetts.

ELIZABETH POWERS é vice-presidente da IQVIA Real-World & Analytics Solutions.

GARY L. NEILSON é ex-vice-presidente sênior no escritório de Chicago da Booz & Company, uma empresa de consultoria administrativa, e coautor de *Resultados*.

HENNING KAGERMANN é ex-CEO da SAP AG, empresa de software sediada na Alemanha.

JAMES (JIM) C. COLLINS lidera um laboratório de pesquisas em gestão em Boulder, no Colorado, é autor de *Empresas feitas para vencer* e coautor, com Jerry I. Porras, de *Feitas para durar*.

JAMES L. GILBERT é ex-diretor da Bain & Company e sócio majoritário da Flagship Pioneering, empresa de capital de risco sediada em Massachusetts.

JERRY I. PORRAS é professor emérito da Faculdade de Pós-Graduação em Negócios da Universidade Stanford.

KARLA L. MARTIN é ex-diretora global de estratégias de negócios do Google.

MARCIA BLENKO é sócia da Bain & Company, sediada em Boston.

MARK W. JOHNSON é presidente e cofundador da Innosight, empresa de inovação estratégica e investimentos sediada em Boston.

MICHAEL C. MANKINS é sócio da Bain & Company.

MICHAEL E. PORTER é professor da Harvard Business School e autor de *Vantagem competitiva*.

ORIT GADIESH é presidente da Bain & Company.

PAUL ROGERS é diretor-geral da Bain & Company para o Oriente Médio e a Turquia.

RENÉE MAUBORGNE é professora de estratégia do Instituto Europeu de Administração de Empresas (INSEAD), na França, e coautora, com W. Chan Kim, de *A estratégia do oceano azul*.

RICHARD STEELE é sócio da McKinsey & Company.

ROBERT S. KAPLAN é professor da Harvard Business School e codesenvolvedor, com David P. Norton, do balanced scorecard.

W. CHAN KIM é professor de estratégia e gestão internacional do Instituto Europeu de Administração de Empresas (INSEAD) e coautor, com Renée Mauborgne, de *A estratégia do oceano azul*.